U0113406

云南文化史丛书

编辑委员会

云南文化史丛书

范建华 主编

云南史前文化史

吉学平 吴沄 宋鸽 著

GUANGXI NORMAL UNIVERSITY PRESS
广西师范大学出版社
·桂林·

YUNNAN SHIQIAN WENHUASHI

图书在版编目（CIP）数据

云南史前文化史 / 吉学平，吴沄，宋鸽著. --桂林：
广西师范大学出版社，2020.7
　（云南文化史丛书 / 范建华主编）
　ISBN 978-7-5598-3007-4

　Ⅰ．①云… Ⅱ．①吉…②吴…③宋… Ⅲ．①远古文
化－云南 Ⅳ．①K297.4

　中国版本图书馆 CIP 数据核字（2020）第 122816 号

广西师范大学出版社出版发行

（广西桂林市五里店路 9 号　邮政编码：541004 ）
网址：http://www.bbtpress.com
出版人：黄轩庄
全国新华书店经销
广西广大印务有限责任公司印刷
（桂林市临桂区秧塘工业园西城大道北侧广西师范大学出版社
集团有限公司创意产业园内　邮政编码：541199）
开本：787 mm × 1 092 mm　1/16
印张：24.25　　　字数：373 千字
2020 年 7 月第 1 版　　　2020 年 7 月第 1 次印刷
定价：128.00 元

目 录

第三章　旧石器时代

第四章　新石器时代

绪　论

　　云南地处青藏高原的东南缘。印度板块和欧亚板块碰撞形成了青藏高原和大体上南北向平行的横断山脉，这大大地影响了云南的地理和气候格局。长期持续的复杂构造运动形成了云南高海拔、低纬度并存，热带、亚热带、温带垂直气候并存的自然环境。贯穿云南的怒江、澜沧江、独龙江、红河等国际河流流经不同的气候带，形成了适应生物和人类生存、迁徙的天然通道。大量山间盆地孕育了多种民族，民族文化多样性的特征明显。正是由于这样的地质、地理、气候环境，云南是当今世界上生物多样性和民族多样性最丰富的地区之一，这也成为云南引以为豪的科考、旅游和文化资源。

　　滇中地区曾经是生命起源和进化的重要舞台。6亿年前远古海洋中康滇古陆的存在，为孕育生命提供了物质基础。距今5.18亿年前，云南滇中地区的澄江、海口、晋宁等地突然出现现今各大生物群落的远古祖先类型，科学界称之为"寒武纪大爆发"。最早的半索动物云南虫和最早的脊索动物海口鱼，代表最早神经中枢的发育。没有这一幕，就不会有后来各个时代的脊椎动物乃至人类。距今4亿年前的曲靖和昭通，最早的无颌鱼类出现，生命进化再次得到跨越式发展。鱼类和古植物从海洋过渡到陆地，实现了生物从海洋登上陆地的重大跨越。二叠纪时期的罗平，大量的海生爬行动物出现，出现了脊椎动物从陆地返回海洋的独特的生物进化现象。早、中侏罗纪时期，曾经是地球"霸主"的以禄丰龙为代表的早期恐龙在禄丰、元谋、易门、玉溪等地大量出现，使云南成为地球上早期恐龙的演化中心之一。早期似哺乳爬行动物和早期哺乳动物开始出现，为新生代哺乳动物的繁盛奠定了基础。在曲靖麒麟区蔡家冲发现的距今3 400万年前的早渐新世早期类人猿化石，从全球气候变化的角度为后来欧亚大陆和非洲动物群的迁徙提供了证据，也为非洲出现早期人类的第一阶段提供了合理的解释。在距今 1 200 万～600 万年期间，从猿到人过渡阶段的古猿化石分别在云南开远、禄丰、元谋、保山和昭通大量出现。禄丰、保山和昭通的古猿是欧亚大陆其他地区的古猿都灭绝以后残存的，这三处也被学术界称为古猿演化的最后"避难所"，为探索非洲大陆最早人类之前从猿到人过渡时期的人类祖先提供了珍贵的信息。尽管我们还没有发现上新世（距今 530 万～250 万年前）的古人类"缺环"，但云南这一时期古动物群和古植物群的存在，显示了未来发现的潜力。1965 年，在元谋发现了距今 170 万年的元谋人化石，元谋是欧亚大陆最早出现远古人类的地点之一。此后，我们的祖先开始制造、使用石器和木器，开始了狩猎—采集生活，慢慢习惯使用和控制火。火的使用，使古人类摆脱了茹毛饮血状态，大大地改善了大脑功能，进一步加强了征服自然的能力。末次冰期以来，当北半球大降温时，云南仍然处于温热环境，全球气候变化对这一地区的影响较小。因此，云南成为远古人类的"避难所"，人类在华南和东南亚这个气候适宜地区度过了极寒的时期。在这一地区发现的昆明人、丽江人、蒙自人化石以及莫斯特文化、和平文化和中国南方传统砾石工业的并存，显示了远古人类和文化的多样性，以及与东南亚、南亚大陆史前文化的交流和联系。距今约 4 万年前，云南古人类就开始制作骨质装饰品，几乎与欧亚大陆其他地区同时出现这种制作加工技术。从距今 10 000 年以前的全新世大暖期开始，人类逐步控制并驯养动物，开始认识特定可食用植物，并慢慢地栽培驯化。而云南由于自然资源丰富，这一进程又略显缓慢。这一时期，开始出现复杂的人类行为，原始宗教开始出现并初步显示了族群属性，工具从打制石器过渡到与骨、角、牙器并存。距今 5 000 年左右，云南开始出现磨制石器；到距今 4 000 多年前，稻作农业和旱作农业分别传入云南，加工谷物的石磨盘和石磨棒等农业生产工具开始进入人类生活。这一时期人类发明了弓箭、鱼钩、网坠等狩猎工具，开始绘制崖画，有了音乐（耿马石佛洞发现距今 3 000 多年的骨笛）、舞蹈和巫术（沧源岩画上的内容）等。新石器晚期出现了石棺墓、竖穴土坑墓和巨石坟墓等多种墓葬形式和干栏式建筑、半地穴式建筑以及地面式建筑等多种建筑形式。铜矿冶炼开始盛行，以石范和陶范为代表的青铜器铸造加工业开始出现，云南开始向外输出青铜产品，陶器制造业也很繁盛。纺轮的发现显示纺织业初步形成。本书的内容显示，史前时期的每一个时段，云南均有创造性的先进文化，同时也保存了多样化的古老文化，云南先民发展了一套最能适宜自身与环境适应的文化传统。

由于特殊的地理环境，云南自旧石器时代晚期开始就出现了多种人群（民族）和多种文化并存的格局，与我国华北、西北，以及西亚、东南亚和南亚有着文化交流，在一些相对隔离的地区，古老的生活方式和文化（如狩猎—采集、磨制石器、制陶、树皮布等）得以保留和传承到近现代。

从 5 亿年前至今，云南生物多样性、人类及文化多样性及其演化生生不息，从未中断。随着旧石器时代中晚期末次冰期的到来，旧石器文化加速发展，新石器文化酝酿勃发。进入全新世大暖期，云南史前文明加速发展，对外交流频繁，顺着流经中南半岛的独龙江——伊洛瓦底江、澜沧江——湄公河、怒江——萨尔温江、元江——红河等南北向国际性河流通道迁移和辐射，影响了东南亚大陆乃至太平洋诸岛。

本书涉及的史前史，范围是从 170 万年前的元谋人至公元前 13 世纪。由于云南重大生物事件是人类出现之前各环节的代表，对全球生命科学研究做出巨大贡献，本书单列一章予以论述。也因为云南发现的古猿化石处于从猿到人进化的过渡时期，云南是欧亚大陆和非洲人类起源的中新世时期古猿分布区数量最多、保存最好、时代延续最长的地区，作为人类起源的关键区域而闻名于世，因此，云南古猿化石的发现和研究也单列一章论述。云南岩画最早可能到旧石器时代，但考古证据显示，大多数被认为是新石器时代的，也有几处有绝对年代数据支持其作为新石器时代的产物。有文字记载以来，人类就很少用岩画来记事和表达了。作为史前人类文化的重头戏，我们单列一章叙述史前云南岩画艺术。

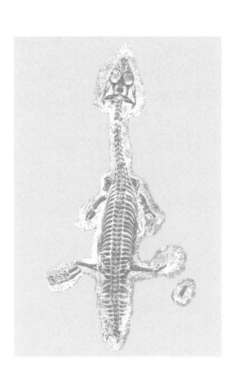

第一章

云南地质历史时期具有全球意义的
重大生物事件

第一节　地球生命首次大爆发的代表——澄江动物群

地球、生命、人类的起源和演化是学术界长期关注的热点问题。云南因特殊的地质背景和地理位置，成为学术界探索这些问题的重要地区之一。1984年7月1日，年轻的古生物学家侯先光在位于玉溪市澄江县城以东5千米，距昆明约65千米的帽天山发现了澄江动物化石地，经过侯先光、陈均远、舒德干等古生物学家的长期研究，揭开了寒武纪生命大爆发的奥秘。这些软躯体化石的物种多样性极其丰富，几乎包含现今生物的所有门类，如海绵动物、腔肠动物、线形动物、叶足动物、腕足动物、软体动物、节肢动物、古虫动物、脊索动物等都可以在此找到其远祖代表，还有许多已灭绝的动物类群和多种共生的海藻。目前共发表了400余篇（部）论文和专著，研究对象包括20个动物门类270余种化石，其中大部分是新属、新种[①]。2012年7月1日，澄江化石地在第36届世界遗产大会上被正式列入《世界遗产名录》，成为我国首个化石类自然遗产。

地球历史上曾经经历过三大重要生命演化事件，分别是生命的起源、寒武纪生命大爆发和二叠纪末期生物灭绝事件。5.18亿年前的澄江动物群，以大量

---

① 如陈均远：《动物世界的黎明》，南京：江苏科学技术出版社，2004，第130-366页；陈良忠、罗惠麟、胡世学、蒋志文、尹济云、吴志亮、李峰、陈爱林：《云南东部早寒武世澄江动物群》，昆明：云南科技出版社，2002，第157-176页；侯先光、Bergstrm J.、王海峰、冯向红、陈爱林：《澄江动物群——5.3亿年前的海洋动物》，昆明：云南科技出版社，1999，第40-155页；Hou Xian-Guang, David J. Siveter, Derek Siveter, Richard Aldridge, Cong Pei-Yun, Sarah E. Gabbott, Ma Xiao-Ya, Mark A. Purnell, Mark Williams: *The Cambrian Fossils of Chengjiang, China-The Flowering of Early Animal Life*, Blackwell Science Ltd, 2017, 40-316。

图 1-1：最早发现的云南虫化石（陈良忠提供）

图 1-2：新发现的云南虫化石
（陈爱林拍摄）

保存精美的软躯体动物化石，展现了寒武纪早期爆发式出现的海洋生物多样性和复杂海洋生态系统的存在，在短短数百万年的时间内，产生了几乎所有现生动物门类的祖先。几乎所有地球上生存的动物的基本身体构型，都可以在澄江动物群中找到最原始的代表类群。澄江动物群化石的发现被誉为"20世纪最惊人的发现之一"。

　　澄江动物群成员中，最重要的发现是铅色云南虫（图1-1、1-2）、凤娇昆明鱼和耳材村海口鱼。云南虫是一种长3~4厘米的蠕虫状动物，身体两侧扁平，头部有7对鳃弓，躯干部有23对骨骼化的肌节，身体中部有纵贯全身的管状构造，其下有13对生殖囊，1对大的眼睛。古生物学家陈均远经过长期的研究，确认这条管状构造就是脊索，它的发现将脊索动物的起源向前推进了1 500万年[1]。但也有学者认为它是半索动物[2]或者一种海底食泥的真体腔蠕形动物[3]。凤娇昆明鱼是

[1] Chen Jun-yuan, Dzik, J. Edgecombe, G.D. Ramsköld, L. & Zhou Gui-qing: *A possible Early Cambrian chordate*, Nature, 1995, 377、720-722.

[2] Shu De-gan, Zhang Xing-liang & Chen Ling: *Reinterpretation of Yunnanozoon as the earliest known hemichordate*, Nature, 1996, 380、428-430.

[3] Cong Pei-yun, Hou Xian-guang, Aldridge R.J., Purnell, M.A. & Li Yi-zhen: *New data on the palaeobiology of the enigmatic yunnanozoans from the Chengjiang Biota, Lower Cambrian, China. Palaeontology*, 2015, 58、45-70.

西北大学舒德干教授和他的学生在昆明海口发现的，是一种长约 3 厘米的无颌类鱼形动物[1]。凤娇昆明鱼身体侧视呈纺锤形，可分为头部和躯干部，背鳍前位；腹侧鳍从躯干下方长出，很可能为偶鳍，无鳍条；头部具 5~6 个鳃囊，每个鳃囊中具有半鳃结构，鳃囊可能与围鳃腔相通；躯干约有 25 个肌节，皆为双"V"形结构，腹部"V"字尖端指向后，背部"V"字尖端指向前；内部解剖构造包括咽腔、肠道、脊索以及可能的围心腔。耳材村海口鱼身体呈纺锤形，但比昆明鱼更为细长，身体分头部和躯干部，头前呈叶状延伸；背鳍明显靠近身体前部，具鳍条。腹侧鳍在下腹部与躯干连接，很可能为偶鳍。头部至少有 6 个鳃弓，也可能多达 9 个。躯干肌节与昆明鱼相似，呈双"V"形。内部解剖构造包括头颅软骨、一条具分离脊椎骨的脊索、围心腔、肠道以及一列生殖腺，生殖腺沿躯干腹侧排列。昆明鱼（图 1-3）和海口鱼是世界上已知最古老的脊椎动物，它的发现将脊椎动物起源的历史向前推进了 5 000 万年。昆明鱼的发现让古生物学界找到了包括人类在内的地球上高等动物的根基，可以认为是人类

图 1-3：凤娇昆明鱼化石[2]

---

[1] Shu De-gan, Luo Hui-lin, Conway Morris, S., et al: *Lower Cambrian vertebrates from south China*, *Nature*, 1999, 402, 42-46.

[2] 侯先光、Bergstrm J.、王海峰、冯向红、陈爱林：《澄江动物群——5.3 亿年前的海洋动物》，昆明：云南科技出版社，1999，第 40-155 页。

远祖在 5.18 亿年前的代表[1]。

澄江动物群化石的发现补充和修正了达尔文的进化论。传统达尔文理论认为生物进化是渐变的过程，是"树形进化模式"，我国科学家基于澄江动物群化石的发现提出了"蘑菇云进化模式"理论，大量成果在国际顶级刊物发表。我国科学家对澄江动物群化石的发现和研究，是中华民族为人类文明宝库做出的重要贡献[2]（图 1-4、1-5）。

附：澄江动物群化石名单（共 284 种）：

1. 藻类 Algae

环圈抚仙湖螺旋藻：*Fuxianospira gyrata* Chen & Zhou，1997

侯氏宏螺旋藻：*Megaspirellus houi* Chen & Erdtmann，1991

拟点叶藻：*Punctariopsis latifolia* Xu，2001

简单拟点叶藻：*Punctariopsis simplex* Xu，2001

云南中华细丝藻：*Sinocylindra yunnanensis* Chen & Erdtmann，1991

约克那斯藻：*Yuknessia* sp. of Chen & Erdtmann，1991

古文德带藻：*Vendotaenia* cf. *Antiqua Gnilovskaya* Xu，2001

肠拟浒苔：*Enteromophites intestinalis* Xu，2001

心形龙凤山藻：*Longfengshania cordata* Xu，2002

中华豆芽藻：*Plantulaformis sinensis* Xu，2002

叶状红藻 - 似红叶藻：*Paradelesseria sanguinea* Xu，2004

2. 多孔动物门（海绵动物和开腔骨动物）Phylum Porifera（Sponges and Chancelloriids）

小块肠状海绵：*Allantospongia mica* Rigby & Hou，1995

---

[1] 舒德干团队：《寒武大爆发时的人类远祖》，西安：西北大学出版社，2016，第1-414页。

[2] 陈爱林、徐明：《解谜生命大爆发》，昆明：云南民族出版社，2018，第115-128页。

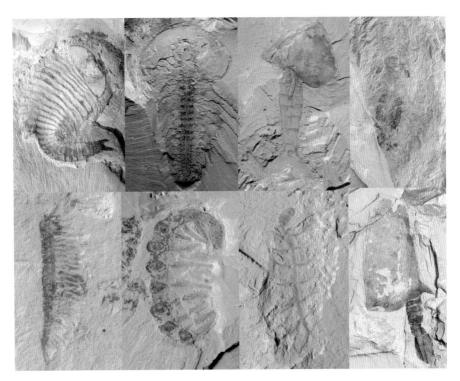

图 1-4：澄江动物群化石代表图谱（陈爱林提供）

图 1-5：澄江动物群生态环境复原图（陈爱林提供）

卡特斗篷海绵：*Choia carteri* Walcott，1920

小滥田斗篷海绵：*Choia xiaolantianensis* Hou *et al.*，1999

大型瓦尔海绵：*Valospongia* cf. *gigantis* Rigby，1983

辐射小斗篷海绵：*Choiaella radiata* Rigby & Hou，1995

钱包海绵：*Crumillospongia biporosa* Rigby，1986

软骨海绵：*Halichondrites ellisa* Walcott，1920

掌状海扎海绵：*Hazelia palmata* Walcott，1920

锥形小细丝海绵：*Leptomitella conica* Chen，Hou & Lu，1989

困惑小细丝海绵：*Leptomitella confusa* Chen，Hou & Lu，1989

后小细丝海绵：*Leptomitella metta*（Rigby，1983）

螺旋小细丝海绵：*Leptomitella spiralis* Chen et Hou，2019

次圆柱形细丝海绵：*Leptomitus teretiusculus* Chen，Hou & Lu，1989

网格拟小细丝海绵：*Paraleptomitella dictyodroma* Chen，Hou & Lu，1989

球状拟小细丝海绵：*Paraleptomitella globula* Chen，Hou & Lu，1989

簇状四层海绵：*Quadrolaminiella crassa* Chen，Hou & Li，1990

对角四层海绵：*Quadrolaminiella diagonalis* Chen，Hou & Li，1990

密集鬃毛海绵：*Saetaspongia densa* Mehl & Reitner in Steiner *et al.*，1993

塔卡瓦海绵：*Takakkawia lineata* Walcott，1920

斜针麦粒海绵：*Triticispongia diagonata* Mehl & Reitner in Steiner *et al.*，1993

瓣状九村囊：*Jiucunia petalina* Hou *et al.*，1999

二街尖头细丝海绵：*Styloleptomitus erjiensis* Jiao & Han，2013

球形囊海绵：*Cystospongia globosa* Wu *et al.*，2014

帽天山羽海绵：*Ptilispongia maotianshanensis* Wu *et al.*，2014

树形细海绵：*Ischnspongia dendritica* Wu *et al.*，2014

光滑瓦克西海绵：*Vauxia leioia* Luo，Zhao & Zeng，2019

大型似斜纹海绵：*Paradiagoniella magna* Chen *et al.*，2014

小滥田似斜纹海绵：*Paradiagoniella xiaolantianensis* Chen *et al.*，2014

囊形似斜纹海绵：*Paradiagoniella marsupiata* Chen & Hou，2018

橄榄形似斜纹海绵：*Paradiagoniella oliviformis* Chen & Hou，2019

锥形似斜纹海绵：*Paradiagoniella cylindrica* Chen & Hou，2019

开腔骨动物

二街毛骨异射骨：*Allonnia erjiensis* Yun *et al.*，2017

均远异射骨：*Allonnia junyuani* Janussen *et al.*，2002

光滑毛骨异射骨：*Allonnia nuda* Cong *et al.*，2018

毛骨异射骨：*Allonnia phrixothrix* Bengtson et Hou，2001

爱神开腔骨：*Chancelloria eros* Walcott，1920

3. 刺胞动物门 Phylum Cnidaria

昆明古囊珊瑚虫：*Archisaccophyllia kunmingensis* Hou *et al.*，2005

耳材村寒武水螅虫：*Cambrohydra ercaia* Hu，2005

王氏澄江海笔：*Chengjiangopenna wangii* Shu *et al.*，2006

三穹傣花虫：*Daihua sanqiong* Zhao *et al.*，2019

窄形古海羽虫：*Priscapennamarina angusta* Zhang & Babcock，2001

中国先光海葵：*Xianguangia sinica* Chen & Erdtmann，1991

4. 栉水母动物门 Phylum Ctenophora

枝状棘丛虫：*Batofasciculus ramificans* Hou *et al.*，1999

半球头盔栉水母：*Galeactena hemispherica* Ou *et al.*，2015

辐翼宝石栉水母：*Gemmactena actinala* Ou *et al.*，2015

八瓣帽天囊水母：*Maotianoascus octonarius* Chen & Zhou，1997

中华卵形栉水母：*Sinoascus papillatus* Chen & Zhou，1997

美妙春光虫：*Stromatoveris psygmoglena* Shu，Conway Morris et Han，2006

剑形奇妙栉水母：*Thaumactena ensis* Ou *et al.*，2015

刺三角虫：*Trigoides aclis* Luo & Hu in Luo *et al.*，1999

海口云南囊水母：*Yunnanoascus haikouensis* Hu *et al.*，2007

5. 鳃曳动物门 Phylum Priapulida

帽天无饰蠕虫：*Acosmia maotiania* Chen & Zhou，1997

多刺安宁虫：*Anningvermis multispinosus* Huang，Vannier & Chen，2004

锥形原始管虫：*Archotuba conoidalis* Hou *et al.*，1999（？ ＝长形塞尔克虫：
Selkirkia？ *elongata* Luo & Hu in Luo *et al.*，1999）[①]

短棒形虫：*Corynetis brevis* Luo & Hu in Luo *et al.*，1999

晋宁环饰蠕虫：*Cricocosmia jinningensis* Hou & Sun，1988

球尾特别鳃曳虫：*Eximipriapulus globocaudatus* Ma *et al.*，2014

粗纹岗头村虫：*Gangtoucunia aspera* Luo & Hu in Luo *et al.*，1999

细纹长颈瓶虫：*Lagenula striolata* Luo & Hu in Luo *et al.*，1999

囊形老街虫：*Laojieella thecata* Han *et al.*，2006

中华马房板状蠕虫：*Mafangscolex sinensis*（Hou & Sun，1988）

圆筒帽天山蠕虫：*Maotianshania cylindrica* Sun & Hou，1987

特殊少节虫：*Oligonodus specialis* Luo & Hu in Luo *et al.*，1999

大齿鳃曳虫：*Omnidens amplus* Hou，Bergström & Yang，2006

小古鳃曳虫：*Palaeopriapulites parvus* Hou *et al.*，1999

中国古蠕虫：*Palaeoscolex sinensis* Hou & Sun，1988

晋宁似管虫：*Paraselkirkia jinningensis* Hou *et al.*，1999（？ ＝中国塞尔克虫：
Selkirkia sinica Luo & Hu in Luo *et al.*，1999）

双尾拟管尾虫：*Paratubiluchus bicaudatus* Han *et al.*，2004

云南似皱节虫：*Sabellidites yunnanensis* Luo & Zhang，1986

宽节三道坎虫：*Sandaokania latinodosa* Luo & Hu in Luo *et al.*，1999

---

① "？ ＝"意为由于建新属材料不够，对其是否归到现属存疑。

珍奇葫芦虫：*Sicyophorus rara* Luo & Hu in Luo *et al.*，1999（= 海口始鳃曳虫：*Protopriapulites haikouensis* Hou *et al.*，1999）[①]

六角形板状蠕虫：*Tabelliscolex hexagonus* Han，Zhang & Shu，2003

澄江板状蠕虫：*Tabelliscolex chengjiangensis* Han et al. 2007

叶足瘤节虫：*Tylotites petiolaris* Luo & Hu in Luo *et al.*，1999

奇特小黑箐虫：*Xiaoheiqingella peculiaris* Hu in Chen *et al.*，2002

长双尾小滥田虫：*Xiaolantianella longibicaudatus* Guo *et al.*，2016

长形西山虫：*Xishania longiusula* Hu in Chen *et al.*，2002

哑铃形云南鳃曳虫：*Yunnanpriapulus halteroformis* Huang，Vannier & Chen，2004

6. 内肛动物门 Phylum Entoprocta

瘤状杯形虫：*Cotyledion tylodes* Luo & Hu in Luo *et al.*，1999（? = 三五寒武触手冠：*Cambrotentacus sanwuia* Zhang & Shu in Zhang *et al.*，2001）

7. 星虫动物门 Phylum Sipuncula

始戈尔芬星虫：*Archaeogolfingia caudata* Huang *et al.*，2004

触手寒武星虫：*Cambrosipunculus tentaculatus* Huang *et al.*，2004

8. 毛颚动物门 Phylum Chaetognatha

多刺原始箭虫：*Protosagitta spinosa* Hu in Chen *et al.*，2002

耳材村始箭虫：*Eognathacantha ercainella* Chen & Huang，2002

9. 环节动物 Phylum Annelida

抚仙帽天多毛虫：*Maotianchaeta fuxianella* Chen，2004

古扇虫：*Ipoliknus avitus* Han *et al.*，2019

[①]"="意为同一物种，不同的人有不同的命名。

中华隐刚毛虫：*Adelochaeta sinensis* Han *et al.*，2019

10. 软舌螺动物门 Phylum Hyolitha（= 分类位置不明的担轮动物 Trochozoa of uncertain affinity）

巨大偶线带螺：*Ambrolinevitus maximus* Jiang，1982

梅树村偶线带螺：*Ambrolinevitus meishucunensis* Jiang，1994

平顶偶线带螺：*Ambrolinevitus platypluteus* Qian，1978

腹脊偶线带螺：*Ambrolinevitus ventricosus* Qian，1978

云南薄氏螺：*Burithes yunnanensis* Hou *et al.*，1999（？= 大型舌形螺：*Glossolites magnus* Luo & Hu in Luo *et al.*，1999）

扇形线带螺：*Linevitus flabellaris* Qian，1978

丰满线带螺：*Linevitus opimus* Yu，1974

滇具茎螺：*Pedunculotheca diania* Sun，Zhao et Zhu，2018

11. 软体动物门 Phylum Mollusca

太阳女神螺：*Helcionella yunnanensis* Zhang & Babcock，2002

翼型奈克虾：*Nectocaris pteryx* Conway Morris，1976（= 宽叶形虫：*Petalilium latus* Luo & Hu in Luo *et al.*，1999 = 扁平古蠕虫：*Vetustovermis planus* Glaessner，1979）

12. 叶足动物门 Phylum Lobopodia

秀丽刺须虫：*Antennacanthopodia gracilis* Ou *et al.*，2011

链状心网虫：*Cardiodictyon catenulum* Hou，Ramsköld & Bergström，1991

仙掌滇虫：*Diania cactiformis* Liu *et al.*，2011

强壮怪诞虫：*Hallucigenia fortis* Hou & Bergström，1995

靓须尖山虫：*Jianshanopodia decora* Liu *et al.*，2006

长足啰哩山虫：*Luolishania longicruris* Hou & Chen，1989

海口大网虫：*Megadictyon haikouensis* Luo & Hu in Luo *et al.*，1999

中华微网虫：*Microdictyon sinicum* Chen，Hou & Lu，1989

海口神奇啰哩山虫：*Miraluolishania haikouensis* Liu & Shu in Liu *et al.*，2004

凶猛爪网虫：*Onychodictyon ferox* Hou，Ramsköld & Bergström，1991

精美爪网虫：*Onychodictyon gracilis* Liu *et al.*，2008

海口贫腿虫：*Paucipodia haikouensis* Luo & Hu in Chen *et al.*，2002

圆形贫腿虫：*Paucipodia inermis* Chen，Zhou & Ramsköld，1995

13. 奇虾动物 Anomalocaridids

双肢抱怪虫：*Amplectobelua symbrachiata* Hou，Bergström & Ahlberg，1995

帚刺奇虾：*Anomalocaris saron* Hou，Bergström & Ahlberg，1995

奇虾未定种：*Anomalocaris* sp. of Hou，Bergström & Ahlberg，1995

优美瓜肢虫：*Cucumericrus decoratus* Hou，Bergström & Ahlberg，1995

喀迈拉扁虾：*Laminacaris chimera* Guo *et al.*，2019

三叶里拉虫：*Lyrarapax trilobus* Cong *et al.*，2016

刺钳里拉虫：*Lyrarapax unquispinus* Cong *et al.*，2014

云南似皮托虾：*Parapeytoia yunnanensis* Hou，Bergström & Ahlberg，1995

扁刺瑞氏奇虾：*Ramskoeldia platyacantha* Cong *et al.*，2018

宽脊牛角虾：*Tauricornicaris latizonae* Zeng *et al.*，2017

尖角牛角虾：*Tauricornicaris oxygonae* Zeng *et al.*，2017

14. 节肢动物门 Phylum Arthropoda

锯齿刺节虫：*Acanthomeridion serratum* Hou，Chen & Lu，1989

无刺刺节虫：*Acanthomeridion anacanthus* Hou *et al.*，2016

迷人始虫：*Alalcomenaeus illecebrosus* Hou，1987

始虫未定种：*Alalcomenaeus* sp. of Tanaka *et al.*，2013

刺状阿尔门虫：*Almenia spinosa* Hou & Bergström，1997

云南鳃虾虫：*Branchiocaris*？ *yunnanensis* Hou，1987

光滑加拿大虫：*Canadaspis laevigata*（Hou & Bergström，1991）（= 美丽加拿大虫：*Canadaspiseucallus* Chen & Zhou，1997；= 梳虾未定种：*Perspicaris*？ sp. of Hou 1987；? = 椭圆形宜良虾：*Yiliangocaris ellipticus* Luo & Hu in Luo *et al.*，1999）

长形澄江虾：*Chengjiangocaris longiformis* Hou & Bergström，1991（= 云南寒武海百合：*Cambrofengia yunnanensis* Hou *et al.*，1999）

灰姑娘虫：*Cindarella eucalla* Chen，Ramsköld，Edgecombe & Zhou in Chen *et al.*，1996

翼尾盾虾：*Clypecaris pteroidea* Hou，1999（？ = 多节耳材村虫：*Ercaicunia multinodosa* Luo & Hu in Luo *et al.*，1999）

澄江融壳虫：*Combinivalvula chengjiangensis* Hou，1987

膨大铃形介：*Comptaluta inflata* Zhang，1974

乐山铃形介：*Comptaluta leshanensis* Lee，1975

钳状双尾虫：*Diplopyge forcipatus* Luo & Hu in Luo *et al.*，1999

小型双尾虫：*Diplopyge minutus* Luo & Hu in Luo *et al.*，1999

叶状肢东山虾：*Dongshanocaris foliiformis* Hou & Bergström，1998

中间型古莱得利基虫：*Eoredlichia intermedia* Lu，1940

多刺耳材村虫：*Ercaia minuscula* Chen，Vannier & Huang，2001

小型二街虾：*Erjiecaris minusculo* Fu，Zhang & Budd，2014

强大剪肢虾：*Forfexicaris valida* Hou，1999

叶尾强钳虫：*Fortiforceps foliosa* Hou & Bergström，1997

延长抚仙湖虫：*Fuxianhuia protensa* Hou，1987

冠尾海丰虫：*Haifengella corona* Zhao *et al.*，2014

耳材村海口虾：*Haikoucaris ercaiensis* Chen，Waloszek & Maas，2004

耳型等刺虫：*Isoxys auritus* Jiang，1982

弯喙等刺虫：*Isoxys curvirostratus* Vannier & Chen，2000

奇异等刺虫：*Isoxys paradoxus* Hou，1987（？ = 长形等刺虫：*Isoxys elongatus* Luo & Hu in Luo *et al.*，1999）

多节尖峰虫：*Jianfengia multisegmentalis* Hou，1987

舒氏康虾：*Kangacaris shui* Zhang et al.，2012

宽跨马虫：*Kuamaia lata* Hou，1987

多刺跨马虫：*Kuamaia muricata* Hou & Bergström，1997

丘疹关杨虫：*Kuanyangia pustulosa* Lu，1941

关杨虫未定种：*Kuanyangia* sp. of Hou & Bergstöm，1997

朵氏昆明虫：*Kunmingella douvillei* Mansuy，1912

典型昆明虫：*Kunmingella typica* Huo & Shu，1985

双刺昆明虫：*Kunmingocaris bispinosus* Luo & Hu in Luo et al.，1999

陈氏昆明虫：*Kunyangella cheni* Huo，1965

帽天山观音虫：*Kwanyinaspis maotianshanensis* Zhang & Shu，2005

亚洲林乔利虫：*Leanchoilia asiatica* Luo & Hu in Luo et al.，1997（＝奇异滇池虫：*Dianchia mirabilis* Luo & Hu in Luo et al.，1997；＝中华约合虫：*Yohoia sinensis* Luo & Hu in Luo et al.，1997；？＝美丽中新虫：*Zhongxinia speciosa* Luo & Hu in Luo et al.，1997；？＝华美梨头虫：*Apiocephalus elegans* Luo & Hu in Luo et al.，1999）

宽大林乔利虫：*Leanchoilia obesa* He et al.，2017

凉山凉山介：*Liangshanella liangshanensis* Huo，1956

梁王山虫：*Liangwangshania biloba* Chen，2005（？＝郑和山口虾：*Shankouia zhenghei* Chen et al. in Chen，2004）

茎眼罗惠麟虫：*Luohuilinella deletres* Hou et al.，2018

珍稀罗惠麟虫：*Luohuilinella rarus* Zhang et al.，2012

近梯形马房虾：*Mafangia subscalaria* Luo & Hu in Chen et al.，2002

多节马房虾：*Mafangocaris multinodus* Luo & Hu in Chen et al.，2002

双瘤小马龙虫：*Malongella bituberculata* Luo & Hu in Chen et al.，2002

长尾周小姐虫：*Misszhouia longicaudata* Chen，Edgecombe & Ramsköld，1997（＝长尾纳罗虫：*Naraoia longicaudata* Zhang & Hou，1985）

哈利亚纳罗虫：*Naraoia halia* Simonetta & Delle Cave，1975

刺状纳罗虫：*Naraoia spinosa* Zhang & Hou，1985

卵形耙肢虾：*Occacaris oviformis* Hou，1999

宽尾叶奥代雷虫：*Odaraia*？ *eurypetala* Hou & Sun，1988（？ ＝具眼舌形虾：*Glossocaris oculatus* Luo & Hu in Luo *et al.*，1999）

奇异卵头虫：*Ovalicephalus mirabilis* Luo & Hu in Chen *et al.*，2002

中国似古节虫：*Parapaleomerus sinensis* Hou *et al.*，1999

宽瓣梳虾：*Pectocaris eurypetala* Hou & Sun，1988（？ ＝轻快翼虾：*Jugatacaris agilis* Fu & Zhang，2011）

大型梳虾：*Pectocaris spatiosa* Hou，1999

锥形小体虾：*Pisinnocaris subconigera* Hou & Bergström，1998（？ ＝叉尾尖山虫：*Jianshania furcatus* Luo & Hu in Luo *et al.*，1999）

幼虫状原虾：*Primicaris larvaformis* Zhang *et al.*，2003

寒武假尤利虫：*Pseudoiulia cambriensis* Hou & Bergström，1998

三刺翼形虫：*Pterotrum triacanthus* Luo & Hu in Chen *et al.*，2002

达子村小盾甲虫：*Pygmaclypeatus daziensis* Zhang，Han & Shu，2000

异形网面虫：*Retifacies abnormalis* Hou，Chen & Lu，1989（＝长刺网面虫：*Retifacies longispinus* Luo & Hu in Luo *et al.*，1997；＝吐卓虫未定种：*Tuzoia* sp. of Shu 1990）

刺状菱头虫：*Rhombicalvaria acantha* Hou，1987

膜状迷虫：*Saperion glumaceum* Hou，Ramsköld & Bergström，1991

中华西德尼虫：*Sidneyia sinica* Zhang & Shu in Zhang，Han & Shu，2002

月形中华疑虫：*Sinoburius lunaris* Hou，Ramsköld & Bergström，1991

古盾形虫：*Skioldia aldna* Hou & Bergström，1997

盾状小鳞片虫：*Squamacula clypeata* Hou & Bergström，1997

沈氏太阳介相似种：*Sunella* cf. *shenensis* Huo，1965

结伴旅行虾：*Synophalos xynos* Hou *et al.*，2009

显肠缝合虫：*Syrrhaptis intestinalis* Luo & Hu in Luo *et al.*，1999

长尾螳螂虫：*Tanglangia longicaudata* Luo & Hu in Luo *et al.*，1999

古盘虫：*Tsunyidiscus aclis* Zhou in Lee *et al.*，1975

牛蹄塘遵义盘虫：*Tsunyidiscus niutitangensis* Chang，1964

滇东遵义盘虫：*Tsunyiella diandongensis* Tong in Huo & Shu，1985

中华吐卓虫：？ *Tuzoia sinensis* Pan，1957（？ =*Tuzoia limba* Shu，1990）

等称尾头虫：*Urokodia aequalis* Hou，Chen & Lu，1989

卵形瓦普塔虾：*Waptia ovata* Lee，1975

丁氏武定虫：*Wutingaspis tingi* Kobayashi，1944

双瘤小武定虫：*Wutingella binodosa* Zhang，1974

镜眼海怪虫：*Xandarella spectaculum* Hou，Ramsköld & Bergström，1991

大云南虾：*Yunnanocaris megista* Hou，1999

云南云南头虫：*Yunnanocephalus yunnanensis* Mansuy，1912

山口郑和虾：*Zhenghecaris shankouensis* Vannier *et al.*，2006

15. 帚虫动物门 Phylum Phoronida

澄江始帚虫：*Eophoronis chengjiangensis* Chen，2004

澄江帚虫：*Iotuba chengjiangensis* Chen & Zhou，1997

16. 腕足动物门 Phylum Brachiopoda

艾丽莎贝未定种：*Alisina* sp. of Zhang *et al.*，2011

纯真滇东贝：*Diandongia pista* Rong，1974

东方日射贝：*Heliomedusa orienta* Sun & Hou，1987

马龙关山穿孔贝：*Kuangshanotreta malungensis* Zhang，Holmer & Hu in Wang *et al.*，2012

澄江顾托贝：*Kutorgina chengjiangensis* Zhang *et al.*，2007

澄江小舌形贝：*Lingulella chengjiangensis* Jin，Hou & Wang，1993

马龙鳞舌形贝：*Lingulellotreta malongensis* Rong，1974

澄江东龙潭村贝：*Longtancunella chengjiangensis* Hou *et al.*，1999

海口西山贝：*Xianshanella haikouensis* Zhang，2004

精美玉玕囊形贝：*Yuganotheca elegans* Zhang，Li & Holmer in Zhang *et al.*，2014

17. 古虫动物门 Phylum Vetulicolià

美丽北大动物：*Beidazoon venustum* Shu，2005（＝丘疹丘疹古虫：*Bullivetula variola* Aldridge *et al.*，2007）

郝氏地大虫：*Didazoon haoae* Shu & Han in Shu *et al.*，2001

困惑异形虫：*Heteromorphus confusus* Chen & Zhou，1997（？ ＝长尾异形虫 *Heteromorphus longicaudatus* Luo & Hu in Luo *et al.*，1999）

具腹圆口虫：*Pomatrum ventralis* Luo & Hu in Luo *et al.*，1999

楔形古虫：*Vetulicola cuneata* Hou，1987

串珠古虫：*Vetulicola monile* Aldridge *et al.*，2007

长方形古虫：*Vetulicola rectangulata* Luo & Hu in Luo *et al.*，1999

皇冠西大动物：*Xidazoon stephanus* Shu，Conway Morris & Zhang in Shu *et al.*，1999

宏大俞元虫：*Yuyuanozoon magnificissimi* Chen，Feng & Zhu in Chen et al. 2003

18. 棘皮动物门 Phylum Echinodermata

尖山滇池古囊动物：*Dianchicystis jianshanensis* Shu *et al.*，2004

始祖古囊动物：*Vetulocystis catenata* Shu *et al.*，2004

19. 半索动物门 Phylum Hemichordata

云南羽冠虫：*Galeaplumosus abilus* Hou *et al.*，2011

铅色云南虫：*Yunnanozoon lividum* Hou，Ramsk.ld & Bergström，1991

梭形海口虫：*Haikouella lanceolata* Chen *et al.*，1999

尖山海口虫：*Haikouella jianshanensis* Shu *et al.*，2003

20. 脊索动物门 Phylum Chordata

好运华夏鳗：*Cathaymyrus diadexus* Shu，Conway Morris & Zhang，1996

海口华夏鱼：*Cathaymyrus haikouensis* Luo & Hu in Luo *et al.*，2001

始祖长江海鞘：*Cheunkongella ancestralis* Shu *et al.*，2001

耳材村海口鱼：*Haikouichthys ercaicunensis* Luo，Hu & Shu in Shu *et al.*，1999

凤娇昆明鱼：*Myllokunmingia fengjiaoa* Shu，Zhang & Han in Shu *et al.*，1999

安宁山口被囊虫：*Shankouclava anningense* Chen *et al.*，2003

山口山口被囊虫：*Shankouclava shankouense* Chen *et al.*，2003

长吻钟健鱼：*Zhongjianichthys rostratus* Shu，2003

中间型中新鱼：*Zhongxiniscus intermedius* Luo & Hu in Luo *et al.*，2001

21. 分类位置未定的步带动物 Ambulacraria of uncertain affinity

真形伊尔东体：*Eldonia eumorpha* Sun & Hou，1987（＝真形星口水母：*Stellostomites eumorphus* Sun & Hou，1987；＝华美云南水母：*Yunnanomedusa eleganta* Sun & Hou，1987）

长柄火炬虫：*Phlogites longus* Luo & Hu in Luo *et al.*，1999（＝短柄火炬虫：*Phlogites brevis* Luo & Hu in Luo *et al.*，1999；？＝具刺瓶状虫：*Calathites spinalis* Luo & Hu in Luo *et al.*，1999）

大轮盘体：*Rotadiscus grandis* Sun & Hou，1987

22. 分类位置未定的两侧对称动物 Bilateria of uncertain affinity

奇妙足杯虫：*Dinomischus venustus* Chen，Hou & Lu，1989

云南火把虫：*Facivermis yunnanicus* Hou & Chen，1989

吸盘古宿虫：*Inquicus fellatus* Cong *et al.*，2017

长形黎镰虫：*Orthrozanclus elongata* Zhao，Smith，Yin，Zeng，Li & Zhu，2017

凤蝶微瓦虾：*Wiwaxia papilio* Zhang *et al.*，2015

23. 分类位置未定 Uncertain systematic position

中华阿米斯克虫：*Amiskwia sinica* Luo & Hu，2002

粗壮花瓣虫：*Anthotrum robustus* Luo & Hu in Luo *et al.*，1999

珍稀寒武角管虫：*Cambrocomulitus rarus* Yang Xian-feng *et al.*，2013

条纹锥形虫：*Conicula striata* Luo & Hu in Luo *et al.*，1999

异型盘形虫：*Discoides abnormis* Luo & Hu in Luo *et al.*，1999

具刺马蹄虫：*Hippotrum spinatus* Luo & Hu in Luo *et al.*，1999

壳头马鞍山虫：*Maanshania crusticeps* Hou *et al.*，1999

伸长大头虫：*Macrocephalus elongatus* Luo & Hu in Luo *et al.*，1999

关山马龙管：*Malongitubus kuangshanensis* Hu，2005

匕状奥尔德里奇鸟巢：*Nidelric pugio* Hou *et al.*，2014

疑惑小瘤面体：*Parvulonoda dubia* Rigby & Hou，1995

具管扁豆虫：*Phacatrum tubifer* Luo & Hu in Luo *et al.*，1999

长剑虫：*Phasganula longa* Luo & Hu in Luo *et al.*，1999

双列锯齿虫：*Pristioites bifarius* Luo & Hu in Luo *et al.*，1999

具柄扇形虫：*Rhipitrus clavifer* Luo & Hu in Luo *et al.*，1999

24 . 文德纪型生物 Vendobionts

中华古扇形虫：*Sinoflabrum antiquum* Zhang & Babcock，2001

25. 遗迹化石 Ichinofossils

扭形安宁迹：*Anningichnus obstortus* Luo et Hu，1999

简单线形迹：*Gordia simplex* Luo et Hu，1999

不规则柳江迹：*Liujiangichnus irregularis* Luo et Hu，1999

云南蚓形迹：*Lumbricaria yunnanensis* Luo et Hu，1999

蠕虫状古藻迹：*Palaeophycus vermicularis* Luo et Hu，1999

八道湾古藻迹：*Palaeophycus badaowanensis* Luo et Hu，1999

蒙大拿漫游迹：*Planolites montanus* Richter，1937

山口村蠕虫粪石迹：*Scolecocoprus shankoucunensis* Luo et Hu，1999

第二节　人类远古"鱼形祖先"的化石证据
——曲靖和昭通的古生代鱼类

距今 5.18 亿年前起源于寒武纪的鱼类经过志留纪（距今约 4.44 亿~4.19 亿年前）和泥盆纪（距今约 4.19 亿~3.59 亿年前）鱼类大发展时期，数量和种类都较之前大大丰富。其中的一些类群，演化出从水生到陆生过渡的身体结构，为脊椎动物从海洋登上陆地作好了准备。这一阶段演化的化石证据，大部分发现于曲靖市城郊的西屯村和潇湘村距今 4.3 亿年前和 3.8 亿年前的志留纪和泥盆纪浅海相地层中。当今世界上已发现的绝大多数古生代鱼类几乎都能在这个区域找到踪迹，还有一些特有属种和过渡类别。到目前为止发现和发表了共计 64 属 82 种，包括无颌类（盔甲鱼类、花鳞鱼类）、盾皮鱼类、棘鱼类、软骨鱼类和硬骨鱼类（辐鳍鱼类和肉鳍鱼类），后 4 大门类均属有颌脊椎动物，分别被命名为西屯动物群（泥盆纪）（图 1-6）和潇湘动物群（志留纪）。

距今约 4 亿年前的曲靖地区，处于赤道附近，气候炎热，水体温暖，为康滇古陆周围的浅海海湾，特别适合鱼类生存。这一地区很早就受到地质古生物学者的青睐。早在 100 年前，中国地质学的先驱丁文江就在曲靖采集到鱼类化石。1963 年，古生物学家刘玉海在曲靖廖角山山麓采集到胴甲鱼类化石，依据众多化石材料最早建立一新属——云南鱼属，并试图将其归入到胴甲鱼目翼甲鱼科。在云南鱼发现以前，胴甲鱼类在中国的发现仅限于中、晚泥盆世地层，云南鱼的发现使胴甲鱼类的时代向前推到早泥盆世，是有颌类最早的代表[1]。1965 年,刘玉海在云南曲靖寥廓山地区早泥盆世地层中发现盔甲鱼类化石，1979 年他与英国古生物学家合作在《自然》杂志联合发表文章，定名为真盔甲鱼、多鳃鱼系，当时分别被归入骨甲鱼类和异甲鱼类，这代表了无颌类"甲胄鱼类"在中国的首次发现。他们建议建立一个无颌类的亚纲级分类单元——盔

---

[1] 蒋志文、侯先光、吉学平、冉永禄：《生命的历程》，昆明：云南科技出版社，2000，第69-72页。

图 1-6：早泥盆世西屯动物群生态景观（Brain Choo 绘图；朱敏提供）

甲鱼亚纲，表明中国南方在早泥盆世时已形成了一个非常独特的古鱼类区系。到目前为止，已经公开发表的盔甲鱼类约有 56 属 73 种，盔甲鱼类成为与骨甲鱼类、异甲鱼类并驾齐驱的古生代无颌类三大类群之一。

上述发现引起了古脊椎动物学家张弥曼院士的重视。从 20 世纪 70 年代末开始，张弥曼多次来西屯村采集标本，发现一大批珍贵的鱼类化石。经过几年深入的研究，在 80 年代初命名了杨氏鱼、奇异鱼等一系列新属、新种，认为两种鱼没有内鼻孔，是一种原始的肺鱼，脊椎动物从无颌类和盾皮鱼类演化成硬骨鱼类，逐步变成四足动物，演化成包括我们人类在内的脊椎动物的祖先类群。这一观点对传统认为总鳍鱼是四足动物祖先的观点提出了挑战，在国际学术界产生了深远的影响。西屯村发现的以先驱杨氏鱼、罗氏斑鳞鱼、张氏蝶柱鱼、晨晓弥曼鱼为代表的早泥盆世动物群化石，代表其生活的时期为有颌脊椎动物各个类群爆发式增长的关键时期，这一发现对研究早期硬骨鱼类的演化具有十分重要的意义。这一动物群被命名为西屯动物群（早泥盆世早期），发现的有代表性的重要鱼类化石有 [1]：

（1）雅氏无孔鱼：是 2001 年发表的肉鳍鱼亚纲的一属，这一发现扩大了眼柄特征在硬骨鱼类中的分布范围，也支持了无孔鱼和斑鳞鱼在整个硬骨鱼类分类系统中的祖先或基干地位这一结论。这一属填补了斑鳞鱼与其他更进步的肉鳍鱼类之间的形态缺环。无孔鱼、斑鳞鱼等化石的发现揭示了中国南方是肉鳍鱼类起源中心。

（2）张氏蝶柱鱼：是 2002 年发表的迄今所知最接近四足动物与肺鱼类共同祖先的原始肉鳍鱼，它不仅保留了一些属于肉鳍鱼类基干类型（以斑鳞鱼、无孔鱼为代表）的特征，而且还具有一些四足形动物（如肯氏鱼）或肺鱼形动物（如杨氏鱼、奇异鱼）的进步特征。种名为纪念中国肉鳍鱼类研究的开拓者张弥曼院士。

（3）晨晓弥曼鱼：2006 年发表，为一条兼具原始辐鳍鱼类和原始肉鳍鱼类特征的鱼化石。晨晓弥曼鱼独有的特征组合提供了硬骨鱼类起源、演化的关键信息，证明了硬骨鱼类祖先形态模式和整列层结构的获得是逐步产生的。

（4）先驱杨氏鱼：是 1981 年张弥曼和于小波发现的曲靖西屯动物群中的第一种肉鳍鱼，命名为"杨氏鱼"，以纪念中国古脊椎动物学研究的奠基人杨钟健教授。1982 年，张弥曼采用连续切片和蜡制模型技术，对杨氏鱼的脑腔及脑神经、血管等作了精细复原，研究结果否定了长期以来认为扇鳍鱼类有内鼻孔这一权威性结论，从根本上动摇了总鳍鱼类作为四足动物祖先的地位。其后相继发现的斑鳞鱼、无孔鱼、弥曼鱼和蝶柱鱼化石，丰富了志留纪—泥盆纪硬骨鱼类尤其是早期肉鳍鱼类的多样性，进一步支持了曲靖地区是肉鳍鱼类起源与早期分化中心的学说。

（5）希望奇异鱼：1982 年与杨氏鱼一同发表的奇异鱼，是迄今所知最早、最原始的肺鱼，它的发现将孔鳞鱼类与肺鱼类更紧密地联系在一起。杨氏鱼与奇异鱼的发现，奠定了中国肉鳍鱼类化石研究的基础。自此，国际学术界将肉

---

[1] 朱敏提供：《曲靖潇湘动物群申报国家地质公园报告》，2017。

鳍鱼类分化的研究聚焦到了曲靖地区。

（6）李柔义小头鱼：1996 年发表，是迄今已知保存最小脑颅的古鱼，最小个体头甲长度只有 2.2 毫米，身体大小不超过 2 厘米。属名表示头甲很小，种本名取自原在曲靖市政府工作的李柔义先生，感谢他对张弥曼、朱敏等在曲靖开展野外科考以及 1987 年在曲靖成功召开古鱼类国际研讨会给予的帮助。

（7）坎贝尔肯氏鱼：2004 年发表，是具有许多与肺鱼形动物，如杨氏鱼相近特征的原始肉鳍鱼，是当时所知最早、最原始的四足形动物。这一发现为解决长期争议不下的四足动物内鼻孔起源问题提供了化石证据。

2007 年以来，古脊椎动物学家朱敏在曲靖麒麟区石灰窑村比西屯村稍早的志留纪地层中发现并发表了大量有颌类脊椎动物化石，分别命名为梦幻鬼鱼、初始全颌鱼、长吻麒麟鱼、麒麟鱼、钝齿宏颌鱼、甲鳞鱼等，其中梦幻鬼鱼是迄今世界上最古老、最完整的有颌类硬骨鱼类化石，解决了脊椎动物什么时候开始有下颌的问题。这些发现填补了早期脊椎动物演化的一系列缺环，对探索包括人类在内的脊椎动物"鱼形祖先"阶段的研究提供了重要的化石证据。这一动物群被命名为潇湘动物群（志留纪）。重要化石代表有：

（1）初始全颌鱼：2013 年发表，是一件发现于 4.23 亿年前志留纪地层的保存完好、兼有盾皮鱼身体特征和脑袋以及硬骨鱼颌面部特征的化石。经研究将其命名为"初始全颌鱼"。全颌鱼既具有典型盾皮鱼类的头甲和胸甲模式，同时还具有典型的硬骨鱼类的边缘颌骨，这一独有的特征组合指示其很可能是盾皮鱼类和硬骨鱼类之间演化的"缺环"，揭开了颌骨起源的奥秘，有力地证明了远古硬骨鱼类是由盾皮鱼类的一支演化而来。全颌鱼是目前最原始的拥有全部与人类面部骨骼对应的鱼形动物，构成人类面部外形轮廓的主要骨骼，都可以在原始硬骨鱼中找到渊源。当然，这是经过 4 亿多年演化的结果[①]（图 1-7~1-9）。

（2）梦幻鬼鱼：2008 年，朱敏等在距今约 4.23 亿年前的地层中发现一件迄今为止全球最古老的近乎完整的硬骨鱼化石，2009 年在《自然》杂志发表。这

---

① 朱幼安、朱敏：《全颌鱼重绘脊椎动物演化图谱》，载《科学世界》，2014，第 4-9 页。

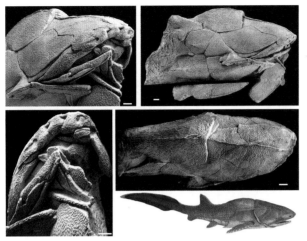

图1-7：初始全颌鱼标本及复原图（朱敏提供）

图1-8：初始全颌鱼生态复原图
（Brian Choo 绘图；朱敏提供）

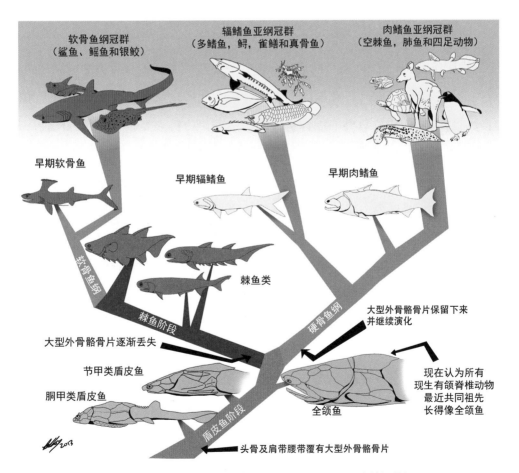

图1-9：初始全颌鱼发现之后的有颌脊椎动物家谱（Brain Choo 绘图；朱敏提供）

件完整保存的标本被命名为梦幻鬼鱼，属名意指一拥有原始硬骨鱼梦幻特征组合的鱼化石。这是志留纪唯一完整保存的有颌类，它将有颌脊椎动物几大类群的特征汇于一身。这一发现第一次近乎完整地呈现了硬骨鱼祖先可能具有的特征组合，为深入探讨有颌类各大类群的相互关系提供了关键资料。它的发现为脊椎动物辐鳍鱼类与肉鳍鱼类的分化演化这一重大分歧事件提供了一个新的最近的时间校正点，将此类化石的记录向前推进了 800 万年。

（3）罗氏斑鳞鱼：1999 年发表，是兼具盾皮鱼和棘鱼特征的肉鳍鱼，生活在距今约 4 亿年前。这一发现使斑鳞鱼成为迄今所知最早的硬骨鱼之一。奇特的特征组合既填补了肉鳍鱼类和辐鳍鱼类之间的某些形态上的缺环，也将硬骨鱼类和其他有颌鱼类更紧密地联系在一起，弥补了有颌类四大类群间的"形态缺环"，为揭示硬骨鱼类的起源与早期演化问题提供了重要的形态证据。

（4）长吻麒麟鱼：2016 年发表于《科学》杂志，是一种发现于距今 4.23 亿年前志留纪的，长约 20 厘米的盾皮鱼，这一发现填补了硬骨鱼类的全颌与盾皮鱼类的原颌之间的缺环，在国际上首次提出全颌盾皮鱼类与硬骨鱼类的上颌联合及耻骨与原核盾皮鱼类的颌骨骨板同源的理论，将人类颌骨的起源向前一直追溯到最原始的有颌脊椎动物——原颌盾皮鱼中。

（5）钝齿宏颌鱼：是 2014 年 2 月 14 日发表的，发现于距今 4.23 亿年前的硬骨鱼化石，是迄今发现的志留纪最大的脊椎动物。钝齿宏颌鱼的下颌长 10 多厘米，借此复原体长可达 1.2 米。这一发现否定了早泥盆世埃姆斯期（4.08 亿年前至 3.93 亿年前）以前不存在大型脊椎动物的论断。钝齿宏颌鱼可能当时是脊椎动物家族中的顶级掠食者。

（6）丁氏甲鳞鱼：2017 年发表，属于肉鳍鱼的家族成员，是继梦幻鬼鱼之后第二种保存较完整的志留纪硬骨鱼，它的独特之处在于身体覆盖着厚而紧密连接在一起的鳞片——鳞列构造。种名献给云南曲靖志留纪剖面的命名人——中国地质学奠基人之一的丁文江先生。丁氏甲鳞鱼既具有早期硬骨鱼的特征，又具有类似盾皮鱼类的肩带、腰带和背鳍棘以及类似全颌鱼的头部膜质骨。这些特征组合填补了早期硬骨鱼类和其他有颌类之间的，以及肉鳍鱼类和辐鳍鱼

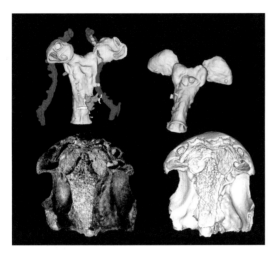

图 1-10：奇异东生鱼内颅照片与内颅、脑腔三维复原图（朱敏提供）

图 1-11：奇异东生鱼与真孔骨鱼生态复原图（Brain Choo 绘图；朱敏提供）

类之间形态学的缺环，也暗示盾皮鱼类的一支系可能演化出后来的硬骨鱼类。

此外，2012 年 10 月 24 日，朱敏等发表了在昭通盆地距今 4.09 亿年前早泥世地层中发现的原始肉鳍鱼化石，命名为奇异东生鱼（图 1-10、1-11），属名为纪念曾经参与发现泥盆纪早期脊椎动物的中国地质学家刘东生先生。奇异东生鱼的下颌已显示早期四足动物的特征，高精度 CT 扫描和三维重建显示，它的颅腔中可能已具备四足动物大脑特有的腺垂体结节部，腺垂体起着适应昼夜节律乃至季节变换节律的作用，这为鱼类登陆后适应环境提前做好了结构功能上的准备。奇异东生鱼是已知的最古老和最原始的基干四足动物，它的发现将四足动物支系的演化历史向前推进了 1 000 万年。一般认为，在距今 3.7 亿年前的晚泥盆世，基干四足动物（与陆生脊椎动物最近的化石鱼类）中的一支登上陆地，衍生出最早的陆生脊椎动物，并最终演化为人类。奇异东生鱼是四足动物与肺鱼两大支系化石记录之间的缺环，是研究包括人类在内的四足动物祖先的演化历程的重要化石证据。曲靖和昭通地区的志留纪和泥盆纪，是人类的远古鱼形祖先——早期肉鳍鱼类和基干四足动物的起源和早期演化中心。由肉鳍鱼类演化到硬骨鱼类过程中一系列过渡类型化石的发现，为解决鱼颌的起源、人面骨骼的出现、硬骨鱼纲起源、肉鳍鱼亚纲起源、内鼻孔的出现、鱼类登陆等关键的重大学术问题提供了化石证据。潇湘动物群不断发现的化石证据，改变了科学界对脊椎动物早期演化的认识。传统认知的泥盆纪为"鱼类时代"或可向前推到志留纪。

可以认为，没有曲靖和昭通发现的早期肉鳍鱼，就没有早期鱼类登陆事件，更不会有后来的四足两栖动物、陆生爬行动物、哺乳动物、灵长类、猿类和人类。因此，以曲靖和昭通为代表的滇东地区可以被认为是 4 亿年前人类"鱼形远祖"的发祥地。

附：曲靖志留纪—泥盆纪鱼化石名录（截至 2016 年）[①]

1. 志留纪潇湘生物群（12 属 12 种）

无颌类（3 属 3 种）

长孔盾鱼：*Dunyu longiforus* Zhu *et al.*，2012

优美伢佤鱼：*Kawalepis comptus* Wang *et al.*，1989

中华花鳞鱼：*Thelodus sinensis* Wang *et al.*，1989

盾皮鱼类（3 属 3 种，1 不定属种）

初始全颌鱼：*Entelognathus primordialis* Zhu *et al.*，2013

阔背志留鱼：*Silurolepis platydorsalis* Zhang *et al.*，2010

"中华王氏鱼"："*Wangolepis sinensis*" Pan，1986

云南鱼类（属种不定）：Yunnanolepiformes gen. et sp. indet.

棘鱼类（3 属 3 种）

棒棘鱼（未定种）：*Gomphonchus sp.* Wang *et al.*，1989

---

① 中国科学院古脊椎动物与古人类研究所，朱敏：《曲靖鱼化石地质公园构想》，内部资料。

曲靖孔棘鱼：*Poracanthodes qujingensis* Wang *et al.*，1989

王氏哈尼鱼：*Hanilepis wangi* Wang *et al.*，1989

硬骨鱼类（3 属 3 种）

梦幻鬼鱼：*Guiyu oneiros* Zhu *et al.*，2009

云南舌鳞鱼：*Ligulalepis yunnanensis* Wang *et al.*，1989

秀丽纳西鱼：*Naxilepis gracilis* Wang *et al.*，1989

2. 早泥盆世早期西屯生物群（46 属 62 种）

无颌类（20 属 30 种）

硕大云南盔甲鱼：*Yunnanogaleaspis major* Pan *et* Wang，1981

沾益多鳃鱼：*Polybranchiaspis zhanyiensis* Pan *et* Wang，1978

廖角山多鳃鱼：*Polybranchiaspis liaojiaoshanensis* Liu，1965

面店村多鳃鱼：*Polybranchiaspis miandiancunensis* Pan et Wang，1978

曲靖东方鱼：*Dongfangaspis qujingensis* Pan et Wang，1981

小甲多鳃鱼：*Polybranchiaspis minor* Liu，1975

玉龙寺多鳃鱼：*Polybranchiaspis yulongssus* Liu，1975

宽大吻突三岔鱼：*Sanchaspis magalarostrata* Pan et Wang，1981

张氏真盔甲鱼：*Eugaleaspis changi* Liu，1965

徐家冲真盔甲鱼：*Eugaleaspis xujiachongensis* Liu，1975

曲靖真盔甲鱼：*Eugaleaspis qujingensis* Cao，1985

小眼南盘鱼：*Nanpanaspis microculus* Liu，1965

曲靖宽甲鱼：*Laxaspis qujingensis* Liu，1975

曲靖宽甲鱼（相似种）：*Laxaspis* cf. *L. qujingensis*

玉龙寺宽甲鱼：*Laxaspis yulongssus* Liu，1975

长吻宽甲鱼：*Laxaspis rostrata* Liu，1975

西山村滇东鱼：*Diandongaspis xishancunensis* Liu，1975

玉海翼角鱼：*Pterogonaspis yuhaii* Zhu，1992

漫游憨鱼：*Nochelaspis maeandrine* Zhu，1992

耿氏鸭吻鱼：*Gantarostrataspis geni* Wang et Wang，1992

盾状五窗鱼：*Pentathyraspis pelta* Pan，1992

小孔微盔鱼：*Microhoplonaspis microthyris* Pan，1992

变异坝鱼：*Damaspis vartus* Wang et Wang，1982

双翼王冠鱼：*Stephaspis dipteriga* Gai et Zhu，2007

陡背耸刺鱼：*Hyperaspis acclivis* Pan，1992

雅致副花鳞鱼：*Parathelodus scitulus* Wang，1997

亚洲副花鳞鱼：*Parathelodus asiatica* Wang，1997

次翼副花鳞鱼：*Parathelodus catalatus* Wang，1997

角状副花鳞鱼：*Parathelodus corniformis* Wang，1997

三裂副花鳞鱼：*Parathelodus trilobatus* Wang，1997

盾皮鱼类（11 属 17 种，2 未定种，2 不定属种）

计氏云南鱼：*Yunnanolepis chii* Liu，1996

小云南鱼：*Yunnanolepis parvus* Zhang，1978

多孔云南鱼：*Yunnanolepis porifera* Zhu，1996

云南鱼（未定种）：*Yunnanolepis sp.*

西屯副云南鱼：*Parayunnanolepis xitunensis* Zhang，2001

曲靖异云南鱼：*Heteroyunnanolepis qujingensis* Wang，1994

翠峰山长瘤鱼：*Phymolepis cuifengshanensis* Zhang，1978

国瑞长瘤鱼：*Phymolepis guoruii* Zhu，1996

曲靖曲靖鱼：*Chuchinolepis qujingensis* Zhang，1984

秀丽曲靖鱼：*Chuchinolepis gracilis* Zhang，1978

浅沟曲靖鱼：*Chuchinolepis sulcata* Zhu，1996

粗壮曲靖鱼：*Chuchinolepis robusta* Zhu，1996

粗纹沾益鱼：*Zhanjilepis aspratilis* Zhang，1978

龙华山米字鱼：*Mizia longhuaensis* Zhu，1996

李柔义小头鱼：*Minicrania lirouyii* Zhu et Janvier，1996

云南斯氏鱼：*Szelepis yunnanensis* Liu，1979

斯氏鱼（未定种）：*Szelepis sp.*

龙华全瓣鱼：*Holopetalichthys longhuaensis* Zhu et Wang，1996

廖角山滇东瓣甲鱼：*Diandongpetalichthys liaojiaoshanensis* Pan et Wang，1978

北极鱼（系统位置不定）：Arctolepida indet.

节甲鱼类（属种不定）：Arthrodira gen. et sp. indet.

棘鱼类（4属4种，1未定种，1不定属）

翠峰山云南棘鱼：*Yunnanacanthus cuifengshanensis* Liu，1973

秀丽杨氏棘鱼：*Youngacanthus gracilis* Wang，1984

锉棘鱼科（属不定）：Ischnacanthidae gen. indet.

王氏哈尼鱼：*Hanilepis wangi* Wang *et al.*，1989

条纹背棘鱼：*Nostolepis striata* Wang *et al.*，1989

背棘鱼（未定种）：*Nostolepis sp.*

软骨鱼类（4属4种，1不定属）

精美郭氏鱼：*Gualepiselegans* Wang，1984

三尖张氏鱼：*Changolepis tricuspidus* Wang，1984

密肋裴氏鱼：*Peilepis solida* Wang，1984

西屯俄亥俄鱼：*Ohiolepis ？ xitunensis* Wang，1984

软骨鱼类（属不定）：Chondrichthyesgen.indet.

硬骨鱼类（6属6种，2未定种，2不定属种）

罗氏斑鳞鱼：*Psarolepis romeri* Yu，1998

斑鳞鱼（未定种）: *Psarolepis sp.*

雅氏无孔鱼: *Achoania jarviki* Zhu et al., 2001

晨晓弥曼鱼: *Meemannia eos* Zhu et al., 2006

张氏蝶柱鱼: *Styloichthys change* Zhu et Yu, 2002

先驱杨氏鱼: *Youngolepis praecursor* Chang et Yu, 1981

杨氏鱼: *Youngolepis sp.*

希望奇异鱼: *Diabolichthys speratus* Chang et Yu, 1984

肉鳍鱼亚纲（不定种）: Sarcopterygii sp. indet.

硬骨鱼纲（不定种）: Osteichthyes indet.

3. 早泥盆世晚期—中泥盆世（6属8种）

盾皮鱼类（5属7种，2未定种或相似种，1不定属种）

云南沟鳞鱼: *Bothriolepis yunnanensis* Liu, 1962

双河沟鳞鱼: *Bothriolepis shuanghenensis* Liu, 1962

东生沟鳞鱼（相似种）: *Bothriolepis* cf. *B. tungseni*

沟鳞鱼（未定种）: *Bothriolepis sp.*

武定鱼科（不定属种）: Wudinolepididae gen. et sp. indet.

曲靖西冲鱼: *Xichonolepis qujingensis* Pan et Wang, 1978

田氏湖南鱼: *Hunanolepistieni* P'an et Tzeng, 1978

中华小肢鱼: *Microbrachius sinensis* Pan, 1984

穿洞小肢鱼: *Microbrachius chuandongensis* Wang et Zhang, 1999

小沟宽甲鱼: *Eurycaraspis incilis* Liu, 1991

硬骨鱼类（2属2种）

坎贝尔肯氏鱼: *Kenichthys campbelli* Chang et Zhu, 1995

多脊混磨鱼: *Tarachomylax multicostatus* Qiao et Zhu, 2008

第三节　从陆地返回海洋的脊椎动物群——罗平生物群

　　距今 2.5 亿年前的二叠纪末期，地球上发生了有史以来最大的生物灭绝事件，海洋无脊椎动物 50% 的科、80% 的属和 90% 以上的种相继灭绝，主要生活在陆地的爬行动物中的 34 个科消失了 24 个，剩余 10 个科生存到了三叠纪。这一事件被地质学家称为"二叠纪大灭绝"。直到今天，大灭绝原因还众说纷纭[①]。

　　二叠纪大灭绝后腾出的生态位为三叠纪全球生物复苏提供了生态空间。但令学术界困惑的是，三叠纪大量爬行动物返回海洋，适应海洋的生态环境，经过一亿年左右的辐射和分化，形成了多样化的海生爬行类，成为当时统治地球的"霸主"。在今天欧亚大陆东部和南部，美洲西海岸都发现了这一类群的化石。我国的贵州、云南、安徽、湖北、西藏和广西也发现过这一类群的化石。21 世纪初云南罗平生物群的重大发现引起学术界的极大关注。

　　2007 年，中国地质调查局成都地质调查中心云南区域地质调查项目组张启跃等在罗平县城东南约 15 千米的罗雄镇大洼子村中三叠系海相沉积地层中发现了大量海洋生物化石，化石包括海生爬行类、鱼类、节肢动物、棘皮动物、双壳、腕足、腹足等十多个门类，化石种类和数量非常多，保存精美，代表由于缺氧和中毒导致的"群集灭绝事件"和微生物席密封形成的特异埋藏。经过三次大规模的发掘和十多年的研究，共采集化石 5 000 余件。目前已经鉴定和命名的化石有 6 门、40 属、100 多种，其中 30 个新种为罗平发现并命名[②]。

　　罗平生物群中最突出的类群是 2.44 亿年前的海生爬行动物，几乎涵盖了三叠纪时期海生爬行动物的主要类别，主要有鳍龙类、鱼龙类、海龙类和齿龙类四大类，包括罗平新发现命名的丁氏滇龙（图 1-12）、利齿滇东龙、云贵中华

① 李锦玲、金帆等著：《畅游在两亿年前的海洋——华南三叠纪海生爬行类和环境巡礼》，北京：科学出版社，2009，第1-7页。

② 胡世学、张启跃、文芠等：《罗平生物群——三叠纪海洋生态系统复苏和生物辐射的见证》，昆明：云南科技出版社，2016，第26-40页。

图1-12：丁氏滇龙
（文芟提供）

图1-13：张氏幻龙捕食情景复原图（胡世学提供）

龟龙、多腕骨大头龙、奇特滤齿龙、巨型张氏幻龙（图1-13）、始祖异齿鱼龙、似盘县混鱼龙、东方恐头龙、黔鳄、欧龙、云贵中华龙龟、大头龙、奇异栅齿龙等。张氏幻龙是三叠纪海洋中的顶级捕食者，有三叠纪海生爬行动物中最大的头骨，复原体型可能达5~7米，是迄今已知最大的三叠纪鳍龙类化石，它的发现说明了二叠纪大灭绝以后全球海洋生态系统全面同步复苏和复杂化；丁氏滇龙的发现进一步证实了肿肋龙类起源于中国的假说；混鱼龙的发现为鱼龙起源于比较原始双孔类的假说提供了新的化石证据。

罗平生物群中还发现大量的鱼类化石，包括5个目、7个科、21个属、26个种，其中新命名的有19种，含古鳕类、龙鱼类（图1-14）、勒鳞鱼类、裂齿鱼类、新鳍鱼类和空棘鱼类等大类。宽泪骨罗平空棘鱼的发现把该类动物最早卵胎生的记录从晚侏罗世提前到了中三叠世（图1-15、1-16）。

罗平生物群中90%是节肢动物，目前已命名了9个新种，其中罗平云南鲎和中华三指龙虾是这两类动物在我国的首次发现[1]。

---

① 张启跃、胡世学、文芟等：《罗平生物群的发现及研究进展——据云南1.5万罗平县等四幅区调和专题调查成果》，载《中国地质调查》，2015年第2卷第2期，第24-32页。

图 1-14：云南龙鱼　图 1-15：罗平生物群海生爬行动物（胡世学提供）
（胡世学提供）

图 1-16：罗平生
物群生态环境复原
图（胡世学提供）

　　云南罗平生物群地质公园 2011 年被列为第六批国家地质公园，该地发现的丁氏滇肿龙、利齿滇东龙、云贵中国龟龙被列为首批国家一级重点保护古生物化石，云南鱼龙被列为国家三级重点保护古生物化石。

　　三叠纪海生爬行动物是如何从陆地返回海洋的？为何在海洋繁盛了大约一亿年之久后又神秘地消失了？这些问题仍然是困扰着学术界的科学谜团。

附：罗平生物群名单 [①]

1. 罗平生物群新发现和命名的爬行动物名单

丁氏滇龙：*Dianopachysaurus dingi* Liu et al.，2011

利齿滇东龙：*Diandongosaurusa cutidentatus* Shang et al.，2011

云贵中华龟龙：*Sinosaurosphargis yunguiensis* Li et al.，2011

多腕骨大头龙：*Largocephalosaurus polycarpon* Chen et al.，2013

奇特滤齿龙：*Atopodentatus unicus* Chen et al.，2014

巨型张氏幻龙：*Nothosaurus zhangi* Liu et al.，2014

2. 罗平生物群新发现和命名的鱼类化石名单

大洼子龙鱼：*Saurichthys dawaziensis* Wu et al.，2009

云南龙鱼：*Saurichthys yunnanensis* Zhang et al.，2010

长奇鳍中华龙鱼：*Sinosaurichthys longimedialis* Wu et al.，2011

小型中华龙鱼：*Sinosaurichthys minuta* Wu et al.，2011

贝氏罗平鱼：*Luopingichthys bergi* Sun et al.，2009

苏氏罗平裂齿鱼：*Luopingperleidus sui* Geng，2012

中华裂齿鱼：*Perleidus sinensis* Lombardo，2011

---

① 胡世学、张启跃、文芠等：《罗平生物群——三叠纪海洋生态系统复苏和生物辐射的见证》，第26-40页。

邓氏富源裂齿鱼：*Fuyuanperleidus dengi* Geng，2012

齿状滇东裂齿鱼：*Diandongperleidus denticulatus* Geng，2012

包氏海博鱼：*Habroichthys broughi* Lin et al.，2011

苏氏圣乔治鱼：*Sangiorgioichthys sui* López — arbarello，2011

高背罗雄鱼：*Luoxiongichthys hyperdorsalis* Wen et al.，2012

格兰德拱鱼：*Kyphosichthys grandei* Xu et al.，2012

意外裸鱼：*Gymnoichthys inoponatus* Tintori et al.，2010

安氏马可波罗鱼：*Marcopoloichthys ani* Tintori et al.，2008

宽泪颧骨罗平空棘鱼：*Luopingcoelacanthus eurylacrimalis* Wen *et al.*，2013

尖瘤云南空棘鱼：*Yunnancoelacanthus acrotuberculatus* Wen et al.，2013

罗平强壮鱼：*Robustichthys luopingensis* Xu et al.，2014

尼尔森翼鳕：*Pteronisculus nielseni* Xu et al.，2014

3. 罗平生物群新发现和命名的节肢动物化石名单

罗平云南鲎：*Yunnanolimulus luopingensis* Zhang et al.，2009

白氏原双节虫：*Protamphisopus baii* Fu and Wilson，2010

罗平棒臂龙虾：*Koryncheiros luopingensis* Feldmann，Schweitzer and Zhang，2012

中华三指龙虾：*Tridactylastacus sinensis* Feldmann，Schweitzer and Zhang，2012

施氏云南龙虾：*Yunannopalinura schrami* Feldmann，Schweitzerand Zhang，2012

泸西伊吉虾：*Aeger luxii* Huang，Feldmann and Schweitzer，2013

短额安尼伊吉虾：*Anisaeger brevirostrus* Schweitzer et al.，2014

具刺安尼伊吉虾：*Anisaeger spiniferus* Schweitzer et al.，2014

壮美异形伊吉虾：*Distaeger prodigiosus* Schweitzer et al.，2014

第四节　恐龙时代早期阶段的代表——禄丰恐龙动物群

　　1937年，中国地质调查所地质学者卞美年和王存义在禄丰境内中生代红层中寻找"盐"时，在禄丰盆地西部的蚂蝗箐发现脊椎动物骨骼化石，当地村民告诉他们，此类化石在禄丰盆地的沙湾等地更大、更多（图1-17）。1938年7月，由于战争的影响，中国地质调查所的部分人员转移到昆明，古生物学家杨钟健从长沙来到昆明，担任中国地质调查所昆明站站长，卞美年和王存义为其助手。杨钟健鉴定了他们发现的化石，确定为恐龙化石。1938年10月之后的几年间，杨钟健率卞美年、王存义等到禄丰县沙湾、大洼、大荒田等地调查和发掘，发现大量恐龙、蜥蜴、三尖齿兽等脊椎动物化石，特别重要的是在金山镇沙湾发掘出一具完整恐龙化石，从而揭开了禄丰恐龙化石群重大发现和研究的序幕（图1-18~1-20）。1939年杨钟健发表了《禄丰蜥脚类恐龙的初步报告》，确定禄丰恐龙是世界上最原始的蜥脚类恐龙之一，这也是亚洲发现的第一条板

图1-17：埋藏禄丰恐龙的中生代地层（王涛提供）

图1-18：许氏禄丰龙发掘现场（刘建荣拍摄）

图1-19：许氏禄丰龙出土现场（王涛拍摄）

图1-20：禄丰大洼恐龙山杨钟健雕像（王涛拍摄）

龙类恐龙化石。1941年发现并命名的完整恐龙骨架——许氏禄丰龙，经修复装架在重庆对外展出，这是我国装架的第一个恐龙化石（图1-21）。此后至新中国成立以前，杨钟健先后发表了14篇论文和4本专著，描述了包括7种恐龙、3类鳄、1种肺鱼及卞氏兽和昆明兽2种犬齿兽类，确立了滇中禄丰蜥龙动物群的地位[1]。

---

[1] 杨钟健：《禄丰蜥龙动物群》，见《中国古生物志》，1951，新两种13号，总号134册，第1-96页。

图 1-21：中国装架的第一条恐龙——许氏禄丰龙（引自中科院古脊椎所《与龙共舞》，2000）

1953 年，中国科学院古脊椎动物研究室成立后，以孙艾玲为代表的年轻一代又不断地调查、发掘，尤其在似哺乳动物和哺乳动物门类研究方面取得了重要突破。1995 年，禄丰县博物馆的王涛根据川街乡阿纳村老长青村民发现的线索，揭开了川街恐龙化石群发现的序幕。之后的大规模发掘，发现大量的中、晚侏罗纪的恐龙骨架，确定了禄丰盆地同时具有早、中、晚侏罗纪的恐龙化石代表。其中最重要的是发现"恐龙特异埋藏地"，被誉为"恐龙公墓"，在大约 300 平方米的范围内，出土了 11 具蜥脚类恐龙化石，1 具兽脚类恐龙化石，代表中生代的一个"集群死亡事件（灾难事件）"。以川街"恐龙特异埋藏地"为中心的恐龙分布区域，现已成为闻名中外的"世界恐龙谷"景区（图 1-22、1-23）。

2003 年，台湾中兴大学荣誉客座教授黄大一带领学生到禄丰开展夏令营野外实习时，发现了恐龙胚胎化石和恐龙蛋蛋壳化石。恐龙胚胎化石的发现解开了禄丰地区长期以来"有龙无蛋"的谜团，这是国内迄今发现的最古老的恐龙胚胎化石。2013 年，这一发现作为《自然》杂志封面文章报道，引起轰动[①]。胚

---

① Robert R. Reisz，Timothy D. Huang et al.，*Embiology of Early Jurassic dinosaur from china with evidence of preserved organic remains*，*Nature*，2013，210-214.

图 1-22：禄丰川街世界恐龙谷景区大门（王涛拍摄）

图 1-23：1958 年发行的中国第一枚恐龙邮票（王涛提供）

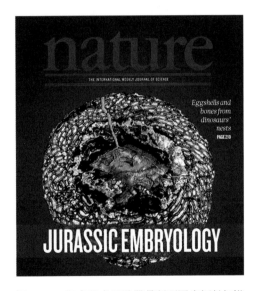

图 1-24：禄丰恐龙胚胎股骨断面同步辐射扫描影像图（黄大一提供）

胎化石较完整，保存了胚胎的头部、脊椎和四肢等主要骨骼，另外还发现大量散落的细小胚胎骨骼化石。胚胎骨骼的发现对于研究原蜥脚类恐龙的个体发育意义十分重大，为恐龙胚胎化石研究开辟了新的领域（图 1-24）。

　　2019 年 3 月初，《自然》杂志子刊《科学报告》再次发表了发现于禄丰川街的世界上最古老的恐龙蛋化石。60 多年来，中国地质博物馆、中国科学院南京地质古生物研究所、云南省地质局、云南省冶金有色地质局、上海自然博物馆、云南省文物考古研究所、重庆自然博物馆、云南省地质科学研究所、美国圣姆大学、中国地质部地质科学研究所等国内外多家单位都参加了发掘和研究。截至目前，在禄丰及其周边地区已命名的恐龙有 26 属 38 种，包括许氏禄丰龙、巨型禄丰龙、黄氏云南龙、巨硕云南龙、杨氏云南龙、安琪龙、中国兀龙、禄丰楚雄龙、新洼金山龙、孙氏细细坡龙、阿纳川街龙、云南马门溪龙、三叠中国龙、中国双脊龙、金时代龙、禄丰盘古盗龙、尹氏芦沟龙、弱小大洼龙、禄丰滇中龙、奥氏大地龙、禄丰卞氏龙、孙氏彝州龙、程氏星宿龙等。此外，还有四个未正式描述命名的属种：云南大冲龙、武定昆明龙、杨氏峨山龙、甸中龙。禄丰恐龙动物群以早期蜥脚类为主，除蜥脚类外，禄丰恐龙动物群中有许多重要的类群，如奥氏大地龙可能是剑龙类的祖先，金时代龙是云南中侏罗世的首个兽脚类恐龙，禄丰盘古盗龙是亚洲首次发现的保存较好的腔骨龙类恐龙等[1]（图 1-25~1-29）。

　　经过 70 多年的努力，学术界建立了禄丰侏罗纪恐龙动物群的完整时序：

　　（1）早侏罗世禄丰蜥龙动物群：由我国蜥脚类恐龙化石发现、研究奠基人和主要研究者杨钟健教授建立，集中分布在早侏罗世下禄丰组的底部沙湾段及其上的张家洼段，是中国乃至亚洲最早的恐龙、爬行类、似哺乳类、哺乳类脊椎动物群之一。中心地带在禄丰县城金山镇沙湾、大洼，南至川街，北至五台山、路溪一带，从仁兴进入武定县境内，组成东西宽 2 千米、南北长 40 千米的化石条带，是禄丰蜥脚类恐龙化石主要赋存、发现地带，差不多 90% 以上的禄丰恐龙化石均发现于此区域内，亦是研究程度最高的地区。

　　（2）中侏罗世上禄丰组川街恐龙动物群：产于上禄丰组底部，为大型蜥脚、兽脚类，分布于川街老长箐一带，以阿纳川街龙、巨齿龙未定种、蛇颈龟未定种等为代表。

---

[1]　董枝明：《禄丰恐龙》，2003，昆明：云南科技出版社。

图1-25：禄丰川街出土的马门溪龙化石（王涛拍摄）

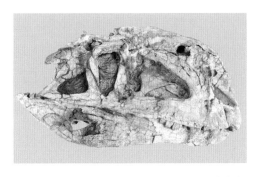

图1-26：禄丰大洼恐龙山出土的中国双脊龙化石（王涛拍摄）

图1-27：禄丰恐龙地层出土的似哺乳动物卞氏兽头骨（刘建荣拍摄）

图：1-28：禄丰大地出土的甲板小鳄化石（刘建荣拍摄）

图：1-29：禄丰大洼恐龙山新发现的三条恐龙（幼年个体）（王涛拍摄）

（3）晚侏罗世上禄丰组马门溪龙动物群：发现于上侏罗统上禄丰组上杂色层，分布于老长箐剖面，仅1属1种：云南马门溪龙。

禄丰恐龙动物群迄今为止共发现200多具恐龙化石，主要为许氏禄丰龙、巨型禄丰龙等原脚类草食性恐龙，也有中国双脊龙、盘古盗龙和金时代龙等兽脚类肉食性恐龙，还共生大量卞氏兽、肯氏兽等原始哺乳类和过渡类型的小型脊椎动物化石。这些化石分别产自禄丰盆地、川街盆地和五台山地区，时代涵盖早侏罗纪、中侏罗纪、晚侏罗纪三个时代。双脊龙类和盗龙类属于基干兽脚类恐龙，在北美和非洲化石丰富，仅发现于晚三叠世和早侏罗世的地层中。中国双脊龙和禄丰盘古盗龙等在禄丰地区的发现暗示侏罗纪早期中国南方与北美和非洲动物群可能存在交流，对研究早期兽脚类恐龙的分布和演化具有重要意义[①]。

禄丰是世界上已知恐龙化石最集中、最丰富的地方之一，也是世界上唯一一个同一地点发现侏罗纪早、中、晚不同时期恐龙化石的地区。

禄丰蜥龙动物群是世界上恐龙演化的早期代表，是这一时期世界上三大恐龙演化中心之一。以禄丰恐龙为代表的中生代恐龙彻底摆脱了对水的依赖，走上了中生代脊椎动物征服陆地的时代，同时禄丰恐龙动物群中的似哺乳爬行动物卞氏兽和早期哺乳动物三列齿兽是新生代哺乳动物兴起的萌芽，起到承上启下的作用。禄丰盆地的三叉足类脚印化石可能为大型古鸟类或鸟形恐龙留下的脚印，预示着未来有再次重大发现的可能。

上述丰富的恐龙化石，已列入国家重点保护一级古生物化石名录的有蜥脚类6属7种、兽脚类1属1种，列入二级古生物化石名录的有1属1种。一级古生物化石名录如下：

蜥臀目 Saurischia

蜥脚形亚目 Sauropodomerpha

许氏禄丰龙：*Lufengosaurus huenei* Young，1941

---

① 禄丰县人民政府：《云南省禄丰恐龙化石保护项目可行性报告》，2002，第10页。

巨型禄丰龙：*Lufengosauras magnus* Yonng，1947

黄氏云龙龙：*Yunnanosarus huang*；1942

新洼金山龙：*Jinsanosaurus xinwaensis* Zhang Yang，1995

阿纳川街龙：*Chuanjiesaurus anaensis* Pan，Lu，Zhang，Wang，Li&Cheng，2000

兽脚亚目 Theropoda

中国双脊龙：*Dilophosaurus sinensis* Hu，1993

二级古生物化石名录如下：

兽孔目 Therapside

云南卞氏兽：*Bienothcrim yunnanensis* Yung，1940

附：禄丰恐龙动物群名单 [①]

两栖类（Amphibia）

迷齿类未定种：Labyrinthodontia indet. Sun，1962

爬行类（Reptilia）

龟鳖类未定种：（Chelonia indet.）

假鳄类（Pseudosuchia）

许氏扁颌鳄：*Platyognathus hsuii* Young，1944

敏捷裂头鳄：*Dibothrosuchus claphros*

曲条鳄：*Strigosuchus licinus* Simmons，1965

假鳄类未定种：Pseudosuchia indet.

植龙类（Phytosauria）

不全硕鳄：*Pachysuchus imperfectus* Young，1951

原鳄类（Protosuchia）

---

① 禄丰县人民政府：《云南省禄丰恐龙化石保护项目可行性报告》，2002，第10页。

甲板小鳄：*Microchampsa scututa* Young，1951

张家洼滇鳄：*Dianosuchus changchiawaensis*

鸟臀类（Ornithischia）

伍氏大地龙：*Tatisaurus oehleri* Simmons，1965

弱小大洼龙：*Tawasaurus minor* Young，1982

禄丰滇中龙：*Dianchongosaurus lufengensis* Young，1982

蜥臀类（Saurischia）

原蜥脚类（Prosauropoda）

中国兀龙：*Gyposaurus sinensis* Young，1941

黄氏云南龙：*Yunnanosaurus huangi* Young，1941

巨硕云南龙：*Yunnanosaurus robustus* Young，1941

许氏禄丰龙：*Lufengosaurus hucnei* Young，1941

巨型禄丰龙：*Lufengosaurus magnus* Young，1941

虚骨龙类（Coelurosauria）

尹氏芦沟龙：*Lukousaurus yini* Young，1948

肉食龙类（Carnosauria）

三叠中国龙：*Sinosaurus triassicus* Young，1948

原龙类（protorosauria）

小滇龙：*Dianosaurus petilus* Young，1982

蜥蜴类（Lacertilia）

杨氏辅棱蜥：*Fulengia youngi* Carroll et Galton，1977

兽孔类（Therapsida）

小禄丰兽：*Lufengia delicate* Chowet Hu，1959

短吻云南兽：*Yunnania brevirostre* Cui，1976

长吻滇中兽：*Dianzhongia longirostrata* Cui，1981

中国渐凸兽：*Oligodyphus sinensis* Young，1974

巨型卞氏兽：*Binotherium magnum* Chow，1962

小昆明兽：*Kuminia minima* Young 1947

哺乳类（Mammalia）

欧氏摩尔根兽：*Morganucodon oehleri* Rigney，1963

黑果棚始带齿兽：*Eozoatrodon hekuopengensis* Yuong，1978

芮氏中国尖齿兽：*Sinoconodon rigncgi* Ofson et. Patterson，1961

帕氏中国尖齿兽：*Sinoconodon parringtoni* Young，1982

张家洼中国尖齿兽：*Sinoconodon changchiawaensis* Young，1982

杨氏中国尖齿兽：*Sinoconodon yangi* Zhang et Cui，1983

兽孔类（Therapsida）

云南卞氏兽：*Bienothcrium yunnanensis* Young，1940

美小卞氏兽：*Bienotherium elegans* Young，1947

小卞氏兽：*Bienotherium minor* Young，1947

第五节　灵长类早期起源与进化的代表
——曲靖蔡家冲动物群

　　距今 6500 万年以来，恐龙灭绝以后的新生代，被称为哺乳动物和被子植物时代。中生代地球上曾经的巨大陆块——联合古陆开始分裂和漂移，北方的劳亚大陆包括现今的欧洲、亚洲和北美，南方的冈瓦纳大陆包括现今南美洲、非洲、大洋洲、南极洲以及印度半岛和阿拉伯半岛，研究表明还包括中南欧和中国的喜马拉雅山等部分地区。始新世时，冈瓦纳大陆分出来的印度板块，开始与劳亚大陆的亚洲板块碰撞，形成青藏高原和喜马拉雅山脉，欧亚大陆与非洲和北美都有陆桥相连。这极大地改变了地质地貌乃至全球气候和生物面貌。相对独立的大陆，如澳大利亚和马达加斯加演化出了一些奇特的动物群。

　　新生代由于恐龙灭绝腾出来的生态位，以及森林草原环境的形成，使酝酿多年中生代有胎盘的早期哺乳动物快速形成适应辐射的内生动力，大部分哺乳动物得到快速辐射。古新世形成的哺乳动物群，大多已经灭绝；始新世时期哺乳动物快速分化，迄今所发现的动物多达 17 个目 90 多个科。出现了很多现生种类的古老型祖先，包括灵长类。云南曲靖蔡家冲、路南（石林）路美邑、丽江象山等地保存着始新世和渐新世的地层，尤其是曲靖麒麟区茨营镇的蔡家冲盆地早渐新世地层，在探索早期灵长类的辐射演化方面具有极大的潜力。

我国地质学家王曰伦 20 世纪 30 年代在曲靖茨营的蔡家冲、杨家冲一带的早渐新世的地层开展野外调查，采集到一些破碎的哺乳类化石，由杨钟健研究并于 1939 年发表。之后地质学家周明镇、邱占祥、徐余瑄进行过讨论和研究。1972 年，中国科学院古脊椎动物与古人类研究所新生代研究室在此开展调查，又采集到一批哺乳动物化石，1978 年发表一批大型哺乳动物化石，包括曲靖巨犀、似云南巨两栖犀、雷兽等，代表新生代哺乳动物的快速辐射[1]。21 世纪初开始，中国科学院古脊椎动物与古人类研究所倪喜军研究员带队到蔡家冲、李家洼一带采掘到丰富的化石，充实了曲靖蔡家冲动物群的内容。迄今，已发表的动物类群大体包括：中国蹶鼠、变体蹶鼠、晚雷兽、副雷兽、大角雷兽、侏儒雷兽、两栖犀、后两栖犀、巨两栖犀、曲靖巨犀、额尔登巨犀、先炭兽、麒麟树鼩、狐猴、眼镜猴、类人猿等动物化石。2016 年 1 月，该团队发现的世界上最古老的树鼩，命名为"麒麟树鼩"。树鼩曾被认为是灵长类最古老的祖先类群的代表。2016 年 5 月 7 日，该团队又在国际顶级刊物《自然》发表了在曲靖茨营李家洼采集到的代表六个灵长类新种化石，其中包括一种类人猿[2]，这对研究灵长类的演化和人类的起源和演化有特别重大的意义（图 1-30、1-31）。

最早的灵长类几乎同时出现在亚洲、北美和欧洲距今约 5 600 万年前的早始新世，我国的代表是湖南衡东发现的亚洲德氏猴。21 世纪初，中国科学院

---

① 汤英俊：《云南曲靖渐新世哺乳动物化石新材料》，《地层古生物论文集》第七辑，北京：科学出版社，2008，第75-79页。

② Xijun Ni，Qiang Li，Lüzhou Li，K. Christopher Beard：*Oligocene primates from China reveal divergence between African and Asian primate evolution*，Nature，2016，673-677.

图 1-30：曲靖蔡家冲出土 3400 万年前类人猿的地层（吉学平拍摄）

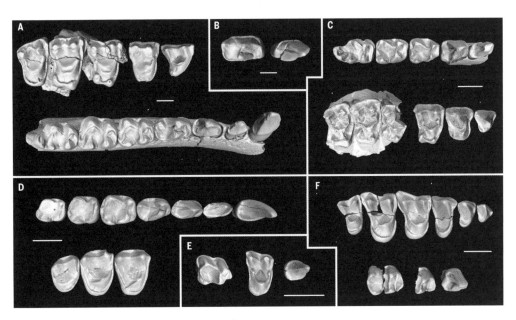

图 1-31：曲靖茨营蔡家冲发现的灵长类化石[1]

---

[1] Xijun Ni，Qiang Li，Lüzhou Li，K. Christopher Beard：*Oligocene primates from China reveal divergence between African and Asian primate evolution*，*Nature*，2016，352（6286）：673-677.

古脊椎动物与古人类研究所在湖北松滋市附近发现距今 5 500 万年前的阿喀琉斯基猴化石，其又短又宽的脚后跟骨为人类直立行走奠定了生物学基础，因此，可以把阿喀琉斯基猴视作与人类远祖最为相近的灵长类动物。阿喀琉斯基猴化石是目前世界上发现最古老最完整的类人猿骨架，这一发现将类人猿起源的历史推前了大约 1 000 万年。此前最古老的类人猿代表是江苏溧阳发现的距今 4 500 万年前的中华曙猿。曲靖蔡家冲 3 400 万年前的灵长类及早期类人猿的发现，再次证明以中国为主的亚洲大陆可能是类人猿最早的起源地。

距今 4 000 万年前左右，亚洲类人猿扩散到非洲，在非洲得到蓬勃发展，距今 3 400 万年前，全球气温开始变干冷，亚洲类人猿逐渐衰亡，开始向南向西长途迁移，沿着南边的热带、亚热带森林走廊"走进非洲"，在非洲的类人猿得到大发展，产生了现生类人猿的各大支系和人类。然而，沿热带、亚热带森林走廊迁移路上发生的故事，以及后来猿类和旧大陆猴多次走出非洲的故事成为科学家孜孜以求追寻的目标，学术界接连获得重大发现和突破。

中新世末期是最早直立行走的人类与其类似黑猩猩的祖先的近亲起源的关键时期；第四纪是欧亚大陆和非洲人类扩散和发展的时期，末次冰期期间，海平面降低时，人类跨过陆桥或从海路到达了除南极和北极以外的五大洲。除上新世［距今 530 万 ~180 万（250 万）万年前］以外的各个时期人类远古的脊椎动物祖先和古人类在云南都留下足迹，伴随现生动物群多样性的演化，如中新世古猿动物群、更新世大熊猫—剑齿象动物群等。至今，云南西部的横断山区仍然是全球著名的生物多样性的"热点"地区。

第二章

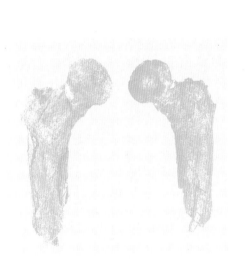

从猿到人过渡时期——多样性的
云南古猿

第一节　云南早期人类起源探索

探索人类起源是最近一百多年以来基础科学研究的热点问题，早期灵长类进化成类人猿，再进化成人类的观点成为主流观点。分子生物学最新的结果认为，人猿分野的最后时间是距今 600 多万年前的晚中新世时期。人类进化的过程经历了四大事件：一是发生在大约 700 万年前的两足直立行走的人科的起源；二是以地猿、南方古猿为代表的两足直立行走的人科的适应辐射——分化为各个不同的种；三是大约 250 万年前以脑容量突然扩大为标志的人属的出现；四是具有意识和道德观念，具有技术革新和艺术表现能力的解剖学上的现代人的起源。

20 世纪 70 年代，著名古人类学家吴汝康提出"从猿到人的演变有一个过渡时期，过渡时期开始的标志是两足直立行走，完成的标志是开始制造工具，社会随之形成，意识和语言萌发于制造工具之前"。这一阶段相当于前人阶段。南方古猿的各个种（最早 440 万年前）还只是从猿到人过渡的晚期类型，早期类型应该在距今 800 万～400 万年前的地层中去找，因为这是直立行走的人科起源的关键时期。

我们所说的人类起源包含两方面的含义：一是指早期人类起源，即两足直立行走的人科的起源，是从猿到人转变的过程，从现有的化石证据和分子遗传学证据来推测，这一过程大约发生在距今 700 万年前。亚洲有可能是起源地，非洲也有可能，但目前"非洲起源说"是主流观点。另一方面是指早期现代人的起源，是具有原始宗教、道德意识和复杂的工具加工技艺的人类的起源，这一阶段距今大约 30 万年至 1 万年前。

　　1868 年，德国胚胎学和进化论学者赫克尔提出人类与亚洲大猿——长臂猿和猩猩的关系最密切，并据此推测，东南亚是人类起源的中心，这是"亚洲起源说"的萌芽。受赫克尔理论和杜布瓦在印度尼西亚发现的影响，美国自然历史博物馆的馆长奥斯朋就深信亚洲中部高原是人类的摇篮，他认为：较高等的民族，只有在高原和比较平的高地上，生活最艰苦，受刺激而引起的反应最有益。1900 年奥斯朋根据已有的证据，制作了世界上主要哺乳动物起源图，并在《科学》杂志上发表文章，证明亚洲中部高原最终是哺乳动物 14 个目和无数个种的起源地。他推测："喜马拉雅山上升引起气候的周期性干旱及地理环境的变化，使高等灵长类不断适应这种环境的改变，最后导致了人类的起源。"他的理论影响至今。1915 年，古生物学家威廉·泰勒在《气候与进化》一书中提出：原始人种及很多哺乳动物都应当首先从亚洲中部高原扩散开来的。1916~1930 年，著名的美国自然历史博物馆中亚考察队先后考察了我国西藏、内蒙古、新疆、云南、四川及东南亚，寻找"亚洲起源说"的证据。发现表明，亚洲中部是很多哺乳动物类群的起源地。2011 年以来，中科院古脊椎动物与古人类研究所古生物学家邓涛等提出冰期动物"走出西藏"的假说，认为披毛犀、北极狐、雪豹、盘羊等动物，最初于上新世时期在青藏高原提前获得对寒冷气候的适应性，第四纪冰期到来时扩散到欧亚大陆北部，最终到达地球其他地区。这对达尔文提出的冰期动物起源于北极的假说提出挑战，并被正在开展的青藏高原综合考察更多的发现证实。直至 20 世纪 40 年代，世界古人类学界著名的人物杜布瓦、安德鲁斯、步达生、德日进、孔尼华、魏登瑞等都是人类起源"亚洲说"的积极支持者。由于北京猿人化石的发现，学术界意识到 1891 年发现的爪哇猿人也是直立人，甚至更古老，彼时人类起源"亚洲说"深入人心。1924 年发现的南方古猿化石，直到 20 世纪 50 年代才得到承认，此后大于 200 万年前的东非和南非南方古猿的大量发现并获得国际上的承认，亚洲作为人类最早起源地的观点才逐渐被淡化（图 2-1）。

　　1932 年，美国耶鲁大学地质系年轻的研究生刘易斯被派遣率领耶鲁大学—北印度联合考察队辗转于西瓦立克山区，刘易斯骑着马来到距印度首都新德里

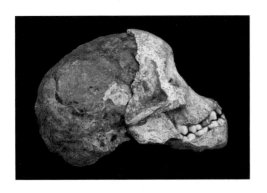

图 2-1：最早发现的南方古猿"汤恩幼儿"头骨化石（吉学平拍摄）

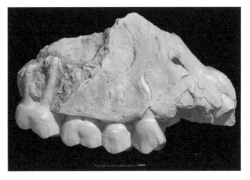

图 2-2：1934 年印度发现的短吻腊玛古猿模式标本（Jesse Maisano of the University of Texas 惠赠CT 数据打印图像；Jay Kelley 提供）

100 千米的哈里塔扬格山村，在那里距今 1 200 多万年前（后来研究年代定为距今 900 万年）的中新世地层中发现一块古猿右上颌骨，这件颌骨吻部缩短，犬齿很小。犬齿小常被认为是两足直立行走、手解放出来防御和取食的结果。1934 年刘易斯将其定名为短吻腊玛古猿（图 2-2），"腊玛"是印度著名史诗《罗摩衍那》中的英雄，他曾遭受许多磨难，后来得到群猴的帮助，战胜了敌人。种名"短吻"是因为这块化石复原后吻部比现代大猿的短，齿弓抛物线形，且犬齿和前臼齿之间没有齿隙，这是接近人的特征；而猿的特征是吻部较长、犬齿大、有齿隙、齿弓呈"U"形。刘易斯将其描述为"像人的猿"，过于谨慎地将其归入猩猩科，但旁注"可能是人科"。1937 年，他在博士论文中将其归入人科，并推测它相当于南方古猿（纤细型）的祖先。这个发现当时遭到以赫德利希卡为代表的美国著名人类学权威的极力反对，赫德利希卡带有讽刺意味地评论道："这块化石确实比南方古猿还像人，但它不是人。"从此这块珍贵的标本在耶鲁大学皮博迪自然历史博物馆标本架上被冷落长达 30 年之久。后来，刘易斯到美国地质调查所工作去了，他也没有因为这一发现而成为古人类学家。直到 1959 年，长期在非洲寻找化石标本的古人类学家路易斯·利基和他的妻子玛丽在肯尼亚特南堡发现一具与腊玛古猿极为相似的 1 400 万年前的颌骨，这块颌骨定名为肯尼亚古猿威克种，威克是他们的朋友，化石发现地的主人，这一种名具有纪念意义。耶鲁大学古生物学家埃尔温·西蒙斯认为这与刘易斯的发现应为同类，尽管一个在亚洲，一个在非洲（1971 年，大英博物馆的人类学家安德鲁斯将其修订为腊玛古猿威克种）。西蒙斯和当时在耶鲁大学工作的剑桥大学人类学家戴维·匹尔比姆观察了世界各地的森林古猿和其他猿类化石（包括 1956、1957 年我国开远发现的古猿化石），推测腊玛古猿具有两足直立行走、犬齿短而钝、齿弓呈拱形而不是像猿类的"U"形的人科特征。1965 年他们共同发表文章，确定腊玛古猿是从猿类系统分化出来的，向着人方向发展的早期祖先，是从猿到人转变过程中过渡类型的"缺环"。一些学者甚至认为腊玛古猿可能已使用木棒、石块等天然工具。人类起源的历史被推到 1 000 万年前。20 世纪 60~80 年代初，这一观点被国际科学界广泛地接受。在希腊，腊玛古猿的发现更为有趣：在二战中，德军中的地质学家弗赖布格在德国占领希腊时，他驻扎在雅典郊外的比格洛斯，在那里的中新世地层中发现一具完整的灵长类下颌骨，当时误认为是一般的猴类化石，没有引起重视。后来这具化石被当作战利品带回柏林，由于柏林遭空袭，几经周折，下颌骨上的牙齿几乎损失殆尽。直到 1972 年，荷兰著名古生物学家孔尼华获悉这一化石，为纪念这位德国地质学家，给化石定名为希腊古猿弗赖布格种。1975 年 8 月，匈牙利古生物学家克雷佐依在匈牙利北部鲁达班雅的早上新世褐煤层中，发现定名为鲁达古猿匈牙利种的腊玛古猿类化石。1969 年，在土耳其中新世的帕萨拉遗址发现腊玛古猿化石，被认为与肯尼亚的类似，因此被归为腊玛古猿威克种。1973 年在土耳其安卡拉也发现较为进步的同类化石。在亚洲，1973~1976 年间，耶鲁大学同巴基斯坦地质调查局组成联合考察队，在波特瓦高原上 1 400 万 ~600 万年前的地层中，发现代表着 40 多个个体的腊玛古猿化石，被定名为腊玛古猿旁遮普种。这样，欧、亚、非三大洲都发现了当时被认为是人类祖先的腊玛古猿化石。

1863 年，托马斯·赫胥黎出版了《人类在自然界中的位置》一书，书中首次提出人猿共祖论，即人是从古猿进化而来的。他把人、黑猩猩和大猩猩作了许多解剖学上的比较之后，确定这两种动物与人类关系最为密切，进一步认为猿类与人类的进化过程极为相似。遵循着同样的规律，赫胥黎推断最早的"智人"可以追溯至上新世或中新世，甚至更早。这就是最早"非洲说"的雏形。1871 年，达尔文又出版了《人类的由来》一书，提出人类与非洲大猿关系最为密切，人类是由已灭绝的非洲古猿进化而来。他认为"在世界上每一大区域里，现存的哺乳动物都与同一区域产生出来的物种关系密切。非洲现存大猩猩和黑猩猩两种猿，因此，非洲可能生存过与它们有密切关系的灭绝的猿类，而现存的两种非洲猿类是人类最近的亲属，因而我们的祖先更可能是生活在非洲而不是在其他地方"。这一论断直到今天仍然影响着古人类学界，不断被后来的发现所强化[①]。

　　现代新技术应用于人类起源研究，一些成果也支持"亚洲起源说"。20 世纪 70 年代，美国古人类学家发展了应用电子扫描技术研究古猿牙齿的内部结构，发现腊玛古猿牙齿珐琅质柱状晶体呈锁孔型，与人类的棱柱状晶体形态相似，而类人猿的则呈环状。古人类学家戴维·甘特指出："这是目前为止确定腊玛古猿作为人科地位的第一有力证据。"1984 年，美国匹兹堡大学的施瓦茨教授根据现生大猿的内分泌、性行为、怀孕期等特征分析，认为人类与猩猩的关系极为接近。斯坦福大学遗传学家研究了世界人类基因的分布，认为其中一种基因只分布在中国南部或东南亚；美国癌症研究所的托达博士用分子杂交技术研究灵长类进化，结果表明亚洲现生猿类与人类关系最近。1987 年，美国埃默里大学以道格拉斯·华莱士为代表的一批遗传学家研究发现，人类线粒体 DNA 类型与猿类最为相似的，在亚洲频率最高，可见谱系树是在亚洲。华莱士提出的资料显示，"夏娃"可以追溯到中国的东南部。1997 年，中国科学院赵凌霞等根据对禄丰古猿牙齿釉质生长线与个体发育的研究，认为禄丰古猿与南方古猿纤细种和人属相似，而与现生大猿有明显区别，支持禄丰古猿是向南方古猿方向进化的一个代表类型的观点。

　　随着世界各地化石发现的增多，科学家们注意到，腊玛古猿和西瓦古猿几

---

① 吉学平：《人类的起源和发展》，见蒋志文、侯先光、吉学平、冉永禄主编：《生命的历程》，昆明：云南科技出版社，2000，第123-150页。

乎同时同层位出现，如印度的腊玛古猿旁遮普种和西瓦古猿西瓦种；巴基斯坦的腊玛古猿旁遮普种和西瓦古猿印度种；土耳其的安卡拉古猿米特种和西瓦古猿阿尔潘种；中国的腊玛古猿禄丰种和西瓦古猿云南种，腊玛古猿开远种和西瓦古猿未订种；希腊的西瓦古猿弗赖布格种和奥兰诺古猿马其顿种；肯尼亚的肯尼亚古猿匈牙利种和博德瓦古猿阿尔特帕拉种，肯尼亚古猿威克种和西瓦古猿非洲种。科学家们开始怀疑它们是雌雄关系而不是不同的种，这与现生大猿中观察到的雌雄差别类似。最终导致腊玛古猿地位衰落的是 20 世纪 70 年代末印度西瓦立克山区的新发现。1973 年起美国古人类学家戴维·皮尔比姆同巴基斯坦地质调查所的同事去西瓦立克山区寻找古猿化石，经过多年的发掘，发现一件比较完整的腊玛古猿下颌骨化石，这件颌骨齿弓呈"V"形，而不是过去复原出来的抛物线型，说明过去的复原是有偏差的。研究表明"V"形齿弓是中新世古猿雌性个体的普遍特征，而雄性个体由于门齿和犬齿高大，使两侧齿列变为平行，形成"U"形齿弓。论文发表后，科学界逐渐接受了腊玛古猿是西瓦古猿雌性个体的观点，根据国际动植物命名法规，西瓦古猿命名较早，所以腊玛古猿这个属名就被废除了。云南的古猿与其他地区的古猿有显著区别，被重新建立一个属——禄丰古猿属，包括发现于开远、禄丰和元谋、昭通和保山的古猿，时代跨度为距今 1 200 万 ~600 万年之间。中国已发现 1 200 万 ~600 万年间的大量古猿化石，缺少 600 万 ~200 万年间的化石证据；而非洲恰好相反，已发现 700 万 ~150 万年间的各种南方古猿化石，而 1 200 万 ~600 万年间的化石证据相对少，这就为我们探索非洲最早直立行走的人类之前的从猿到人过渡时期的更早的祖先提供了空间（图 2-3）。

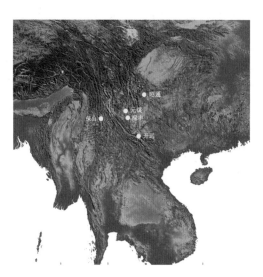

图 2-3：云南五个地点古猿化石发布（据常琳等，2017 修改，吉学平提供）

第二节　开远古猿

　　1956 年 2 月，西南地质局的汪泰茂和林文善在开远小龙潭进行地质调查时，在小龙潭组煤层中发现五枚古猿牙化石，1957 年经古人类学家吴汝康研究，认为是同一个个体的古猿下齿列，发表其为开远森林古猿新种（*Dryopithecus keiyuanensis. sp.nov.*），吴汝康认为它是人和猿远古的共同祖先。1957 年秋，云南省博物馆从小龙潭煤矿收集的化石标本中，又发现同一个个体古猿的五枚下牙（图 2-4、2-5）。1958 年，吴汝康研究认为应与 1956 年标本归为一类，但前者尺寸大，可能为雄性；后者尺寸小，可能为雌性。1980 年 6 月，煤矿职工侯保寿在布沼坝煤坑破煤时发现古猿左下第一、第二、第三臼齿的三枚古猿牙齿。1982 年 5 月 1 日，煤矿工人杨茂昌在装煤时再次发现古猿上颌骨化石。经修复为一件带两侧齿列十二枚牙齿的古猿上颌骨化石，包括两侧上犬齿、上第一前臼齿、上第二前臼齿、上第一臼齿、上第二臼齿、上第三臼齿。但上外侧门齿只有左侧保留。1981 年张兴永将开远森林古猿修订为开远腊玛古猿，并于 1987 年

图 2-4：发现古猿上颌骨化石的开远小龙潭布沼坝煤矿（吉学平拍摄）

图 2-5：小龙潭布沼坝煤矿（吉学平拍摄）

将 1982 年新发现的上颌骨归为开远腊玛古猿[1]。2014 年，小龙潭煤矿布沼坝煤坑工人采煤施工时，再次发现动物化石的线索，煤矿领导上报到开远市文物管理部门，希望进行抢救性发掘。开远市文化局筹集经费邀请云南省文物考古研究所吉学平带队进行了抢救性发掘，发现一批哺乳动物化石。根据原始记录，这次发现的层位就是 1980 年发现 3 枚古猿牙齿的层位，解开了长期困扰研究人员的小龙潭古猿及其动物群的具体层位之谜。开远小龙潭动物群包括灵长目、啮齿类、食肉目、长鼻目、奇蹄目和偶蹄目的 13 个种[2]。张玉萍根据动物群判断的年代为晚中新世（1974）。2016 年，中国科学院地质与地球物理研究所李仕虎、邓成龙等对开远小龙潭开展了古地磁年代确定，确定小龙潭古猿生存的年代为距今 1 160 万或 1 250 万年[3]。

开远古猿下齿列的特征是：下第三前臼齿齿冠为斜的平行四边形，每个边又稍向外展，宽大于长，齿冠分颊尖和舌尖，有明显的前、后凹，前凹浅小，后凹深而大，有明显的后座。下臼齿有五个主齿尖，排列为 Y-5 型，齿尖简单较低，颊舌侧齿尖间距较宽，齿冠长大于宽，臼齿尺寸大小排列为 M3>M2>M1。下第三臼齿特征明显，齿冠前宽明显大于后宽，齿冠从前向后逐渐窄缩，整个形状为近似三角形，下次尖的位置偏向外侧，下原尖大于下次尖和两个附尖（在下内尖和下次小尖之间有第六齿尖位于中线的内侧，另一附尖位于下后尖和下内尖之间）等，不同于第一、二臼齿（图 2-6）。

上齿列的特征是：侧门齿舌结节发达，在舌面从齿冠顶沿中轴向舌结节方向有一粗的指状尖，将舌面分隔为近中凹和远中凹，切缘脊为角状，侧视牙冠为三角形。犬齿较窄长，齿冠长大于宽，有明显的犬齿前齿隙，臼齿由四

[1] 张兴永：《云南开远古猿的发现和研究》，见云南省博物馆编：《云南人类起源与史前文化》，昆明：云南人民出版社，1991，第36-43页。

[2] Wei Dong, Guoqin Qi: *Hominoid-Bearing localities and Biostratigraphy in Yunnan, Fossil Mammals of Asia*, New York, Columbia Press, 2013, 293-313.

[3] Shihu Li, Chenglong Deng et al., *Magnetostratigraphy of the Xiaolongtan Formation bearing lufengpithecus keiyuanensis in Yunnan, southwestwen China: constraint on the initiation time of the southern segment of the Xianshuihe-Xiaojiang Fault*, *Tectonophysics*, 2015, 655: 213-226.

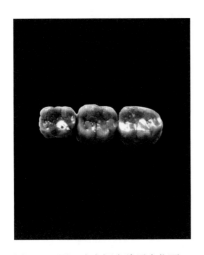 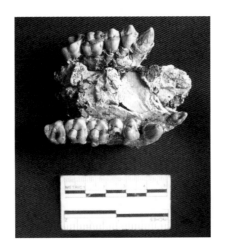

图 2-6：开远小龙潭古猿牙齿化石
（吉学平拍摄）

图 2-7：开远小龙潭古猿上颌骨化石
（吉学平拍摄）

个主齿尖组成，排列为 Y-4 型，齿尖低矮、简单，齿冠的宽大于长，臼齿的大
小顺序为 M2>M3>M1，其大小相差不如猿类的显著，上第三臼齿缩窄，有第五
齿尖[1]（图 2-7）。

　　开远古猿的形态特征与印度、巴基斯坦交界的西瓦立克山区的旁遮普腊玛
古猿和肯尼亚的威克种类似，但也有一些差别，因此，定为开远腊玛古猿新种。
关于开远古猿的分类地位及其与早期人类起源的关系，将在本章最后一节讨论。

第三节　禄丰古猿

　　由于 20 世纪 50 年代开远古猿的发现，云南新近纪褐煤层成为寻找与早期
人类起源相关的古猿化石最有希望的地区，受到古人类学者的关注。1975 年

---

[1]　张兴永：《云南开远古猿的发现和研究》，见云南省博物馆编：《云南人类起源与史前文化》，第
　　36-43 页。

初，中国科学院古脊椎动物与古人类研究所在拟定"五五"科研规划时，徐庆华（北京方面负责人）和陆庆五订立了一个新课题"西南第三纪古猿的调查与研究"，与云南省博物馆张兴永（"云博"方课题负责人）和郑良组成联合野外考察队，计划当年冬天到云南进行调查和发掘[①]。根据化石的线索和第一次青藏高原科考队的前期工作，考察队原计划从保山附近的煤矿开始调查。

禄丰石灰坝庙山坡，由于修成昆铁路地表土受工程剥蚀导致褐煤层露出地表，当地村民逐渐挖煤形成小煤窑，偶尔发现动物化石。1975 年 5 月下旬，禄丰县文化馆王正举在村民送来的化石中，发现一枚"疑为人牙"的化石，后经云南省博物馆张兴永先生鉴定确认，确认为古猿牙齿（图 2-8）。1975 年 10 月初，徐庆华、陆庆五带着两名技工与云南省博物馆合作到禄丰进行实地考察和试掘，结果发现一件完整的古猿下颌骨（PA548）、几枚古猿牙齿和一些哺乳动物化石，考察队向双方单位领导汇报后，受到了极大的重视。

1975 年至 1983 年的 9 年中，由中国科学院古脊椎动物与古人类研究所（以下简称古脊椎所）、云南省博物馆和禄丰县文化馆组成联合发掘队共开展了十次大规模的发掘工作，其中第七次为云南省博物馆联合禄丰县文化馆开展的发掘。1991 年云南省博物馆又对石灰坝进行了剖面清理。

第一次发掘工作于 1975 年冬，本次发掘规模较小，除获少许古猿牙齿和动物化石外，主要获得一件较完好的西瓦古猿下颌骨（PA548）。

第二次发掘工作于 1976 年春，获得古猿下颌一件及 100 多枚牙齿（图2-9）。

第三次发掘工作于 1976 年 11 月，获得很多的古猿和动物化石，11 月 15 日发现一件较完整的腊玛古猿下颌骨化石（PA580）。

第四次发掘工作于 1977 年春，出土完整腊玛古猿下颌骨一件及几十枚古猿牙齿。

第五次发掘工作于 1978 年 11~12 月，重要发现是 1978 年 12 月 16 日发现

---

① 徐庆华、陆庆五：《禄丰古猿——人科早期成员》，北京：科学出版社，2008，第5-7页。

图 2-8：禄丰古猿的发现者王正举（左）（王涛提供）　　图 2-9：禄丰古猿遗址 1976 年发掘现场（张建军提供）

的第一具"禄丰古猿雄性颅骨"（PA644），这也是当时世界上第一具晚中新世古猿颅骨（巴基斯坦成年的西瓦古猿面骨 GSP15000 为 1979 年 1 月发现）。

第六次发掘工作于 1979 年冬，获少量古猿牙齿及哺乳动物化石。

第七次发掘工作于 1980 年 3 月 13 日至 4 月 24 日，由云南省博物馆独立主持发掘，其中 4 月 9 日出土世界首例雌性古猿头盖骨（PA652）及腊玛古猿上颌 4 件，下颌骨 6 件，牙齿（包括颌骨上的）79 枚和零星牙齿 75 枚；西瓦古猿上颌骨 10 件，面骨 1 块，下颌骨 3 件及牙齿 100 多枚，共获两类古猿牙齿 300 多枚，超过前六次所获古猿牙齿总和。此外，还发现肩胛骨、锁骨各一件（图 2-10）。

第八次发掘工作于 1980 年 10~11 月进行，中国科学院古脊椎所与云南省博物馆再次组成扩大了的联合发掘队开展发掘，获得了大量的古猿、灵长类和其他动物化石。其中 12 月 1 日发现腊玛古猿头骨（PA677）经 1981 年春修理完后为一个完整的腊玛古猿头骨，为禄丰古猿雌性头骨的典型标本。此次发掘共获腊玛古猿头骨 2 具、古猿牙齿 100 多枚及其他动物化石。

第九次发掘工作于 1981 年 11 月至 12 月，获腊玛古猿头骨 3 具（其中 2 具

图 2-10：禄丰古猿地点 1980 年发掘现场（王涛提供）

为幼年个体），西瓦古猿下颌 1 件，古猿股骨近端 1 件（PA1276）及古猿牙齿和其他动物化石。股骨运回古脊椎所后曾经遗失一段时间，20 世纪 90 年代国家"九五"攀登计划综合研究整理标本时再次发现。

第十次发掘工作于 1983 年 10 月中旬至 12 月中旬，获古猿颌骨 6 件，近百枚牙齿化石。

第十一次发掘为 1991 年 5 月 24 日至 6 月 6 日，为迎接于当年 7 月 23~26 日在昆明召开的"东亚古环境与人类进化国际学术研讨会"，满足国内外代表参观剖面的需求，云南省博物馆张兴永领队对禄丰石灰坝剖面进行了清理性发掘，共获得牙齿 127 枚，带古猿牙齿的颌骨残段 3 件，脊椎动物化石数百件。

前十次发掘共获腊玛古猿颅骨 3 具，颅骨破片 4 件，下颌骨 5 件，上、下颌骨残片 19 件，上、下齿列 22 件和单个牙齿 329 枚及指骨 2 根。西瓦古猿面骨 2 具，颅骨残片 2 件，下颌骨 5 件，上、下颌骨残片 22 件，上、下齿列 7 件，单个牙齿 321 枚以及肩胛骨、锁骨各一块，总共两类古猿的牙齿（含头骨、颌骨、齿列和单个牙齿）1060 枚，标本分别保存于中国科学院古脊椎动物与古人类研究所和云南省文物考古研究所。第十一次发掘的标本保存于禄丰博物馆^①。

1985 年 3 月 21 日，天津自然博物馆古生物组为组织古人类陈列展览，在禄丰县文化馆王正举的陪同下，到石灰坝进行考察，在发掘剖面的原生地层中采集到一些破碎的化石，回天津后整理化石时，发现一件古猿桡骨近端化石。现存于天津自然博物馆。

禄丰古猿（雌性曾用名禄丰腊玛古猿、雄性曾用名云南西瓦古猿）的特征总结如下：^②

禄丰古猿雄性：头骨较硕大、粗壮，骨嵴发达，面部宽阔。额部有突起呈骨脊状的倒"V"字形颞脊。眶上脊不粗壮，眼眶为圆角方形，眶间距较宽，眶间区轻度凹陷。颧弓开阔。梨状孔狭窄，呈长梨形，弱的鼻切迹和微弱的鼻前棘。吻部较突出，门齿不很前倾，内、外侧门齿大小悬殊。左右犬齿呈"八"字形张开。门齿与犬齿之间有明显的齿隙。前臼齿上方有大而深的犬齿窝。齿弓为"U"字形。上颌骨硕大。中门齿粗壮呈宽大的铲形，底结节明显，并向下沿伸出指尖状，切缘较厚，与外侧门齿大小甚为悬殊。犬齿粗壮，显著突出于齿列平面。臼齿有四个主齿尖，排列为 Y-4 型。臼齿大小排列为M2>M3>M1。第三臼齿形态变异较大。下颌骨联合部很高，联合部下缘有明显的二腹肌棘突，其两侧为宽而平展的二腹肌窝，有发达的猿板。左右侧各有二颏孔，位于 P3 和 P4 间的颌高约三分之一处，孔口朝向前下方。齿弓为"U"字形。门齿齿冠很高。犬齿高呈锐角锥形。臼齿下后尖顶部稍后的齿缘上有一显著的缺刻。颊齿咬合面皱纹复杂。

禄丰古猿雌性：头骨纤细，骨面光滑，颅骨较薄，圆隆，相对较高，颅长较短。面骨较窄，眶高，呈方形。脑量相对较大。颞脊不发达，为脊线状，并在颅顶中后部分开距离大。枕横脊弱。枕骨大孔边缘较圆钝，为卵圆形，较小，

① 张兴永：《禄丰古猿的发现与研究》，见云南古人类研究领导小组办公室编：《云南古人类研究简报（3）》，1991，第2-12页。

② 张兴永：《禄丰古猿的发现与研究》，见云南古人类研究领导小组办公室编：《云南古人类研究简报（3）》，1991，第2-12页。

枕骨髁较小、较突出；枕孔位置比猿类更靠前。上颌后缩，齿弓为卵圆形。内、外侧门齿大小悬殊，但不十分显著。中门齿呈铲形，底结节和指状突发达。犬齿低矮，相对于下犬齿粗壮。犬齿前后无齿隙或有极小的前齿隙。臼齿磨耗面接近于平整，微倾斜；第三臼齿次尖大为缩小，趋于消失；没有明显的卡氏尖，个别有不明显的卡氏尖；下颌骨较薄浅，单颏孔、孔口朝前外方，孔位于颌体高二分之一处。齿弓为规则的拱形，齿弓角较大。门齿大小适中，中门齿略小于侧门齿。犬齿低矮、瘦弱、略高于齿列，无前后齿隙或极小的后齿隙。第一前臼齿具双尖，颊尖高大、舌尖低小。第三臼齿有第六小尖，臼齿大小顺序为：M3>M2>M1。综观之，禄丰腊玛古猿应归为人科而不是猿科，而且是人类的直系祖先（图 2-11~2-15）。

与禄丰古猿同时代的动物约 110 多种，根据动物群、孢粉分析、沉积环境等方面的研究，禄丰古猿动物群生活在热带、亚热带森林向草原过渡的，周围有湖沼分布的自然环境。

20 世纪 60~70 年代，国际学术界一致认为腊玛古猿是最早的人类祖先。禄丰古猿的发掘和研究正是在这样的背景下开展的。1978 年，徐庆华、陆庆五等在《科

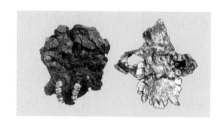

图 2-11：禄丰古猿雌性（左）和雄性（右）头骨比较（吉学平拍摄）

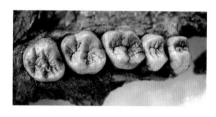

图 2-12：禄丰古猿上颌牙齿齿列化石（Ron Clarke 拍摄）

图 2-13：禄丰古猿的股骨，陆庆五提供（吉学平拍摄）

图 2-14：禄丰古猿肩胛骨和锁骨化石（吉学平拍摄）

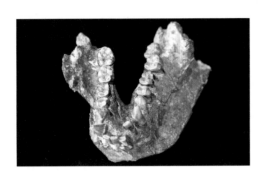

图 2-15：禄丰古猿下颌骨化石
（吉学平拍摄）

学通报》发表了禄丰古猿地点的首篇古猿化石文章《禄丰古猿下颌骨化石》，将
小型的下颌骨定为禄丰腊玛古猿新种，大型的定名为云南西瓦古猿新种；1979
年徐庆华、陆庆五在《古脊椎动物与古人类》上发表了《云南禄丰发现的腊玛
古猿和西瓦古猿下颌骨化石》。1979 年 9 月 5 日，新华社发布了世界上第一具
古猿头骨的消息。1980 年，陆庆五、徐庆华等在《古脊椎动物与古人类》上发
表了《云南西瓦古猿头骨的初步研究》，指出"这个头骨与南方古猿粗壮种有一
些类似的性状，可能暗示着二者的亲缘关系"。1980 年 12 月 1 日，禄丰古猿遗
址首次发现当时被广泛认为是人类最早祖先的腊玛古猿头骨化石。1981 年，吴
汝康等在《科学通报》发表了《世界首次发现腊玛古猿头骨化石》的论文。同
年 3 月，南非金山大学著名古人类学家托拜厄斯根据新华社文传电讯发布的照
片在《南非科学杂志》发表了一篇介绍性文章，报道了禄丰古猿头骨的发现。
1982 年，吴汝康等在《人类学学报》发表了《禄丰古猿地点再次发现腊玛古猿
头骨》的文章。1983 年，吴汝康与澳大利亚 Charles Oxnard 合作发表了禄丰古
猿牙齿的统计分析文章，认为小型的禄丰腊玛古猿是人类的祖先，大型的云南
西瓦古猿是猩猩的祖先。1983~1985 年，吴汝康、徐庆华、陆庆五等分别在《人
类学学报》发表 3 篇系列文章，详细论述了"禄丰腊玛古猿和西瓦古猿的形态
特征和系统关系——头骨形态与比较、下颌骨的形态与比较、牙齿的形态与比
较"，提出"禄丰腊玛古猿和西瓦古猿可能为同一种的雌雄关系，这个种与猩猩
的关系比较近。但同时也指出这个种显示比较多的相似于南方古猿的性状，因
此它可能与西瓦古猿不是同一类型"，"比西瓦古猿更接近于人猿的共同主干，

或是向南方古猿方向进化的早期人科成员"。1986 年，国际学术界将腊玛古猿看作是西瓦古猿的雌性个体，根据国际命名法规，腊玛古猿应废弃，保留西瓦古猿的名称。1986 年，吴汝康等在《人类学学报》上发表《禄丰腊玛古猿和西瓦古猿的关系及其系统地位》文章，指出"他们是同一个种的雌雄个体，但也指出禄丰标本的一些特征，不同于同时代的其他古猿，而相似于南方古猿和非洲的猿类，可能是向南方古猿和非洲猿类进化的一个代表类型"。1986 年 6 月，曾经将腊玛古猿认定为最早人类祖先并使之在国际上流行一时的美国耶鲁大学古生物学家戴维·皮尔比姆分别给吴汝康和徐庆华写信，强调了禄丰的西瓦古猿与巴基斯坦的西瓦古猿面骨的区别，建议禄丰的古猿应另起一个属名[1]。1987 年，吴汝康等进一步研究认为禄丰的古猿不同于印度、巴基斯坦等地同时代其他地点的古猿，重新订立一新属——禄丰古猿属，此后属名获国际上认可，一直沿用至今。此外，云南省博物馆的张兴永 1980 年在《思想战线》发表了《禄丰腊玛古猿在人类起源研究上的地位》，1981 年在《考古与文物》上发表了《云南禄丰腊玛古猿头骨的初步观察》；周国兴、王正举等在《北京自然博物馆研究报告》上发表了《新发现两件古猿颌骨的初步观察》；肖明华在《云南省博物馆三十周年纪念文集》上发表了《云南禄丰发现的古猿肩胛骨化石》；1987 年林一璞等在《地质论评》杂志发表了《云南禄丰发现的西瓦古猿桡骨》一文，指出禄丰古猿桡骨有与黑猩猩相似的一些特征。自此，禄丰石灰坝发现的古猿化石材料的基本描述基本已完成。20 世纪 90 年代以后，以徐庆华、陆庆五、张兴永、刘武、郑良等为代表的国内著名学者继续深入开展研究，国际上学者也对禄丰古猿化石进行了广泛的研究和讨论，发表了一大批文章。其中代表性的有吴汝康和澳大利亚 Charles Oxnard 1992 年在《自然》杂志发表的禄丰古猿牙齿的形态测量的论文；徐庆华与美国 Jay Kelley 在《自然》杂志以封面文章的形式发表了禄丰古猿雄性头骨的论文（图 2-16）；2002 年纽约大学 Terry Harrison 与吉学平合作发表了云南古猿系统地位研究的论文，强调云南古猿是

---

[1]　徐庆华、陆庆五：《禄丰古猿——人科早期成员》，北京：科学出版社，2008。

图 2-16：1991 年 7 月《自然》杂志以封面文章的形式发表禄丰古猿雌性头骨（Jay Kelley，1991）

图 2-17：禄丰古猿遗址发现的大熊猫祖先——禄丰始熊猫牙齿化石（邱占祥、祁国琴，1989）

人和大猿共同分支的姐妹群的一支。徐庆华、陆庆五于 2008 年，以国家"九五"攀登计划系列专著的形式出版了《禄丰古猿——人科早期成员》的专著，书中对 30 年来禄丰古猿研究成果进行了总结，并首次对股骨进行了详细的研究，认为禄丰古猿是最原始的直立步行者，是人科早期成员 [1]。

　　在对禄丰古猿进行研究的同时，一批学者分别开展了禄丰古猿发现地点动物群和年代的研究。邱占祥和祁国琴 1989 年在《古脊椎动物学报》发表了文章（图 2-17），祁国琴（1978）、张兴永（1982）分别根据大哺乳动物化石的研究，认为禄丰古猿动物群的年代为上新世；1982 年，祁国琴与哈佛大学学者 Lawrence J・Flynn 合作，用小哺乳动物化石精确定年，在《自然》杂志发表文章，认为禄丰古猿动物群的年代为距今 800 万年前的晚中新世。2008 年，孙东怀等根据古地磁年代测定，禄丰古猿化石地点的年代为距今 690 万 ~620 万年的晚中新世，但由于禄丰古猿化石的地层剖面很短，古地磁年代测定难以达到理想精度，这一结论还有待检验。

---

[1]　徐庆华、陆庆五：《禄丰古猿——人科早期成员》，北京：科学出版社，2008。

第四节　元谋古猿

　　受美国自然历史博物馆奥斯朋"人类和哺乳动物都可能是从亚洲中部高原首先扩散开来"理论的影响，美国自然历史博物馆中亚考察队曾派探险队到中国开展调查。20世纪30年代，美国学者格兰杰在元谋盆地马头山发现脊椎动物化石，后经科尔伯特（1940）研究，发现其中的马化石是一种比较原始的真马，命名为云南马，时代为早更新世。1940年，地质学者卞美年将元谋盆地的一套河湖相地层命名为"元谋层"。此后，元谋盆地一直作为中国南方早更新世的典型地点被广泛引用。

　　1965年"元谋人"化石发现后，全国多家单位开展了元谋盆地综合研究，也引起了不少争议。在这样的背景下，1985年，云南省地质科学研究所成立专题组，以地层古生物学家江能人、孙荣和梁其中为骨干成员，对元谋盆地开展新一轮的多学科综合研究。1986年9月，江能人去元谋物茂竹棚村查证两颗古象牙齿化石的出土地点，但遇上秋雨，附近小河河水猛涨，他们就给村民讲授化石识别常识，并留下联系方式。1986年10月5日，元谋物茂乡德大村初中一年级的学生李自秀在竹棚村找猪草时，发现一批脊椎动物化石。一个月后，他在母亲的陪同下，将化石送到昆明的云南省地质科学研究所，江能人从中挑出一颗"似人"的牙齿，随后送到云南省博物馆请古人类学家张兴永鉴定并得到确认[1]。这一发现揭开了元谋古猿重大发现的序幕。1986年12月，楚雄州和元谋县文物部门联合对竹棚豹子洞箐地点进行短期发掘，发现古猿牙齿化石12枚。1987年3月，云南省博物馆、楚雄彝族自治州文物管理所和元谋人陈列馆组成的元谋古人类联合考古发掘队对豹子洞箐和小河村蝴蝶梁子进行发掘，共出土古猿牙齿化石95枚[2]。同年，

---

[1] 江能人、孙荣、梁其中：《元谋早期猿人的发现及其意义》，见《云南地质》，1987，6（2），第157-161页。

[2] 张兴永：《元谋竹棚地区上新世化石的发现与研究》，见《云南古人类研究（内刊）》，1991（3），第13-17页。

元谋人陈列馆又进行过短期发掘，又获古猿牙齿化石 95 枚。当时禄丰古猿的重大发现接近尾声，重要成果还在陆续发表。此次发现前期判断认为元谋古猿的发现是禄丰古猿和元谋人之间的新的"缺环"，因此，受到云南省文化和科技管理部门的高度关注。1987 年 11 月，云南省文化厅和云南省科委联合组织元谋新发现的古猿（第一篇文章发表为人属—能人）专家论证会，邀请国内顶尖的古人类学家和旧石器考古学家吴汝康、贾兰坡、吴新智、张森水等参加。1988 年 9 月，云南省人民政府批准成立了云南古人类研究领导小组。后来三年的发掘工作由云南省博物馆主持，中科院古脊椎所、楚雄州博物馆、元谋人陈列馆派人组成联合发掘队于 1988 年 3 月发掘了豹子洞箐化石地点，出土古猿牙齿化石 127 枚、下颌骨和上颌骨各 1 件，包括 3 月 14 日在蝴蝶梁子 8704 地点出土古猿幼年头骨化石 1 件，这是一个特别重大的发现。10 月，联合发掘队又发掘了小河村的蝴蝶梁子和房背梁子，出土古猿牙齿 246 枚，下颌骨 1 件。1989 年 12 月至 1990 年 2 月的发掘季，分 2 阶段对小河地区的古猿化石地点进行了发掘，出土古猿牙齿 500 余枚，上颌骨残段 2 件，下颌骨残段 5 件[①]。

1988 年，云南省博物馆古人类研究室主任张兴永和馆长李昆声应邀访问了加州大学人类起源研究中心。1988 年 12 月 10~24 日，美国加州大学伯克利分校人类起源研究所威廉·肯波和蒂姆·怀特等一行四人在云南省文化厅的支持下到云南省访问，在省博物馆参观元谋新发现的标本时，访问团团长威廉·肯波指出："这个头骨是迄今人类起源缺环上最重要的发现，对人类起源研究有重要意义。"后来与加州大学的合作，因为组织工作的一些细节未达成一致未能开展，美国学者转向与河北省文物考古研究所合作研究泥河湾盆地的早期人类活动遗迹，这一合作成为中国新考古学研究理念引进的开端。

1989 年 9 月初，在美国西雅图召开的"印度—太平洋史前会议"上，台湾自然科学博物馆的何传坤代表云南省博物馆的张兴永宣读了元谋古猿发现的论文。

---

① 张兴永：《元谋竹棚地区上新世化石的发现与研究》，见《云南古人类研究（内刊）》，1991（3），第 13-17 页。

　　1995 年，在北京召开了香山科学会议第 62 次会议，专题讨论将早期人类起源研究纳入国家"九五"攀登计划专项的可行性，云南省博物馆古人类研究室吉学平应邀参加了此次会议并作学术报告。经过两年的前期立项准备和申请文本的准备，"早期人类起源及其环境背景的研究"专项于 1997 年得到批准，1998 年正式启动，著名古脊椎动物学家邱占祥院士担任首席科学家，研究目标正如邱占祥先生的表述："中国大陆上 800 万年以来的陆相地层十分发育，其中可能不乏含古猿或早期人类化石的地层；青藏高原阶段性隆升的历史使中国这块陆地经历了剧烈的地形和气候的变化，为古猿演变为人类同样提供了有利的环境背景。这些都使我们相信，中国无疑是除非洲外最有希望找到解决人类早期进化历程、验证基于非洲材料所提出的各种假说的关键地区。"[①] 本项目研究的重点是寻找距今 800 万 ~200 万年间的古猿或早期人类化石，过去几十年来云南四个地点发现过 1 200 万 ~800 万年前的中新世古猿和距今 170 万年前的元谋人化石，是寻找早期人类缺环最有希望的地区。

　　1998 年 3 月，国家"九五"攀登计划"早期人类起源及环境背景的研究"之云南课题组成立，同年 5~6 月，课题组启动了云南禄丰、元谋、保山、昭通、玉溪、开远等地普查和选点。新组建的联合发掘队于 1998 年 10 月 15 日至 12 月 12 日发掘了小河蝴蝶梁子，出土古猿牙齿化石 150 枚，上、下颌骨残段 8 件、指骨 1 件。1999 年 11 月 20 日至年底，联合发掘队再次发掘了雷老古猿化石地点，出土古猿牙齿 153 枚，下颌骨残段 3 件及一批哺乳动物化石（图 2-18~2-22 ）。

　　2000 年 11 月 26 日至 2001 年 1 月 10 日，发掘队到元谋盆地大那乌、马大海发掘期间，课题组邱铸鼎、倪喜军等到雷老筛洗小哺乳动物化石，开展动物群精确定年的研究；中科院南海海洋所研究员孙东怀到雷老开展了古地磁样品的采集。

　　2001 年底，西北大学岳乐平到元谋、禄丰古猿化石产地进行古地磁样品的

---

① 董为、祁国琴主编：《蝴蝶古猿产地研究》，北京：科学出版社，2006，第1-3页。

图 2-18：元谋古猿幼年头骨发现地地层——小河蝴蝶梁子（吉学平拍摄）

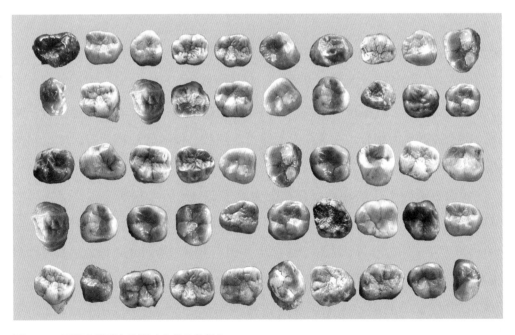

图 2-19：元谋古猿牙齿化石（吉学平拍摄）

图 2-20：元谋古猿头骨出土修复过程（引自周国兴，2009，经修改，补充）

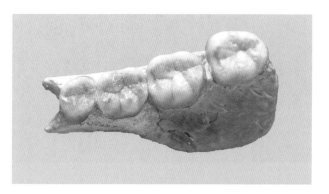

图 2-21：元谋古猿右下颌骨残段化石（吉学平摄）

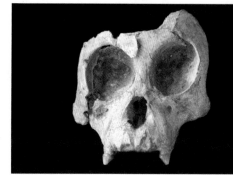

图 2-22：元谋古猿幼年头骨
（吉学平摄）

采集，结束了攀登项目的全部野外工作，课题组全面转入室内研究。

2006 年，云南省文物考古研究所、楚雄州博物馆和元谋县元谋人陈列馆联合考古队发掘雷老古猿化石地点，并对新发现的雷依古猿化石地点也进行了发掘，出土古猿牙齿化石 100 余件、上颌骨 3 件及一批哺乳动物化石，这批标本仍然在整理研究中。

元谋古猿的年代一开始就存在很大的争议，江能人判断为比元谋人早的早更新世，距今约 200 万年；张兴永根据出土的三趾马则判断为晚上新世距今 400~300 万年；宗冠福等认为距今 600 万 ~500 万年；钱方等用古地磁法测得竹棚猿人的年代为距今 315 万 ~292 万年，小河村的古猿层位年代为距今 472 万 ~350 万年；尹济云等测出竹棚豹子洞箐古猿的年代 710 万 ~650 万年之间或 338 万 ~214 万年之间。郑良等认为元谋古猿的年代为距今 800 万 ~600 万年。张云

翔等根据哺乳动物化石和古地磁资料分析，认为小河村的古猿年代为距今 820
万 ~730 万年。邱铸鼎等研究小哺乳动物化石，得出元谋古猿的年代为距今 900
万 ~800 万年，比禄丰古猿的年代（距今 800 万 ~700 万年）或稍早。朱日祥院
士团队在 2005 年开展元谋人化石高精度年代测定期间，对竹棚古猿化石的层位
又进行了高精度古地磁测年，测得的结果为距今 743 万 ~738 或 734 万 ~717 万
年。岳乐平、张云翔发表雷老下部古猿化石层的年代为距今 820 万 ~810 万年，
上部地层的年代为距今 715 万 ~710 万年；小河、剖面下部地层的年代为距今
820 万 ~810 万年，上部地层的年代为距今 720 万 ~715 万年。[①] 竹棚豹子洞箐古
猿化石层的年代相当于小河、雷老的上部化石层。现在学术界一般认为，元谋
几个地点古猿的年代为距今 820 万 ~720 万年之间。

　　元谋古猿的研究从对古猿特征的认识开始，就有着很大的争议。江能人最
早发现于竹棚的第一枚古猿牙齿，将新发现的化石定名为竹棚能人[②]（1987）。同
年，张兴永将竹棚最早发掘的 6 枚古猿牙齿命名为"东方人"[③]，将小河蝴蝶梁
子发现的古猿上颌骨命名为蝴蝶腊玛古猿[④]。1990 年，张兴永将云南几个地点发
现的腊玛古猿合并建立一新属——中国古猿新属，元谋的腊玛古猿被归为蝴蝶
中国古猿[⑤]。1990 年，在美国留学的台湾自然科学博物馆古生物学家何传坤根据
张兴永提供的信息，在国际刊物《人类进化杂志》发表文章，报道了元谋上新
世古猿新发现，认为云南的古猿是朝猩猩方向进化的类型。1993 年，姜础等将
小河发现的古猿上颌骨化石归为西瓦古猿；周国兴在北京自然博物馆研究报告

---

① 岳乐平、张云翔、祁国琴等：《云南元谋盆地含古猿化石层古地磁年龄及古生物学意义》，载《中国
　科学（D辑）》，2003，33（11），第1070-1075页。
② 江能人、孙荣、梁其中：《元谋早期猿人的发现及其意义》，载《云南地质》，1987，6（2），第157-
　161。
③ 张兴永、林一璞、姜础、肖林：《云南元谋发现人属一新种》，载《思想战线》，1987（3），第57-60页。
④ 张兴永、林一璞、姜础：《云南元谋腊玛古猿属一新种》，载《思想战线》，1987（3），第54-56页；
　张兴永、姜础、林一璞：《从"东方人"和"蝴蝶腊玛古猿"的发现三论滇中高原与人类起源》，载
　《思想战线》，1987（3），第48-50页。
⑤ 张兴永、郑良、高峰：《中国古猿新属的建立及其人类学意义》，载《思想战线》，1990（1），第
　53-58页。

上发表文章，认为云南几个地点的古猿分别属于云南西瓦古猿的不同亚种，是朝猩猩方向进化的古猿；高峰认为云南的古猿都可归为禄丰古猿属，元谋的材料可以归为开远种，禄丰和保山的归为禄丰种。2002 年，美国纽约大学特里·哈里森与吉学平等在《人类进化杂志》发表文章，认为"云南的古猿根据国际命名法规可分为两个种，禄丰发现的古猿归为禄丰古猿属禄丰种，元谋和开远发现的古猿归为禄丰古猿属开远种。他们是代表最原始人科中猩猩亚科和人亚科或原始猩猩亚科的姊妹群"，并强调"华南和东南亚是包括猩猩和长臂猿祖先在内的各种古猿演化的避难所，西藏高原的隆升对区域性气候的影响，可能是导致古猿地理隔离和生态隔离的一个重要因素，由于上新世气候变化或早期人属的到来，加速了大型古猿在华南和东南亚的灭绝"。2006 年，郑良等将元谋的古猿正式校订为禄丰古猿属蝴蝶种。2012 年，美国亚利桑那州立大学杰·凯利与高峰合作发表文章，认为"元谋古猿头骨是符合人和猿共同祖先分支根部特征的人科代表，与猩猩没有相近的特征，而泰国的科拉特古猿和南亚的西瓦古猿很明显与猩猩相近"。

综合元谋古猿的总体特征为："幼年头骨的颞线和矢状脊不明显，眶上脊极弱，眉间区和前额部较平，眶间区相对较宽，元谋古猿泪囊窝的位置较高，眼眶的高略大于宽，鼻齿槽斜坡呈阶梯状，硬腭和齿弓较窄，犬齿窝较弱，吻部突出程度较所有大猿都弱。颌骨的门齿区宽度适中；门齿呈弧形排列，齿弓的后部张开为'V'字形。下颌骨的高度由前向后减小，联合部内面颏舌肌窝的位置较高。上颌窦腔向前延伸到第四前臼齿前的位置。下颌联合部前面较陡直，上横圆枕较发育，使得颏舌肌窝较深。下第三臼齿为单尖形，臼齿釉质较厚，齿冠高度相对较小。指骨的甲粗隆发育，掌面较开阔，表面粗糙；关节突较扩展，底面关节突前的掌面稍凹陷，表明元谋古猿的指伸屈较发达，指关节的伸屈较灵活。从元谋古猿牙齿的微观结构分析研究，得出元谋古猿下颌门齿的微观结构与禄丰古猿有相似之处，但也存在差异，元谋古猿的门齿齿冠形成时间比禄丰古猿早约半年；元谋古猿牙齿的生长发育及微观结构特征在某种程度上与人类具有相似性，而且有可能是共近裔特征，这提示了元谋古猿与早期人类起源可能存在某种相关性"[①]。

与元谋古猿共生的哺乳动物群有 10 目、34 科、3 个未定种共 106 个属种（见附件），代表山地森林环境，有茂密的森林，过渡类型的灌木丛和草地，同时存在宽阔而较平坦的谷地和河流[②]。

附表一：开远、禄丰、元谋古猿动物群名单[③]

目	超科、科	属种	开远	禄丰	元谋
Primates 灵长类	Hominoidea 人猿超科	*Lufengpithecus keiyuanensis* 禄丰古猿开远种	+		
		Lufengpithecus lufengensis 禄丰古猿禄丰种		+	
		Lufengpithecus hudienensis 禄丰古猿蝴蝶种			+
	Hylobatidae 长臂猿	*Laccopithecus robustus* 粗壮池猿		+	
	Sivaladapidae 西瓦兔猴	*Indraloris progressus* 进步兔猴			+
		Sinoadapis parvus 小兔猴			+
		Sinoadapis carnosus 食肉兔猴		+	
		Sinoadapis shihuibaensis 石灰坝兔猴		+	
	Incertae familiae 科未定	*Yuanmoupithecus xiaoyuan* 小猿元谋古猿			+
Scandentia 树鼩目	Tupaiidae 树鼩科	*Prodendrogale yunnanica* 云南原裸尾树鼩		+	
		Ptilocercinae gen. et sp. indet. 树鼩亚科属种未定			+

① 郑良：《元谋古猿的发现与研究》，见云南省文物考古研究所编：《探寻历史足迹，保护文化遗产——纪念云南省文物考古研究所成立五十年》，昆明：云南教育出版社，2009，第14-18页。

② Wei Dong, Guoqin Qi: *Hominoid-Bearing localities and Biostratigraphy in Yunnan*, *Fossil Mammals of Asia*, New York, Columbia Press, 2013, 293-313.

③ Wei Dong, Guoqin Qi: *Hominoid-Bearing localities and Biostratigraphy in Yunnan*, *Fossil Mammals of Asia*, New York, Columbia Press, 2013, 293-313.

续表

目	超科、科	属种	开远	禄丰	元谋
Insectivore 食虫类	Erinaceidae 毛猬科	*Hylomys suillus* 小毛猬		cf.	aff.
	Talpidae 鼹科	*Yunoscaptor scalprum* 凿齿云鼹		+	+
	Soricidae 鼩鼱科	*Heterosorex wangi* 王氏异鼩		+	+
		Anourosorex oblongus 长齿微尾鼩		+	+
		Blarinella 黑齿鼩鼱		sp.	
		Crocidura 麝鼩		cf.	
		Sorex 鼩鼱		sp.	sp.
		Sorex 鼩鼱			sp.
		Soricinae gen. et sp. indet. 鼩鼱亚科属种未定			+
	Incertae familiae 科未定	Gen. et sp. indet. 食虫类属种未定			+
Chiroptera 翼手目	Pteropidae 狐蝠科	Gen. et sp. indet. 属种未定		+	
	Vespertilionidae 蝙蝠科	Myotis 鼠耳蝙蝠		sp.	
		Eptesicus 棕蝠		sp.	
		Pipistrellus 伏翼蝠		sp.	
		Plecotus 长耳蝠		sp.	
		Gen. et sp. indet. 属种未定			+
	Hipposideridae 蹄蝠科	Gen. et sp. indet. 属种未定		+	+
	Incertae familiae 科未定	Gen. et sp. indet. 属种未定			+

续表

目	超科、科	属种	开远	禄丰	元谋
Rodentia 啮齿目	Sciuridae 松鼠科	*Sciurotamias wangi* 王氏岩松鼠		+	+
		Sciurotamias leilaoensis 雷老岩松鼠			+
		Tamiopsa tavus 祖花松鼠		sp.	+
		Callosciurus 丽松鼠		sp.	sp.
		Dremomys primitivus 原始长吻松鼠		+	+
		Dremomys pernyi 泊氏长吻松鼠			+
		Ratufa yuanmouensis 元谋巨松鼠			+
		Miopetaurista asiatica 亚洲中新鼯鼠		+	+
		Hylopetodon dianense 滇林飞齿鼠		+	+
		Pliopetaurista speciose 优美上新鼯鼠			+
		Pliopetaurista rugosa 皱纹上新鼯鼠			+
		Yunopterus jiangi 姜氏云鼯鼠		+	+
		Sciurinae gen. et sp. indet. 松鼠亚科舒总未定			+
	Castoridae 河狸科	Gen. et sp. indet. 属种未定	+		
		Steneofiber（Monosaulax） 石河狸		sp.	sp.
	Platacanthomyidae 刺山鼠科	*Platacanthomys dianensis* 滇刺山鼠		+	+
		Typhlomys primitivus 原始猪尾鼠		+	+
		Typhlomys hipparionum 三趾马层猪尾鼠		+	+
	Eomyidae 始鼠科	Leptodontomys 小齿鼠		sp.	sp.
		Gen.et sp.indet. 属种未定		+	+

续表

目	超科、科	属种	开远	禄丰	元谋
Rodentia 啮齿目	Rhizomyidae 竹鼠科	*Miorhizomys blacki* 步氏中新竹鼠			+
		Miorhizomys tetracharax 四根中新竹鼠		+	+
		Miorhizomys pilgrim 皮氏中新竹鼠		cf.	
		Miorhizomys nagrii 纳氏中新竹鼠		+	
		Miorhizomys sp. nov. 中新竹鼠		+	+
		Tachyoryctinae gen. et sp. indet. 速掘鼠亚科（属种未定）			+
		Rhizomyidae gen. et sp. indet. 属种未定		+	+
	Cricetidae 仓鼠科	*Kowalskia hanae* 韩氏柯氏仓鼠		+	+
		Cricetidae gen. et sp. indet. 属种未定			+
	Muridae 鼠科	*Linomys yunnanensis* 云南林鼠		+	+
		Leilaomys zhudingi 铸鼎雷老鼠			+
		Gen. et sp. indet. 属种未定			+
	Hystricidae 豪猪科	*Atherurus* 扫尾豪猪			sp.
		Hystrix lufengensis 禄丰豪猪		+	sp.
	Pedetidae 非洲跳兔	Gen. et sp. indet. 属种未定			+
Lagomorpha 兔形目	Leporidae 兔科	*Alilepus longisinuosus* 长褶翼兔		+	
		Gen. et sp. indet. 属种未定			+
Carnivora 食肉目	Amphicyonidae 大熊科	*Amphicyon palaeoindicus* 古印度犬熊			+
		Vishnucyon chinjiensis 钦吉毗瑟犬			cf.
		Indarctos yangi 杨氏印度熊		+	+
		Indarctos yangi 杨氏印度熊相似种			cf.
		Ursidae gen.et sp. indet. 属种未定		+	+

续表

目	超科、科	属种	开远	禄丰	元谋
Carnivora 食肉目	Incertae familiae 科未定	*Pseudarctosbavaricus bavaricus* 巴伐里亚假熊			+
	Ailuropoidae 大熊猫科	*Ailurarctos yuanmouensis* 元谋始熊猫			+
		Ailurarctos lufengensis 禄丰始熊猫		+	
	Mustelidae 鼬科	*Martes palaeosinensis* 古中华貂		cf.	
		Martes zdanskyi 史氏貂		sp.	cf.
		Mustelinae gen. et sp. Indet 鼬亚科属种未定		+	
		Eomellivora wimani 维氏始蜜獾		cf.	+
		Yunnanotherium yuanmouensis 元谋云南獾			+
		Melinae gen. et sp. indet. 蜜齿獾亚科属种未定		+	+
		Yunnanotherium lufengensis 禄丰云南獾		+	
		Proputorius 原臭鼬种未定			sp.
		Sivaonyxbathy gnathus 肿颌西瓦水獭		+	+
		Lutra 水獭属种未定		sp.	sp.
		Parataxidea sinensis 中华副美洲獾			cf.
		Lutrinae gen. et sp. indet. 水獭亚科属种未定		+	
		Gen. indet. et sp. 1 属未定		+	+
		Gen. indet. et sp. 2 属未定		+	+
		Gen. et sp. indet. 属种未定	+		
	Viverridae 灵猫科	*Vishnuictis salmontanus* 盐岭毗瑟狸			+
		Viverra 灵猫属		sp.	
		Viverrinae gen. et sp. indet. 1 灵猫亚科属种未定		+	
		Viverrinae gen. et sp. indet. 2 灵猫亚科属种未定		+	

续表

目	超科、科	属种	开远	禄丰	元谋
Carnivora 食肉目	Viverridae 灵猫科	*Lufengictis peii* 裴氏禄丰狸		+	
		Gen. et sp. indet. 1 属未定		+	+
		Gen. et sp. indet. 2 属未定		+	+
	Hyaenidae 鬣狗科	*Ictitherium viverrinum* 灵猫型鼬鬣狗		+	+
		Ictitherium hyaenoides 似鬣狗型鼬鬣狗		sp.	+
		Thalassictis wongi 翁氏滨鬣狗			+
		Adcrocuta eximia 卓美傍鬣狗			+
		Gen. et sp. indet. 1 属未定			+
		Gen. et sp. indet. 2 属未定			+
	Felidae 猫科	*Machairodus maximiliani* 舒氏剑齿虎			cf.
		Machairodus 剑齿虎			sp.
		Epimachairodus fires 凶猛似剑齿虎		+	
		Metailurus parvulus 小后猫			+
		Pseudaelurus sp. 假猫			
		Felis 猫属		sp.	sp.
		Felis 猫属			sp.
		Felis 猫属			sp.
		Felis 猫属			sp.
		Gen. et sp. Indet. 属种未定			+
	Incertae familiae 科未定	Gen. et sp. indet. 属种未定			+
Proboscidea 长鼻目	Gomphotheriidae 嵌齿象科	*Tetralophodon xiaolongtanensis* 小龙潭四棱齿象	+		
		Tetralophodon xiaohensis 小河四棱齿象			+
		Gomphotherium macrognathus 巨颌嵌齿象	cf.	sp.	
		Serridentinus sp. 锯齿象		?	

续表

目	超科、科	属种	开远	禄丰	元谋
Proboscidea 长鼻目	Mummutidae 乳齿象科	*Zygolophodon lufengensis* 禄丰轭齿象		+	
		Mammut zhupengensis 竹棚短颌象			+
	Elephantidae 真象科	*Stegotetrabelodon primitium* 原始剑棱齿象			+
		Stegolophodon stegodontoides 剑齿象型脊棱齿象			sp.
Perissodactyla 奇蹄目	Tapiridae 貘科	*Tapirus yunnanensis* 云南貘	cf.	sp.	sp.
	Chalicotheriidae 爪兽科	*Macrotherium yuanmouensis* 元谋巨爪兽		+	+
	Rhinocerotidae 真犀科	*Subchilotherium intermedium* 中间亚大唇犀			+
		Shansirhinus ringstroem 林氏陕西犀		cf.	
		Acerorhinus lufengensis 禄丰无鼻角犀		+	
		Acerorhinus yuanmouensis 元谋无鼻角犀			+
		Rhinoceros vidali 维氏犀			cf.
	Equidae 马科	*Cormohipparion chiai* 贾氏考摩三趾马			cf.
		Hipparion theobaldi 西氏三趾马		sp.	
		Hipparion lufengense 禄丰三趾马		sp.	
Artiodactyla 偶蹄目	Suidae 猪科	*Hyotherium palaeochoerus* 古猪兽		cf.	
		Hyotherium 猪兽		sp.	
		Parachleuastochoerus sinensis 中华原河猪	+		
		Propotamochoerus parvulus 小原河猪	+		
		Propotamochoerus wui 吴氏原河猪		+	
		Hippopotamodon hyotherioides 似猪兽河猪	++		+
		Yunnanochoerus lufengensis 禄丰云南猪		+	sp
		Chleuastochoerus 弓颌猪		sp.	sp.

续表

目	超科、科	属种	开远	禄丰	元谋
Artiodactyla 偶蹄目	Suidae 猪科	*Molarochoerus yuanmouensis* 元谋臼齿猪			+
		Gen. et sp. indet. 属种未定		+	
	Tragulidae 鼷鹿科	*Dorcabune progressus* 进步丘齿鼷鹿		+	cf.
		Dorcatherium 羚鼷鹿			sp.
		Yunnanotherium simplex 简单云南鼷鹿		+	sp.
	Moschidae 麝科	*Moschus* 麝种未定		sp.	sp.
	Cervidae 鹿科	*Euprox robustus* 粗壮真角鹿	sp.	sp.	+
		Paracervulus brevis 短枝副麂			+
		Paracervulus simplex 简单副麂		cf.	
		Paracervulus attenuates 缓枝副麂		cf.	cf.
		Muntiacus nanus 矮麂		cf.	+
		Muntiacus leilaoensis 雷老麂		sp.	+
		Muntiacinae gen. et sp. indet. 麂亚科属种未定		+	+
		Gen. et sp. indet. 1 属种未定		+	
		Gen. et sp. indet. 2 属种未定		+	
	Bovidae 牛科	*Selenoportax* 种未定		sp.	
	Bovidae 牛科	Gen. et sp. indet. 属种未定		+	

（本表由卢小康翻译整理）

图 2-23：保山羊邑清水沟煤矿（吉学平拍摄）

第五节　保山古猿

　　保山羊邑盆地位于滇西的横断山南段，保山城以南，是云南新近纪的含煤盆地之一。煤炭开采过程常常露出脊椎动物化石，20 世纪 70 年代，云南省地质科学研究所江能人等就到此调查，将采集到的象化石定为羊邑脊棱齿象新种。1982~1985 年间，中国科学院青藏高原综合科学考察队先后 5 次进入横断山地区考察新生代陆相地层，采集和发掘脊椎动物，以研究横断山区的古气候、古环境以及青藏高原隆起等科学问题，宗冠福等在羊邑采集到一批哺乳动物化石[1]（图 2-23）。

---

[1] 宗冠福、陈万勇、黄学诗、徐钦奇著：《横断山地区新生代哺乳动物及其生活环境》，北京：海洋出版社，1996。

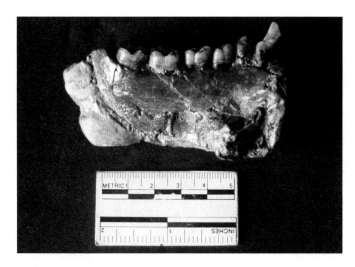

图 2-24：保山古猿下颌骨
（吉学平拍摄）

　　1985 年和 1990 年冬，结束禄丰古猿遗址发掘的徐庆华先生初心不改，到保山调查了大约 1 个月时间，煤矿工人告知他曾经挖到过像"人"那样的牙齿和头骨，但未加收集当煤炭烧了。1992 年 1 月 4 日起，他第三次到羊邑调查，在各个小煤窑寻找观察化石。1 月 9 日下午在清水沟煤矿发现包括 1 枚犬齿、2 枚前臼齿和 3 枚臼齿的古猿左下颌骨 1 件，以及兔、猴、犀牛、鹿等哺乳动物化石，他推测"保山古猿的年代在距今 800 万 ~400 万年间，它比禄丰古猿有一些进步特征，如下第三前臼齿为双尖，第二、第三臼齿短而宽等，是朝着人类方向进化的早期人类祖先化石"①，云南省博物馆的古人类学家张兴永曾对媒体评述，"保山古猿的发现，扩大了人科化石的分布范围，继续调查、发掘，很可能继续发现人科化石。这一发现再次证明滇中高原是人类起源的关键区域"（图 2-24）。

　　此后，国家攀登专项启动了禄丰古猿的专题研究，徐庆华先生被安排与陆庆五合作完成禄丰古猿专著，他表示，完成专著后就集中研究保山的古猿化石，但 2006 年专著出版后，徐先生积劳成疾，身体状况恶化，直到去世也没有启动

① 徐庆华：《云南早期人类祖先化石发现的意义》，载《中国文物报》，1992-7-12，第3版。

保山古猿的正式研究，现标本已根据徐先生早期的承诺，还回云南保山，存于保山市博物馆。

2000 年，云南省文物考古研究所吉学平参加完攀登项目的野外工作后，到保山羊邑调查，同样从当地矿工得到"曾发现像人的面部化石，但认为不吉利，丢弃了"的信息，但采集到一些哺乳动物化石。

2016 年，中科院地质与地球物理研究所邓成龙、李世虎及云南文物考古研究所的吉学平到保山羊邑开展古地磁年代研究。2020 年 5 月 8 日发表保山古猿的年代为距今 600 万年。[1]

2018 年，中科院战略性先导科技专项（B 类）立项，将保山古猿地点的调查和研究列入该项目计划。2019 年，云南省文物考古研究所与中科院地质与地球物理研究所联合开展了野外剖面采掘和小哺乳动物化石的筛选，并打了 134 米深的钻孔，用于古地磁年代测定和环境样品的采集，确认了化石层位，相关研究正在进行中。

第六节　昭通古猿

昭通盆地的褐煤层民用开采已经有近百年历史，20 世纪 40 年代以来不断报道有化石发现。新中国成立后，当地人将发现化石的线索报到云南省博物馆，并上交部分化石。1962 年，古脊椎动物学家周明镇根据云南省博物馆收集的一件不完整的象下颌骨定名为昭通剑齿象新种。此后，北京自然博物馆、云南煤田地质局等在昭通盆地开展过野外调查。当地文物干部也不断收集上交化石至

---

[1] Shihu Li，Xuepin Ji，Terry Harrison，Chenglong Deng，Shiqi Wang，Lirui Wang，RixiangZhu：*uplift of the Heng duan mountains on the southeastern margin of the Tibetan plateau in the late miocene and its palea environmental impact on hominoid diversity*，Paleogeography，Paleoclimatology，Paleoecology，553（2020）1974，1–14.

图 2-25：昭通古猿出土地。最右侧的象鼻岭坡脚为化石产地（游友山拍摄）

云南省博物馆。1978 年，北京自然博物馆在昭通永乐碗厂（水塘坝附近）发掘化石，发表了云南貘、昭通中国河狸等新属、新种化石。1980 年，张兴永发表了昭通出土的象化石。1997 年，国家"九五"攀登计划"早期人类起源与环境背景研究"课题组到昭通作短期调查。

　　由于国家"九五"攀登计划承担的象化石研究任务的需要，2000 年 10 月，吉学平应纽约大学人类起源研究中心的邀请访问美国，并到美国自然历史博物馆观察研究南亚出土的象化石标本。当看到西瓦立克山区出土的象化石时，吉学平预感云南有比禄丰、元谋更晚的新近纪地层，比如昭通和保山的褐煤矿，曾多次发现较为进步的象化石，如果能在这些地方找到古猿化石，可能是一个新的时间上的"缺环"。吉学平回国后到昭通和保山短暂调查，查看了一些象化石，坚信了原来的判断。但由于没有专门的项目支撑，工作再次搁置下来。

　　2006 年，吉学平应云南高黎贡山生物多样性项目美国同行的邀请，到加州科学院做访问学者，人类学部主任江妮娜教授邀约其去见加州大学伯克利分校的克拉克·豪维尔教授和曾经访问过云南的蒂姆·怀特教授。蒂姆·怀特正在主持RHOI（最初的人类起源研究）项目，主要研究地在非洲，由于有结余基金，怀特教授表示，云南的调查只要符合项目研究的主题，就可以用该项目的经费。于是江妮娜教授和吉学平立即申请，一个月以后就得到项目负责人的回复，批准设立"云南新第三纪地层及动物群调查"子课题，并在云南省文物考古研究所合建古人类实验室，吉学平成为该项目来自 15 个国家的第 122 个成员。

图 2-26：昭通水塘坝 2009 年抢救性采掘现场（吉学平拍摄）

2007 年秋，由于上述美国自然科学基金的支持，新组建的课题组成立。项目组决定从昭通开始调查。很幸运的是，开始的两个星期就发现了象的骨架（后来鉴定为中华乳齿象和昭通剑齿象）。项目进行到后期，发现了化石出土的原生层位。这一发现开启了后来系列重大发现的序幕。

2009 年 10 月下旬，宾夕法尼亚大学资助对昭通水塘坝进行发掘，由于担心再次出土古象骨架而缺乏资金抢救处理的情况，所以发掘规模较小。11 月 4日，很幸运就发现了编号为 ZT299 的昭通古猿幼年头骨，并且保存了脑内膜，这在世界范围内都非常罕见（图 2-25、2-26）。

为快速摸清昭通古猿与早期人类的关系，2010年初，吉学平紧急访问南非金山大学和人类起源中心，对比研究了昭通古猿与早期人类化石及同年龄的现生大猿标本。2011年，金山大学古人类学家克拉克教授应邀来云南访问参观，讨论了昭通古猿头骨，协助完成昭通古猿头骨模型制作，并访问了昭通水塘坝古猿地点。2010年开始，来自中国科学院古脊椎动物与古人类研究所、地质与地球物理研究所、昆明植物研究所、西双版纳热带植物园、中国科学院大学，北京自然博物馆，云南省国土资源职业学院，美国宾夕法尼亚大学、哈佛大学、亚利桑那州立大学、俄亥俄州克利夫兰博物馆以及昭通昭阳区相关单位等的20多位专家团队参与了研究，发表了最早的中华乳齿象、欧亚大陆最大的水獭、中国南方最完整的剑齿象动物化石以及芡实、花椒等植物新属、新种化石，为再现昭通"600万年前热带亚热生物多样性及环境"提供了有力的证据。目前研究工作还在进行之中（图2-27~2-39）。

昭通是继开远、禄丰、元谋、保山之后云南发现的第五个研究从猿到人过渡时期的古猿化石分布区。古地磁测定结果显示，昭通古猿的年代为距今613至624万年，是欧亚大陆时代最晚的中新世古猿，这一发现再次拓展了云南古猿的时空分布范围。云南成为欧亚大陆古猿化石保存最好、数量最多、时代延续最长的地区。初步研究结果揭示了欧亚大陆其他地区古猿都灭绝以后，云南昭通等地仍然作为古猿"避难所"的形成原因和机制。目前学术界主流观点认为人类出现的第一阶段是以乍得人、地猿、南方古猿等为代表的非洲大陆，而非洲早期人类的祖先来自哪里至今还是谜。因此，从猿到人过渡时期的昭通古猿的发现弥足珍贵。

2013年8月，昭通古猿头骨论文以封面文章的形式发表于《科学通报》英文版。新发现的古猿是一个保存面部大部的幼年头骨，但也是中新世发现的第二个相对完整的古猿头骨。与云南其他几个地点的禄丰古猿相比较，昭通古猿比蝴蝶种和开远种更接近禄丰种，但昭通古猿与禄丰古猿的头骨PA644相比也有显著差别，可能代表禄丰古猿属的一个新种，但由于目前材料的不足，暂时归为禄丰古猿属禄丰种的相似种。

图 2-27：第一条装架的昭通剑齿象骨架（吉裕拍摄）

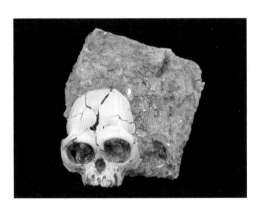

图 2-28：昭通古猿头骨化石（吉学平拍摄）

图 2-29：昭通剑齿象骨架出土现场
（吉学平拍摄）

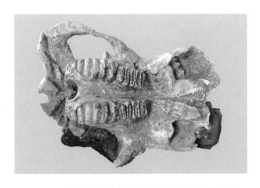

图 2-30：昭通剑齿象雄性头骨（吉学平拍摄）

图 2-31：昭通剑齿象模式标本（吉学平拍摄）

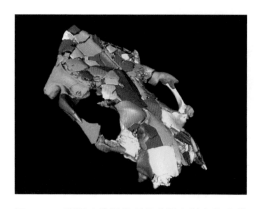

图2-32：昭通水塘坝发现的世界上最大的水獭头骨3D复原图（王晓鸣供图）

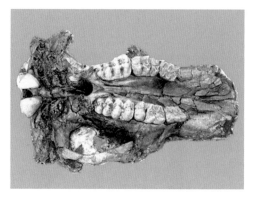

图2-33：最早的中华象化石头骨化石（吉裕拍摄）

图2-34：水塘坝发现的中猴下颌骨出土状态（吉学平拍摄）

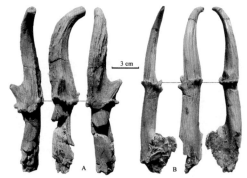

图2-35：水塘坝发现的昭通麂新种化石（董为拍摄）

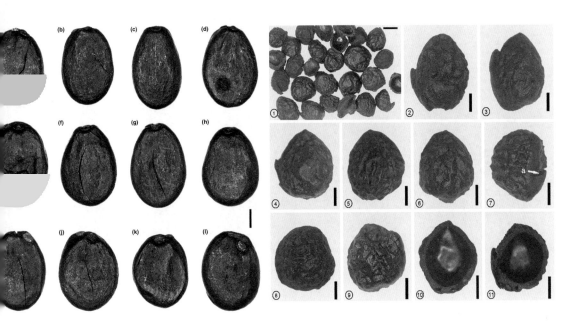

图 2-36：水塘坝出土的芡实和花椒化石（黄永江拍摄）

图 2-37：昭通水塘坝含古猿化石的地层（刘成武拍摄）

图 2-38：水塘坝似獾泰国水獭生活场景复原图
（Mauricio Anton 绘图，吉学平提供）

图 2-39：昭通水塘坝中猴及其生态环境复原图
（Mauricio Anton 绘图，Nina G.Jablongski 提供）

　　研究表明，昭通古猿（ZT299）不具备猩猩支系的任何特征，这些特征包括上下拉伸的卵圆形眼眶，眶间隔窄，额窦缺如（ZT299 仅有发育初期的弱的额窦），眶下孔正好位于眶下缘颧上颌缝交接处的中线位置。一系列鼻齿槽区域的特征包括长而两侧强烈凹陷的鼻齿槽突坡形成明显的突颌，斜坡柱后部与鼻骨底部过渡很平滑，门齿孔非常窄。ZT299 也缺乏非洲现生大猿黑猩猩和大猩猩同一个体发育阶段的一些头骨形态特征，后者有连续的眶上圆枕，形成眶上沟。但在大多数方面，ZT299 符合其属于原始人科（现生大猿和人类）共同祖先形态特征的预期，覆盖一些自近裔特征，例如非常宽的眼眶导致形成非常宽的中面部区域①。

　　昭通古猿动物群正在研究之中，昭通动物群中有大量的鸟类，昭通也是在世界上晚中新世动物群中发现大量鸟类的唯一的一个地点，鸟类标本的数量占

---

① JI XuePing、JABLONSKI Nina G.、KELLEY Jay et al.：*Juvenile hominoid cranium from the terminal Miocene of Yunnan，China*，*Chinese Science Bulletion*，2013，58（31）：3771-3779.

全部标本的大约 64%。发现的中猴是这一属种在东亚的首次记录，与现生灵长类的金丝猴有某种程度的联系。哺乳动物中发现大量以昭通或云南命名的新属、新种，如云南貘、昭通中国河狸、昭通剑齿象、昭通麂以及以其他特征命名的新种如似中间中华乳齿象，似獛泰国水獭等。

研究显示昭通古猿动物群有其独特性[①]。2017 年 10 月 7 日，中国古脊椎动物学会理事会在昭通召开，会议邀请全国古脊椎动物学家到昭通，为昭通水塘坝的进一步研究"把脉"。会议还宣布成立了"云南人类起源与环境变迁联合研究中心"，会后昭通市人民政府设立了"周忠和院士工作站"，以强化水塘坝的研究工作。昭通市政府与中科院战略性先导计划（B 类）也继续支持水塘坝化石地的联合研究。

昭通古猿动物群的组成奠定了我国西南和东南亚现代生物多样性的基础。

第七节　云南古猿是人是猿争议的历史与现状

从 20 世纪初开始，两大国际阵营分别在亚洲南部和非洲至今还有大猿生存的地区寻找与早期人类有关的古猿化石，一个多世纪以来的发现不断证实了此前的推论。人类起源地点之争在亚洲和非洲之间摇摆。现阶段，非洲是早期人类起源地的观点成为国际主流观点，因为现有的 600 万 ~200 万年之间的化石证据都仅在非洲发现。

19 世纪，地质学和考古学发源于欧洲时，证据显示欧洲人类历史大约十几万年。20 世纪 20 年代，北京猿人的发现由国际联合团队研究发表后，学术界一致认同北京猿人是最早的人类祖先，人类历史向前推到了距今 50 多万年，直立人被广泛认为是人类进化的第一阶段。20 世纪 50 年代，学术界认识到 1891

---

① 余腾松、吉学平主编：《昭通水塘坝化石地研究论文集》，昆明：云南科技出版社，2018。

年爪哇发现的人类头盖骨是比北京猿人更早的人类化石，不过当时受到权威的反对而被遗忘了。1924 年发现的南方古猿"汤恩幼儿"头骨也因为权威的反对而被遗忘，直到 1958 年因东非南方古猿一个重大发现重新得到学术界的认可。这样人类直立行走的历史往前推至 200 多万年前。这一发现掀起了数十年的非洲多国联合探险考察的热潮，直到今天仍然不断有新发现，填补了一个又一个的缺环。而从猿到人过渡更早阶段的中新世古猿化石，渐渐地淡出人类起源研究的视野。

　　确定腊玛古猿为人科的西蒙斯和皮尔比姆将我国原定为开远森林古猿的 1956 年发现的雌性古猿牙齿和 1957 年发现的雄性古猿牙齿归为腊玛古猿，当时认为是最早的人类祖先之一。1965 年后禄丰古猿的发现受到空前的重视，也发掘出大量的标本，之后元谋、保山和昭通的古猿发现，将禄丰古猿的时空分布范围扩大到云南自东到西的新生代含煤盆地和滇中元谋盆地，年代距今约 1 200~600 万年，接近分子生物学研究人猿分野的时间（距今为 630 万年）。但 20 世纪 80 年代初以来，由于欧、亚、非三大洲的腊玛古猿和西瓦古猿总是同时出现，加之现生大猿雌雄差别的研究，学术界意识到腊玛古猿可能是西瓦古猿的雌性个体，根据命名法规的优先律，腊玛古猿名字被废除，西瓦古猿保留。1979 年发现的西瓦古猿面骨让学术界更趋向于认同西瓦古猿可能是现生猩猩的祖先。根据耶鲁大学皮尔比姆的研究和建议，认为云南禄丰的古猿不同于西瓦古猿，应该另立一属，因此，古人类学家吴汝康经过认真研究，1987 年修订禄丰的腊玛古猿和西瓦古猿为禄丰古猿属，并认为禄丰古猿是向非洲大猿和人类方向进化的早期人类。然而，这一时期非洲南方古猿的发现捷报频传，国际学术界相信最早直立行走的人类在非洲。吴汝康院士的观点因为以中文发表而没有受到国际学术界关注。尽管后来国际上发表了不少关于禄丰古猿的文章，但大多认为禄丰古猿可能是现生猩猩的祖先或走向灭绝的亚洲早期猿类多样性的一种；而我国坚持研究的几代古人类学家绝大部分认为禄丰古猿是最早人猿分支基干部的代表。

　　自禄丰古猿和元谋古猿发现以来，张兴永等根据云南发现的古猿的特征和年代，在 1981 年、1983 年、1987 年和 1994 年分别发表了 4 篇系列文章论述"滇中高原与人类起源"[①]，认为"滇中高原及其邻区是早期人类起源和演化的关键区域"，并于 1990 年以元谋蝴蝶梁子发现的古猿幼年头骨（YV0999）为正型标本，建立中国古猿新属，包括开远、禄丰和元谋的原归为腊玛古猿的标本，认为"中国古猿属很可能就是人们要寻找的人类祖先"[②]。但后来随着工作的深入，元谋古猿的年代不再是上新世，而是晚中新世，早于南方古猿。学术界根据命名的优先律，遵守国际上腊玛古猿已被废弃的事实。根据命名优先律，中国古猿属、蝴蝶腊玛古猿、东方人、竹棚能人等都不成立。但张兴永等看到了元谋古猿头骨上一些与早期人科接近的特征，后来的大多数学者也认可。经过国家"九五"攀登计划的综合研究，元谋的古猿最终被归为禄丰古猿属蝴蝶种，禄丰的古猿属于禄丰种，开远的古猿属于开远种。2009 年发现的昭通古猿属于禄丰古猿属禄丰种的相似种。保山古猿还未正式发表，但原研究者徐庆华认为它仍然属于禄丰古猿属，是禄丰古猿之后向早期人类方向进化的人类最早祖先。

21 世纪以来，关于禄丰古猿的研究有多项重大进展，第一是我国学者综合研究了禄丰古猿的全部材料，认为禄丰古猿可能是"步履蹒跚"的不熟练直立行走的人科早期成员，可能是非洲早期人类的祖先[③]。第二是关于元谋禄丰古猿蝴蝶种的综合研究，认为元谋蝴蝶古猿可能是人类祖先基干部分的代表[④]。第三是关于元谋古猿头骨的进一步研究的文章[⑤]，认为"元谋古猿的大体上与人科基干部成员的特征相近，与猩猩没有任何关系"。第四是昭通古猿幼年头骨的文章，认为"昭通古猿大多数特征都符合原始人科（现生大猿和人类）共同祖先

---

① 张兴永：《四论滇中高原与人类起源》，载《云南社会科学》，1994（1），第76-82页。

② 张兴永、郑良、高峰：《中国古猿新属的建立及其人类学意义》，见云南省博物馆编：《云南人类起源与史前文化》，第112-122页。

③ 徐庆华、陆庆五：《禄丰古猿——人科早期成员》，北京：科学出版社，2008。

④ 郑良：《攀登专项启动以来新发现的蝴蝶古猿化石研究》，见《蝴蝶古猿产地研究》，第41-71页。

⑤ Jay Kelley、Gao Feng：*Juvenial Himinoid Cranium from the late Miocene of southern China and the hominoid diversity of Asia*，PNAS，109（18）：6882-6885.

的形态特征"[1]。国际学者开始慢慢接受云南的古猿与最早的人类有相近特征的事实。但由于没有发现之后的 400 万年间存在类似的标本，禄丰古猿的去向至今是一个谜团。

从开远古猿发现至今，我国学者先后在开远、禄丰、元谋、保山和昭通五个地点发现古猿化石，时代距今约 1 200 万 ~600 万年，成为欧亚大陆保存最好、数量最多、时代跨度最长的晚中新世古猿。中新世是国际上公认的人猿分野的关键时期，云南的古猿无疑将对开展从猿到人过渡时期的研究起到关键作用。我国大多数学者（如吴汝康、徐庆华、陆庆五、张兴永、郑良、高峰、吉学平等）认为云南的古猿可能是向南方古猿和人类方向进化的。国际上早期有人认为云南古猿是猩猩的祖先，巴基斯坦发现西瓦古猿印度种头骨和泰国发现克拉特古猿下颌骨后，学术界认识到东南亚、南亚的古猿是更接近猩猩的类群，禄丰古猿更可能是人和猿共同祖先系统进化树基部的类群，这显示出东亚南部这一时期古猿的多样性。但由于距今 600 万 ~200 万年间云南和东南亚南亚都没有发现古猿或早期人类化石，因此，部分学者基于气候变化证据[2]，认为禄丰古猿可能是最后走向灭绝的一支古猿（图 2-40）。

云南马关、广南和西畴曾经发现过更新世（距今 260 万年以来）的古猿化石，他们的具体年代及其与禄丰古猿的关系还有待进一步研究。广西发现了距今 200 万年左右的古猿化石，被认为是禄丰古猿属的一个种[3]；曾经轰动一时的200 万年前的巫山猿人，原来研究者之一在后来改变观点，认为属于神秘的猿，我国古人类学家吴新智院士从巫山猿人的下颌残段特征认为其可能是禄丰古猿的后裔；2018 年，吉学平应邀参与了一项由法国学者主持的关于印度尼西亚早

[1] JI XuePing, JABLONSKI Nina G, KELLEY Jay et al.: *Juvenile hominoid cranium from the terminal Miocene of Yunnan, China*, *Chinese Science Bulletion*, 2013, 58（31）: 3771-3779.

[2] Pei Li, Chunxia Zhang, Jay Kelly, Cheng Deng, XuePingJi, Nina G.Jablonski, Haibin Wu, YangFu, Zhengtang Guo, Rixiang Zhu: *Late miocene climate cooling contributed to the disappearance of Hominoids in yunnan regeon, southwestern china*, *Geophysical Research letters*, 2020.

[3] 王为：《广西田东么会洞早更新世人猿超科化石及其在早期人类演化研究上的意义》，中国地质大学博士学位论文，2006。

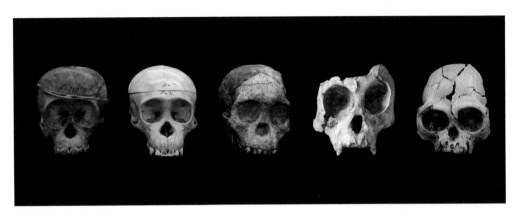

图 2-40：云南古猿幼年头骨与现生大猿幼年头骨及南方古猿幼年头骨比较（吉学平拍摄）

期人类的国际合作研究，结果认为禄丰古猿与原定为距今 180 万年前的古爪哇魁人最为接近，但不认为是人属。研究结果显示了亚洲南部早期人类的多样性存在的可能[①]。

　　学术界关注非洲早期人类起源，但非洲最主要的发现在距今 600 万~200 万年之间，至少发现 14 个种的早期人类化石，也零星发现有 600 万~700 万年前的被认为是直立行走人类的化石。很少有人关注和继续讨论非洲最早直立行走的人类的起源问题。欧亚大陆南部曾经出现过一条热带、亚热带森林走廊，欧亚大陆和非洲动物群包括灵长类应有交流，动物群"走出非洲"和"走进非洲"可能是常态，早期人类也应如此。未来可以运用现代科技手段进一步深入研究现有标本，并与非洲早期人类对比；加强西南地区尤其是云南 600 万~200 万年前地层的调查；进一步开展多学科的国际合作研究，让国际同行熟悉云南的材料，客观地进行讨论和参与研究是取得突破的关键步骤！

① Clément Zanolli，Ottmar Kullmer，Jay Kelley，Anne-Marie Bacon，Fabrice Demeter，Jean Dumoncel、Luca Fiorenza，Frederick E. Grine，Jean-Jacques Hublin，Anh Tuan Nguyen，Thi Mai Huong Nguyen，Lei Pan，Burkhard Schillinger，Friedemann Schrenk，Matthew M.Skinner，Xueping Ji，Roberto Macchiarelli：*Evidence for increased hominid diversity in the Early to Middle Pleistocene of Indonesia*，*Nature Ecology&Evolution*，2019，13：755-764.

　　回顾人类起源研究一个多世纪的历程，几次重大发现：1891 年发表的爪哇猿人，1920 年代得到承认；1934 年发表的腊玛古猿，1965 年才得到承认；1925 年发表的南方古猿，1958 年才得到承认。这些重大发现，初期都因为遭到当时的权威反对而被遗忘数十年，后又被学术界证明有其重大的科学研究价值。云南古猿的发现也经历了一个逐步认识的过程。对于人类起源这种需要长期探索的科学问题，我们应保持开放和包容的心态。

第三章

旧石器时代

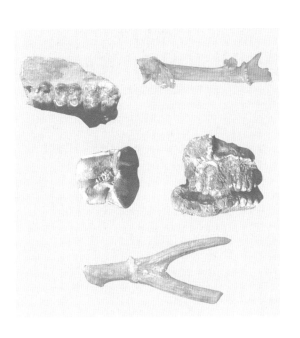

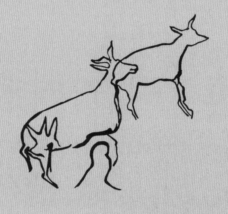

第一节　欧亚大陆最早人类的出现

近年来，古人类学和旧石器考古学新的成果不断涌现，河北泥河湾马圈沟遗址第三文化层发现距今166万年的旧石器，之后又发现第四—第六文化层，地层的古地磁年代为距今170多万年，而生物地层学研究的结果推测第六文化层的年代为距今200万年前。陕西蓝田猿人新的年代测定结果为距今163万年；陕西上陈发现的距今212万年的石制品，代表欧亚大陆最早人类活动遗存。1991~2000年期间在横跨亚洲和欧洲之间的格鲁吉亚的达玛尼西发现距今170万年前的几个古人类头骨和下颌骨，分类上属于直立人或匠人。1891年在东南亚印度尼西亚的爪哇桑吉兰发现的爪哇人头盖骨和股骨，年代测定最早为距今166万年至151万年。越来越多的证据表明，欧亚大陆距今200万年前左右开始出现了早期人类活动遗迹，而大于200万年前的人类化石目前只在非洲发现。可以认为我国距今170万年前的元谋猿人和距今163万年前的蓝田猿人，是欧亚大陆第一批几乎同时出现的早期人类之一。重庆巫山龙骨坡、湖北建始龙骨洞、安徽繁昌曾报道距今250万~200万年前的人类化石和旧石器，但长期存在争议。因此，国际主流观点认为直立人最早在距今200万年前后从非洲走出，到达欧亚大陆，以后又多次走出非洲向欧亚大陆扩散。包括元谋盆地在内的我国上新世至早更新世地层在寻找200万年前人类及其文化遗物方面有着巨大潜力。

第二节　旧石器时代早期

一、元谋猿人

元谋位于青藏高原东南缘的云南北部，距昆明 110 千米。元谋盆地为南北向的断陷盆地，长约 30 千米，平均宽约 7 千米，是滇中高原海拔最低的盆地，平均海拔仅 1 050~1 150 米。金沙江的一级支流龙川江自南向北流过，在盆地北部的龙街附近流入金沙江。盆地西部平均海拔 1 400 米，是由前古生代的古老岩石——变质岩和火山岩组成的山体；盆地东部平均海拔 2 500 米的山脉是由中生代红色砂岩组成的岩层，两者共同组成元谋盆地的基底。盆地南部第三纪至第四纪地层保存完好，厚达 850 米，年代测定在距今 490 万 ~140 万年间，第四段发现有元谋人牙齿和胫骨化石；盆地北部发育新第三纪（晚中新世）含古猿化石的河流相地层，厚达 70 米，年代距今 850 万 ~710 万年。

1903 年，日本学者横山又次郎记录的"熊之一种出自云南元谋之洞穴中"是元谋化石的最早记录。1926 年，美国自然历史博物馆中亚考察队纳尔逊在元谋金沙江畔发现龙街新石器时代遗址，格兰阶在马街附近发现被认为是早更新世的马、偶蹄类、象和犀牛等哺乳动物化石，1932 年发表了这批化石。1938 年，卞美年考察元谋，将元谋盆地晚新生代地层划分为晚上新世元谋组（含剑齿象、马、牛类、鹿类等）、晚更新世龙街粉砂层，以及近代冲积扇和冲击层，1940 年在《中国地质学会会志》上发表了《云南元谋盆地地质》一文，将元谋地层同法国的维拉弗朗阶和泥河湾沉积的第三带对比。1943 年，柯尔伯特研究了格兰阶采集的化石，包括剑齿象、犀牛、猪、鹿、牛和云南马，特别是云南马与缅甸的上伊洛瓦底动物群相当，且认为元谋组地层和华北早更新世的泥河湾地层相当。元谋盆地很早就作为南方早更新世的标准地层受到地质学界关注。新中国成立后，以我国学者为主开展了地质古生物学调查，1957 年胡承志、1961 年周明镇、邱占祥等曾到元谋盆地进行新生代地质调查，周明镇、裴文中在

《古脊椎动物与古人类》杂志上分别发表了《元谋盆地更新世初期的哺乳动物化石》《元谋水獭的发现和滇东晚第三纪哺乳动物化石层的对比》等论文。这些前期研究工作为后来的重大发现打下了基础。

　　1965 年 3~5 月，为配合成昆铁路的建设，中国地质科学院地质力学研究所的地质学四人小组在元谋盆地开展第四纪地质和新构造运动调查，5 月 1 日下午，钱方在东南部上那蚌村西北部约 800 米的小山丘上，顺着哺乳动物发现的线索，挖出两枚"很像人的牙齿"的化石（图 3-1、3-2）。标本带到北京后，经参加过北京猿人遗址发掘和北京猿人头盖骨模型制作的中国地质博物馆胡承志先生鉴定为人类化石。1967 年和 1971 年，中科院古脊椎所尤玉柱、祁国琴、潘悦容、林一璞等分别到元谋盆地开展第四纪地质和元谋人遗址的调查。1972 年 2 月 22 日，新华社、《人民日报》等首次报道了发现元谋人化石的消息。1972 年 10 月，中国地质博物馆胡承志、中国科学院古脊椎动物与古人类研究所吴新智、潘悦容等考察元谋人遗址并发掘了元谋组的八个化石点。1973 年，胡承志发表文章，将新发现的元谋人牙齿化石定名为直立人元谋新亚种（*Homo erectus yuanmouensis*，subsp. nov.）。元谋人牙齿化石保存完整，石化程度很深，

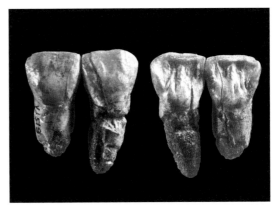

图 3-1：元谋人牙齿发现地（吉学平拍摄）　　图 3-2：元谋人牙齿化石[1]

① 周国兴：《穷究元谋人》，昆明：云南科技出版社，2009，第16-17页。

图 3-3：发掘出土的元谋人石器
（Kathleen Kuman 拍摄）

呈灰白色，为左右上内侧门齿，同属于一个个体。胡承志研究认为元谋人牙齿化石与北京猿人的不同，代表一年轻的雄性个体。

　　1973 年 10 月 29 日～12 月 19 日，中国科学院古脊椎动物与古人类研究所、云南省博物馆文物工作队、元谋县文化馆组成的联合发掘队在元谋人牙齿出土地附近的小山坡上进行了大规模正式考古发掘，没有发现更多的古人类化石，但在原生地层中发现 6 件石器（图 3-3），并在附近地表采集到石制品 10 件。石制品特征显示出旧石器时代早期早一阶段的特点，与同一地点发现的古人类牙齿化石的原始特征一致。后来不同学者在考察过程中又在元谋人牙齿发现地及周围的对角山、牛肩包、郭家包等地共采集到数十件石器，但因为不是出自考古发掘的地层出土遗物而受到研究者的谨慎对待。

　　1974 年，国内关于元谋盆地多学科的合作研究开始。1976 年，新华社发布了中国地质科学院地质力学研究所李普、钱方等用古地磁方法测定的结果——元谋人年代距今 170 万年左右[①]。

　　1974 年开始，北京自然博物馆古人类学家周国兴与中国地质博物馆胡承志对元谋人牙齿开展了更详细的研究，1979 年发表文章总结如下：一、这两颗牙齿化石可能代表了一个青年男性个体。二、牙齿粗硕，齿冠部分尤甚，它切端

---

① 郑良：《元谋人的发现与研究》，见云南省文物考古研究所编：《探寻历史足迹，保护文化遗产——纪念云南省文物考古研究所成立五十年》，第14-17页。

呈较宽的扇形，齿冠扩展指数值达 141.9。三、齿冠唇面除接近颈线部分较为隆凸外，其余部分较平扁；有明显的汤姆氏线、唇面沟及浅凹区。四、底结节发达，呈圆丘状隆起，占舌面二分之一，其游离缘分化出三条分离的指状突，侧一条较为粗长，构成正中脊，居于舌面中央，向下延伸，与切脊相接。五、舌面具有发达的铲形舌窝，且为正中脊分隔为左、右两半，舌窝内面多釉质褶皱；侧脊明显褶起，远中缘脊较为发达，其内缘与底结节之间有小切迹间断，不直接相续。六、齿根颈部横切面呈椭圆形，唇—舌方向较扁。两侧颈线有较大的弯曲度，其近中侧的（3.8）明显大于远中侧的（3.1）。根据上中门齿的特征，认为元谋人是我国南方迄今已发现的早期类型直立人代表，形态上与北京人的不同处反映了他们可能具有从纤细类型南方古猿向直立人过渡的特点。1988 年，周国兴到美国加州大学人类演化研究室对元谋人牙齿化石再作深入对比研究，发现元谋人上中门齿的形态特点，尤其是舌面的铲形结构、发达的底结节和脊状指状突以及齿冠呈扇形等，均可追溯到出土于非洲的南猿及能人与匠人标本上。特别令人惊异的是它与匠人代表 WT15000 的上中门齿在形态上十分相似。这种相似性提示，元谋人上中门齿可能成为早期人类"走出非洲"来到欧亚大陆的佐证[①]。

1984 年 12 月 10 日～20 日，周国兴带领北京自然博物馆的野外考察队在距元谋人遗址约 250 米外的郭家包南坡元谋组第 4 段 25 层之上的河流相地层中的坡积物底部发掘到一批哺乳动物化石，周国兴从中鉴定选出一段人类的肢骨化石和 3 件骨器。标本为女性左侧胫骨骨干，周国兴当时估计年代为早更新世晚期，距今至少 100 万年以上。除缺失上、下端外，骨干保存相当完整，长 227 毫米，石化程度深，表面呈红褐色，局部有黑色斑纹。元谋人胫骨骨干的骨质较厚，髓腔相对较小，而现代人类型骨干的大部分为髓腔，推测该胫骨所代表的年少女性身高为 123.6～130.4 厘米。总体特征：①胫骨明显为扁胫型；②骨干前缘明显圆钝，S 形弯曲极弱；③有浅显的骨间嵴（即外缘）；④内缘中部

---

① 周国兴：《穷究元谋人》，第152-168页。

图 3-4：元谋人胫骨发现区域（吉学平拍摄）

三分之一段处，内面与后面相接呈直角转折；⑤骨干后面有明显的腓肠肌隆凸，腘线发育，且有纵嵴隆起将骨干后面分为内外两半，内半侧骨面窄而外半侧宽；⑥骨干的骨壁较厚，髓腔相对为小。总体上元谋人胫骨带有较多接近南方古猿中进步类型（能人）的原始特点，应该归属到早期直立人的行列[1]（图 3-4、3-5）。

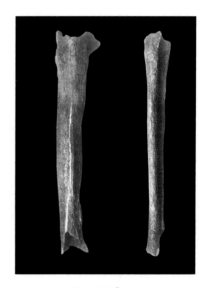

图 3-5：元谋人胫骨[2]

　　根据最新的古地磁年代测定结果，元谋人胫骨的年代应至少为距今 140 万年或在 170 万～140 万年之间。虽然出土层位较为年轻，但还是应该归为元谋直立人阶段，其形

① 周国兴：《穷究元谋人》，第169-173页。
② 周国兴：《穷究元谋人》，第169-173页。

态特征与非洲发现的能人接近而与现代人有明显区别。元谋人胫骨形态特征的鉴定与出土层位颇有争议，乃至国内古人类学者大多不提及。笔者经过多年的调查，及对元谋人胫骨形态特征古老性的观察，赞同胫骨应来自早更新世地层的观点[1]。

元谋人的石器以硬度大的石英和石英岩砾石为主要原料，说明元谋人对石料有一定的认知度。石器加工方法总体简单、粗糙，采用锤击法加工和修理，不修理台面，在砾石面上锤击打片；以刮削器为主要工具类型，还有砍砸器和尖状器，石器以石片为主，器物第二次加工以单面锤击法为主。器型不大，应属于小型工具，与我国旧石器早期文化有明显的共性，但元谋人的石器类型已有一定分化，双面加工等技术已开始应用，可见元谋人的石器已不是人类最初期的人造工具（图3-6）。元谋人地层中发现炭屑与动物碎骨共存，骨头上有敲击的痕迹，说明元谋人生活方式为狩猎—采集生活。小型石英石器可能用于切割和刮削兽皮兽骨。炭屑的发现很可能显示元谋人开始用火，食熟食，摆脱了人类直立行走数百万年以来"茹毛饮血"的生活方式。

元谋盆地南部的河湖相地层总称为元谋组，共分为四段二十八层，厚度近700米。第一段包括一至四层，年代距今约490万年至300万年，为湖沼相沉积；第二段包括五至十三层，为河流相为主的沉积，距今300万年至250万年；

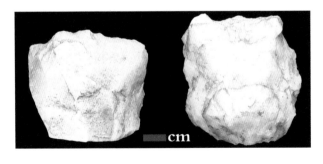

图3-6：元谋人遗址发掘出土的石器
（朱日祥等，2008）

① Ji Xueping、Yuanmou.Smith（ed.）：*Encyclopedia of Global Archaeology*，Springer Science+Business Media New York，DOI：10.1007/978-1-4419-0465-2.

第三段包括十四至二十三层，距今 250 万年至 187 万年，是河流相沉积；第四段包括二十四至二十八层，年代为 187 万年至 130 万年，为洪积相沉积。元谋人牙齿化石出自第四段第二十五层下部，据古地磁法多次测定时代为距今约 170 万年前。元谋组一、二段产出的哺乳动物群称作沙沟动物群，三、四段的哺乳动物群称作元谋动物群。元谋动物群主要包括复齿鼠兔、竹鼠、水獭、华南豪猪、元谋狼、鸡骨山狐、桑氏缟鬣狗、小灵猫、泥河湾巨剑齿虎、虎、豹、猎豹、类象剑齿象、云南马、爪兽、中国犀、野猪、龙川始柱角鹿、狍后麂、湖麂、山西轴鹿、云南水鹿、斯氏鹿、纤细原始狍、羚羊等 40 多种哺乳动物化石，反映元谋人的时代为早更新世。元谋人的生活环境为较之前森林面积缩小、草原面积扩大的草原—稀树林环境[①]。

元谋人是欧亚大陆四个距今 170 万年前后的早期直立人代表之一（其他为印度尼西亚爪哇猿人、格鲁吉亚达玛尼西猿人、陕西蓝田猿人），按照目前学术界的流行观点，我们暂时只能认为元谋人为第一批走出非洲到达欧亚大陆的早期人类代表之一。如果要证实元谋人是本土起源，我们则要扎扎实实地寻找距今 600 万~200 万年间的人类化石"缺环"，并进一步深入研究现有的古猿化石，提炼其具有从猿到人过渡特征的证据，发表于国际刊物，获得国际同行的认可。

元谋人是中国境内迄今发现的时代最早的人类化石，然而仅仅人类门齿和胫骨并不能提供太多这一人类种群的特征。遗憾的是，半个世纪以来，基础地质和年代等方面的研究开展了很多，与其知名度非常不匹配的是元谋人遗址仅进行过两次正式的考古发掘，没有持续开展考古学和古人类学的发掘和研究，很少有突破。元谋盆地在寻找人类化石和文化遗存方面有巨大的潜力，但至今没有得到充分的利用。

二、江川甘塘箐旧石器遗址

1981 年，云南省博物馆张兴永等提出"滇中高原与人类起源"命题，希

---

① 吴新智、黄慰文、祁国琴编著：《中国古人类遗址》，上海：上海科技教育出版社，1999，第1–5页。

望找到元谋人与古猿之间的"缺环"，并开展了更大范围的调查。1984 年 4 月，江川县文物普查期间，从上龙潭村征集到鹿角等动物化石。1986 年 6 月 20~22 日，云南省博物馆同玉溪市、江川县考古工作者前往考察，在地表采集到二十多件属于牛、猪、轴鹿、水鹿等动物的化石。经初步研究，认为其时代可能与早更新世元谋组地层相当。研究人员预感到这一线索的重要性，1988 年 9 月 13~16 日，联合考察队再次考察现场，从县文化馆收藏的来自甘棠箐的骨化石堆中，清洗鉴别出具有明显人工痕迹的两件骨器。1989 年 2 月 20~26 日，再次详细调查又获得了一定数量的石、骨制品，并将发现地点定为 8901 地点。在前期考察的基础上，1989 年，张兴永在《思想战线》上发表了《云南江川百万年前旧石器遗存的初步研究》的论文，报道了三件石核、骨铲、骨刮削器、骨尖状器以及伴生动物猪、湖麂、似山西轴鹿、轴鹿、水鹿、鹿和牛类等化石标本（图 3-7）。根据似山西轴鹿的时空分布判断甘棠箐古人类遗址的年代应在距今 100 万年以上，若这一论述得到进一步验证，那么江川甘棠箐将是我国发现最

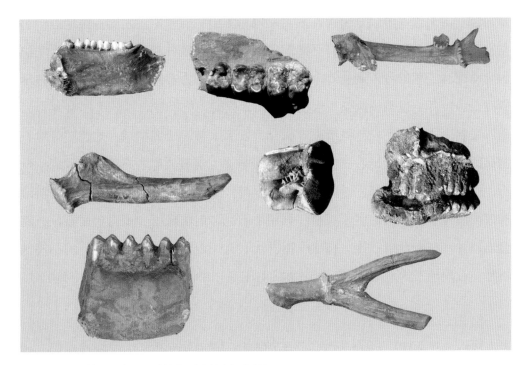

图 3-7：甘棠箐遗址出土的动物化石（刘建辉拍摄）

早的旧石器的三个地点之一（其他两个地点是元谋猿人地点和山西西侯度，后来河北泥河湾也发现了元谋人同时代或更早的古人类使用工具）[①]。在此基础上张兴永等提出"三湖"史前考古的愿景："一是寻找古猿化石的可能性，基于该区的玉溪市及江川、澂江、华宁等县分布着含褐煤的中新世或上新世地层，而且已出现与古猿共同生态环境的哺乳类化石；二是在江川甘棠箐等旧石器地点或该地区相当层位中，有获得早期人类化石的可能；三是在通海、华宁等县大熊猫—剑齿象动物群分布区的洞裂隙中，寻找旧石器时代中、晚期人类或旧石器的可能。"

甘棠箐遗址位于路居镇小龙潭村，距抚仙湖 5 千米，甘棠箐是自北而南流入抚仙湖的山间小溪，遗址海拔约 1 720 米，高出抚仙湖水面 100 米左右，更新世湖滨沼泽相沉积于二叠纪灰岩上，为一百多万年前古抚仙湖时期的湖岸边。1989 年 10 月 24 日~11 月 14 日，云南省博物馆、玉溪市文物管理所和江川县文物管理所对甘棠箐遗址联合开展了正式野外发掘，发掘面积约 300 平方米，发掘深度 3~5 米不等，出土了大量石制品和丰富的哺乳动物化石，运回云南省博物馆。由于这一阶段是云南省重大发现非常集中的时期，元谋古猿地点一直在发掘和研究中。1989 年蒙自马鹿洞发现古人类头盖骨和文化遗物，呈贡龙潭山启动配合工程的考古调查等大量的工作，由于人力有限，没有及时进行整理研究。1994 年，发掘领队张兴永先生因积劳成疾，英年早逝。直到 2004 年，云南省文物考古研究所安排继续整理研究，发表了初步研究结果，刘建辉等对石制品的总体性质归纳如下："石器原料种类较多，有硅质岩、石英、玄武岩、燧石、水晶、锰铁矿石等，硅质岩是主要原料，这些原料可能就采自附近河漫滩和湖滨阶地；石核台面多不规整，利用率不高，但出现了少量斜台面石核、斜台面石片和有脊台面石片；打片用锤击法；有一定数量的使用石片；用不规整石片、石块加工的工具较多，其中块状毛坯多，片状毛坯少；没有第一类工具。

---

① 张兴永、高峰、马波、侯丽萍：《云南江川百万年前旧石器遗存的初步研究》，载《思想战线》，1989（4）。

图 3-8：江川甘棠箐遗址出土的石器
（刘建辉拍摄）

图 3-9：江川甘棠箐遗址出土的石器
（刘建辉拍摄）

工具组合以刮削器为主体，其次是石锥和雕刻器，尖状器数量很少，没有砍砸器。小型工具居多，绝大多数尺寸都在 2~5 厘米，有少量微型及中型工具；绝大多数工具为单刃；以背向加工为主。修理主要是锤击法，部分标本采用了压制修理或软锤打击修理，一些标本加工较精细。甘棠箐石制品大小、加工技术和工具类型，和以北京人遗址、泥河湾早期旧石器遗址为代表的华北小型石器早期文化传统相似，与南方大多数地点有着显著差别。"[①]（图 3-8、3-9）

刘建辉等认为甘棠箐遗址的古人类曾经在此打制石器，是古人类肢解分食动物的场所，不少骨化石表面遗留的人工划痕可以证明。从工具类型形态特征看，也支持这一推论，比如："工具刃口多较锐利（如直刃刮削器、斜弧形凸刃刮削器），适于切割肉类，部分工具刃钝（如深弧形凸刃）而适于刮掉动物皮内侧的脂肪，锥钻头类工具（如石锥）则适于刺穿动物毛皮。"[②]

初步鉴定，甘棠箐遗址哺乳动物化石主要有田鼠、河狸、猫、玉溪剑齿象、

① 刘建辉、郑良、高峰、吉学平：《云南江川甘棠箐旧石器遗址初步研究》，见《元谋人发现40周年纪念会暨古人类国际学术研讨会文集》，昆明：云南科技出版社，2006，第133-145页。

② 刘建辉：《云南江川甘棠箐遗址的发掘》，见云南省文物考古研究所编：《探寻历史足迹，保护文化遗产——纪念云南省文物考古研究所成立五十年》，第18-21页。

中国犀、猪、湖麂、鹿、似山西轴鹿、水鹿、牛、猕猴等，其中猕猴属于新种，定名为江川猕猴。从数量上看，鹿类占绝对优势，符合古人类狩猎规律的预期。甘棠箐遗址的动物群曾经被命名为上龙潭动物群，支持"与早更新世元谋动物群有很大的相似性，时代可能也是早更新世"的结论。

　　为弥补1989年发掘资料遗失和标本记录不完整的问题，2014年10月～2015年2月，经国家文物局批准对甘棠箐遗址再次进行了发掘，发掘面积50平方米，平均厚度6米，文化层位于剖面中下部。本次发掘运用数字化考古测绘技术、无人机拍摄、三维建模等新手段，多学科专家参与，发掘出土大量的石制品、骨制品、木制品和一处用火遗迹，其中木制品在国内属首次发现。除动物化石外，发掘过程中出土大约30多个属的植物种子化石，包括可食用的植物果实化石[①]。甘棠箐遗址是国内罕见地较完整地保存了旧石器时代狩猎—采集生活场景的旧石器时代早期原地埋藏遗址，深入研究将提供东亚南部旧石器时代早期生业模式、人类行为等多种重要信息（图3-10~3-12）。

图3-10：江川甘棠箐遗址木器出土现场（刘建辉拍摄）

---

① 刘建辉：《云南江川甘棠箐遗址发掘》，见云南省文物考古研究所编：《云南文物考古年报》，2016，第38-43页。

图 3-11：江川甘棠箐遗址出土的木器（刘建辉拍摄）

图 3-12：江川甘棠箐遗址出土的种子化石（刘建辉拍摄）

三、石林（路南）白石岭旧石器遗址

1961 年 1 月底，中国科学院古脊椎动物与古人类研究所周明镇、邱占祥、张国斌等在曲靖地区调查第三纪地层和脊椎动物化石时，在宜良县（现石林县）板桥河沿岸路南的三冲村、板桥的安仁村和板桥的白石岭分别采集到人工打制的石核、石片和石器，这是云南境内第一次发现确信无疑的石器。石核、石片和石器很可能来自附近的第四纪沉积中，根据阶地和地貌特征推测，安仁村和白石岭的沉积物时代可能为晚更新世，发现的石器年代可能为旧石器时代中晚期，石器原料来自第三纪泥质灰岩中的硅质结核，也大量地发现于第四纪沉积物的底部，多为黄褐色的玉髓、玛瑙等。特别重要的是一件发现于白石岭的凸边（刃）刮削器，由厚石片经过第二步加工完成 [1]，这是一件具有欧洲莫斯特风格的半月型刮削器。为进一步弄清这一区域的旧石器文化，1961 年 3 月 12~27 日，中国科学院古脊椎动物与古人类研究所邱占祥、李炎贤、黄慰文等同云南省博物馆陈廷藩、云南省文物工作队李如清等再次进行调查，在原来的三个地点又采集到一批材料，并新发现青山口、小野马伴、羊角基村北面山坡和乱石沟四个新地点 [2]。

石器发现于路南早第三纪盆地的西北部。盆地的西缘有一条名叫巴盘江（又称板桥河）的河流，自北向南流，汇入珠江上游的南盘江。盆地基底及边缘为古生代灰岩。盆地内的主要沉积为老第三纪始新统的红色砂岩和白色泥灰岩，其中含较多燧石、玉髓、玛瑙等砾石。盆地内的第四纪沉积分布于巴盘江河谷两岸丘陵顶部和盆地两侧的山坡上，一般厚度不超过 10 米。板桥附近的巴盘江两岸可以观察到三级阶地，第三级阶地高出河面 40~50 米，第二级阶地高出河面 30 米，第一级阶地高出河面 10~20 米。板桥镇西南的地点如白石岭、小野

---

① 裴文中、周明镇：《云南宜良发现之旧石器》，见《古脊椎动物与古人类》，1961，5（2），第139-142页。

② 李炎贤、黄慰文：《云南宜良旧石器调查简报》，见《古脊椎动物与古人类》，1962，6（2），第182-189页。

马伴及青山口采集点位于三级阶地，三冲、羊角基村北坡及乱石沟采集点位于二级阶地上。采集到的石器除白石岭的一件由地层挖出外，其余都在第四纪沉积物附近的地面上采集。推测原生层位可能就是附近的阶地沉积层。石器的时代可能有早有晚，但原料选料和石器制作技术都没有明显的区别。本次调查共采集石核 7 件，石片 73 件，尖状器 1 件，刮削器 11 件，其中的 1 件采集自小野马伴的船底圆头形刮削器，"其器型和加工方式为欧洲旧石器时代晚期的遗址中常见的器形"。李炎贤、黄慰文判断："石器大多发现于三级阶地和二级阶地，一些标本的特点或多或少带有欧洲旧石器时代中晚期的风格"，并赞成周明镇、裴文中关于时代判断的初步结论，并暗示或可能稍晚的结论①。

路南遗址是云南高原上第一个旧石器时代遗址，且由我国权威学者发现和研究，但文章发表后，由于其后元谋人的发现和发掘、禄丰古猿的重大发现等多种原因，学术界的焦点逐渐转向时代更早的遗址，这一重要发现一直被搁置，很少有人问津。

1984 年春和 2005 年 1 月，黄慰文再次在云南省、市、县文物管理部门的陪同下考察路南盆地新生代地质发育史和含石器的阶地，以确定阶地沉积物的特征和时代。他认为，出土旧石器的白石岭第三阶地属于典型的中国南方广泛分布的砖红壤化阶地（网纹红土阶地），可能与华北泥河湾的河湖相地层相当，参照百色旧石器出土的砖红壤的同位素年龄测定为距今 80.3 万年，这一同位素年代同样适用于路南旧石器遗址。黄慰文由此提出路南年代如此古老的地层中出土的石器，却具有莫斯特文化的原认为产自欧洲的西方文化元素，这种现象不符合"常规"②。这一新的进展值得进一步思考和研究，因为涉及莫斯特工业在哪里起源的问题。

2000 年以来，云南省文物考古研究所吉学平等多次前往白石岭遗址调查，又在白石岭遗址标志碑附近的第四纪断面上采集到石制品 50 余件，初步判断这

① 李炎贤、黄慰文：《云南宜良旧石器调查简报》，见《古脊椎动物与古人类》，1962（2），第182-189页。

② 黄慰文：《路南遗址——云贵高原上最早确认的旧石器遗址》，见《元谋人发现四十周年纪念暨古人类国际学术研讨会文集》，第119-121页。

些标本都是出自第四纪地层沉积，并与贵州科学院旧石器考古学家张璞合作进行了初步分析，初步结论认为："大多数工具为单一型工具，复合工具较少。单一型工具中，刮削器最多，其次为凹缺器、端刮器和尖状器，鸟喙状器、锯齿刃器和雕刻器最少。大多数复合工具由刮削器组合构成，其中刮削器和凹缺器组成的复合型工具最多，刮削器和其他器型复合型工具很少。勒瓦娄哇技术运用，目的是为了获得较规整的石片毛坯，以便加工成更理想的工具。白石岭采集的石制品中，有初级石核、勒瓦娄哇石核、盘状石核及终极石核，这里勒瓦娄哇石核及盘状石核反映的打制阶段为近终极阶段。这一现象说明，即使这些石核不属于同一时期，也反映了石制品打制过程的各个阶段即初期、中期及末期阶段。该遗址发现的盘状石核也是近终极石核。一般来说，勒瓦娄哇与盘状石核共生。终极石核的出现，与近终极石核如勒瓦娄哇与盘状石核一起，它们至少反映出古人类一种节约原材料的意识。"①

另外，该遗址两级石核及两级石片的出现，说明该遗址古人类熟悉石英这种特殊原材料，并知道运用特殊方法，即"两级法"来进行剥片。由此说明，该遗址史前古人类娴熟地掌握了勒瓦娄哇、盘状、"两级法"等石制品剥片方法。其中，勒瓦娄哇与"两级法"这两种技术方法，在云南的史前遗址中属首次发现。近年来在广西百色旧石器早期枫树岛遗址距今 80 万年前的石制品中发现有前勒瓦娄哇技术方法②，又在毕节巴尔崖旧石器早期遗址石制品中，发现有石制品技术"水平去薄方法"③。说明勒瓦娄哇技术可能是我国原地起源，一脉相承发展而来，而不是西方传过来的。

鉴于石林白石岭遗址在学术上的重要性，而又被长期遗忘，2010 年以来，石林当地有识之士不断写信到中央有关部门反映，希望推动白石岭遗址的考古研究，信件得到中央有关部门的批示。此后昆明市人民政府、石林县委县政府

① 吉学平、张璞等：《云南石林白石岭遗址采集石制品研究》，未发表稿件。
② 张璞、王颋：《广西百色枫树岛旧石器早期石制品石核石片技术学分析》，载《贵州科学》，2009，27（2），第1-10页。
③ 张璞：《与毕节巨猿化石共生旧石器的发现及其意义》，载《贵州科学》，2007，25（4），第8-12页。

高度重视，拨专款聘请云南省文物考古研究所的专家组织考古发掘和多学科专家参与研究。中国科学院古脊椎动物与古人类研究所旧石器考古学家黄慰文研究员、中国科学院地质与地球物理研究所第四纪地质学与地貌学家袁宝印研究员、北京大学年代学家张家富教授参加了此项研究。野外发掘了两个4平方米的探坑，文化层为第四纪坡积物堆积形成沙砾石层，最厚处达3.7米，包括延续时间很长的多个文化层，出土石制品800多件。这批材料经与中国、法国、俄罗斯、韩国等国内外多批专家讨论，肯定了石器的性质。但由于沉积物属于河流相或山间小溪形成的坡积物，南方的酸性土壤很难保存动物化石、人类化石等，因此伴生的文化遗物非常稀少，这给研究这个遗址的性质造成了不少困难。袁宝印先生根据阶地的性质和发掘剖面上风化壳的出现，与华南其他地区的地层地貌对比，认为这套出土旧石器石制品的地层至少属于中更新世（距今约78~12万年）。绝对年代的测定和考古学研究正在进行中（图3-13~3-15）。

图3-13：石林白石岭文化层剖面（吉学平拍摄）

图 3-14：石林白石岭第 22 文化层石器分布（吉学平拍摄）

图 3-15：石林白石岭旧石器（吉学平拍摄）

图 3-16：昭通人牙齿化石（杨馨拍摄）

四、昭通过山洞古人类遗址

过山洞位于昭阳区以北 15 千米的新田村塘房村民小组的公鸡山上二叠纪灰岩洞穴中，洞口海拔 2 075 米，洞高出 2 千米以外的利济河水面约 70 米。1982 年昭通市文化馆在开展第二次全国文物普查时发现一些哺乳动物化石，其中含一枚人类左下第二臼齿（图 3-16）。随后云南省博物馆郑良进行了调查，对洞内残存的地层进行简单的描述，剖面自上而下共分五层：第一层是近代扰乱层，厚约 20 厘米；第二层是石灰华盖板层，厚 10~20 厘米；第三层是红褐色砂质黏土层，内含石灰岩角砾，厚约 40 厘米；第四层是红色黏土层，上面覆盖着薄层石灰华，厚约 30 厘米；第五层是黄褐色砂质黏土层，胶结坚硬，含有哺乳动物和人化石以及炭屑，顶部覆盖着薄层石灰华，厚约 40 厘米。

动物化石包含东方剑齿象、貘、中国犀、牛、鹿等大熊猫—剑齿象动物群的常见种类，从动物化石初步判断属中更新世晚期或晚更新世早期。人类牙齿化石磨耗较深，齿冠长 13 毫米、宽 11.7 毫米，保存的齿冠高 5.3 毫米，通过广泛的对比和讨论，原研究者认为"昭通人类牙齿有接近于猿人的原始特征，又具有接近于现代人的进步特征，但其性质总的较晚期智人有更多的原始性，而更接近于早期智人"[1]。这是云南省首次发现早期智人化石，尽管材料有限，但为未来寻找更早的人类化石提供了重要的线索。

第三节　旧石器时代中、晚期

一、宜良九乡张口洞古人类与旧石器遗址

张口洞遗址位于距昆明市 90 千米的宜良县九乡风景区内，南盘江重要支流麦田河峡谷东侧叠虹桥山坡顶上。西南至宜良县城 40 千米。洞体发育在震旦系灯影组白云岩内，洞口横宽，面南偏西，高出当地潜水面 135 米，洞口海拔高度为 1803 米。1989 年 7 月，昆明市博物馆胡绍锦考察风景区叠虹桥洞穴群时，在张口洞内发现近百件石制品，确定为旧石器时代遗址。1990 年 9 月 ~11 月，为配合旅游资源开发，对该洞进行了试掘，试掘面积 51 平方米，洞内堆积

---

① 郑良：《云南昭通发现的人类牙齿化石》，载《人类学学报》，1995，4（2），第105-108页。

厚 3.5 米。地层共分为 18 层，1~7 层为上部文化层，8~18 层为下部文化层，其间含 9 个胶结坚硬的钙板层。

　　发掘出土的动物化石经初步鉴定，下文化层动物化石有猕猴、豪猪、竹鼠、鼠、猫、豹、黑熊、猫豹、犬科、东方剑齿象、中国犀、猪、鹿、麂、羊、牛等。上文化层有猕猴、鼠、猫、豹、黑熊、猫、豹、犬科、猪獾、狗獾、马、鹿、麂、牛等，有少量地区性绝灭种，大部分为现生种，是典型的大熊猫—剑齿象动物群的成员。下层出土石制品计 201 件，包括石锤、石核、石片及石器。原材料多用砾石，岩石种类有泥灰岩、砂岩、石英、水晶、玛瑙、玉髓等，石器类型包括边刮器、端刮器和砍砸器等。上层出土石制品共 1126 件，包括石锤、石砧、有坑疤的砾石、打击砾石、石核、石片、石器等。石器类型包括石锤、边刮器、端刮器、雕刻器、砍砸器等（图 3-17）。此外，还有骨器 3 件。

图 3-17：宜良九乡张口洞遗址发现的石制品（昆明市博物馆提供）

有坑疤的砾石曾被人称作可移动的凹穴制品，有人认为是早期艺术的一种[①]，目前尚有争议，这种凹穴制品在华南和东南亚旧石器时代晚期和新石器时代早期遗址中普遍存在。经云南省地震局 ^{14}C 实验室对第六层炭块进行测定，其年代距今 9965 ± 110 年。中国科学院古脊椎动物与古人类研究所 ^{14}C 实验室对第十四层骨化石测定年代距今 14550 ± 450 年，后者测定年代与地层中包含的石器面貌及大熊猫—剑齿象动物群组合相符，表明遗址的地质年代为更新世晚期的后期至全新世早期[②]。铀系年代测定表明，表层和第二钙板层是全新世的；第四、五钙板层分别约为 5.5 万年和 11 万年[③]。这与之前 ^{14}C 和骨化石测年结果差别很大。若这一数据得到更多的方法检验，那么这个地点主要文化层的年代在距今 11 万~5.5 万年之间。而人牙化石在第三、四钙板层之间，小于 5.5 万年。这一发现对探索现代人在西南地区的起源具有重要意义。

张口洞遗址石制品原料多来自附近的河床砾石，下部文化层以燧石为主，上部文化层以炭质泥灰岩为主。锤击法是生产石片和加工石器的基本方法，偶用砸击法。第一类工具占有较大比重，种类繁多，石器中小型居多，以刮削器为主要类型，其次是砍砸器。尽管张口洞遗址下文化层石制品具有明显的元谋—宜良（路南、呈贡）区域的文化面貌，也有观音洞文化的一些加工方式，但上文化层石制品却表现出了猫猫洞类型文化的浓郁色彩，如锐棱砸击石片、打击砾石、带凹穴（坑疤）砾石和骨制品等，显示上、下文化层延续时间较长，反映了区域性技术演变的过程，说明在我国西南地区的旧石器文化既具有多样性又具有复杂性。笔者重新观察和研究了已发表的石制品的性质，部分石制品或多或少具有欧洲旧石器中期文化的风格和特点，可以判定张口洞遗址石制品年代较老。

该地点发现于第四层和上部扰乱层的人类牙齿化石共 40 枚，至今还没有见到正式的研究报道。

[①] 吴沄：《宜良九乡张口洞发现的凹穴岩画》，见《岭南考古文集》第12辑，2013，第1-7页。

[②] 胡绍锦：《宜良九乡张口洞发现的旧石器》，载《人类学学报》，1995（1），第21-31页。

[③] 沈冠军、李建坤、吉学平：《宜良九乡张口洞的年代——中国40-100ka间人类活动的证据》，载《科学通报》，2004（23）。

二、西畴仙人洞古人类遗址

　　仙人洞遗址位于西畴县县城东南大约 250 米的仙人洞。1965 年、1970 年，因工程建设需要，西畴县相关部门两次对仙人洞进行发掘，出土一些动物化石，并交给云南省博物馆。1972 年，中国科学院古脊椎动物与古人类研究所袁振新等从农民由洞中挖出的堆积物中找到 3 枚人类牙齿及动物化石。1973 年，该所祁国琴等前往该洞对堆积物进行清理，又找到 2 枚人类牙齿化石。2001 年，吉学平、刘建辉前往仙人洞采集年代样时，又在西畴县文物管理所收藏的化石中发现人类臼齿化石 1 枚。发现的人类牙齿化石一共 6 枚，分别是右下第二乳臼齿 1 枚、右下犬齿 2 枚、右下第三前臼齿 1 枚、右下第一或第二臼齿 1 枚，以上 5 枚化石保存于中国科学院古脊椎动物与古人类研究所（图 3-18）。西畴县文物管理所收藏 1 枚臼齿。这几枚牙齿化石的所有人类化石形态和测量特征都接近现代人。出土化石的地层厚度约 3 米，未发现石器及其他文化遗存。

　　仙人洞发现的动物化石共 32 种，包括猩猩、长臂猿、猕猴、蝙蝠、绒鼠、黑鼠、竹鼠、豪猪、爪哇豺、中国黑熊、大熊猫、小熊猫、猪獾、水獭、灵猫、花面狸、最后斑鬣狗、虎、豹、东方剑齿象、马、中国犀、巨貘、猪、黑鹿、

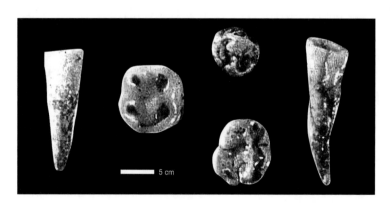

图 3-18：西畴仙人洞人类牙齿化石[1]

---

[1] 刘武、吴秀杰、邢松等编著：《中国古人类化石》，北京：科学出版社，2014，第364页。

麂、苏门羚和水牛等，属典型的大熊猫—剑齿象动物群晚期的代表[①]。绝灭种有6种，现生种比例大，其地质时代为晚更新世，较山顶洞动物群的时代稍早。采用铀系法对当时与人类牙齿化石同时发现的犀牛、象、猪和鹿牙齿各1枚进行测定，获得的年代数据为距今10.5万～4.7万年前[②]。

三、富源大河古人类与旧石器遗址

大河遗址位于富源县城东南约17千米的大河镇大河村委会茨托村叶家村民小组，距大河镇政府所在地3千米。山体由三叠系石灰岩和白云岩组成，由于含钙的石灰岩和含镁的白云岩风化速度不同，露出的岩石表面凹凸不平，呈"豹皮状"花纹，故当地百姓称之为癞石山（图3-19）。该地区第四纪以来一直处于间隙性的抬升状态，岩溶地貌十分发育，因长期风化溶蚀，山上发育有三层溶洞，海拔大约1743米的中层洞即为后述发现旧石器遗址洞穴所在位置。

图3-19：富源大河遗址远眺（吉学平拍摄）

① 陈德珍、祁国琴：《云南西畴人类化石及其共生的哺乳动物群》，载《古脊椎动物与古人类》，1978（16），第33-46页。
② 张新峰、沈冠军、吉学平：《云南西畴仙人洞动物化石的铀系年代》，载《人类学学报》，2004（23），第88-92页。

　　发源于富源县寨子口的富源主要河流块泽河（当地百姓称之为大河）自西北向东南流去，流入珠江的支流南盘江，全长163.7千米。大河镇位于块泽河的中游。

　　1941年冬，大河乡一个叫张木匠的村民就在癫石山的山洞里发现"骨头"。1958年，当地政府修大河大桥时，癫石山被辟为采石场。1986年起，唐山村的费召友一家在癫石山采石维持生计，常常发现被称为"龙骨"的脊椎动物化石，本村村民家中也收藏一些作为"刀口药"。1998年2月5日，已经退休的地质工程师刘经仁回家乡大河唐山村过春节，与人闲谈中，外甥王加强提到，癫石山前几年炸出个山洞，洞中发现许多"龙骨"。刘经仁和儿子刘肃昆去费召友家看到他们收藏的来自癫石山的十余件"龙骨"，初步判断是脊椎动物化石，并由此推测发现化石的洞穴很可能是古人类穴居遗址。2月9日，在费召友和王加强的带领下，刘经仁父子来到癫石山石洞中调查，并在洞穴最深处发现过"龙骨"的地方挖掘了一个探坑，挖掘出各种动物化石百余件。随后，刘经仁将化石带回昆明，并请云南省地质博物馆馆长杨正纯等专家进行鉴定，发现的动物化石包括东方剑齿象、中国犀、鬣狗、灵猫、鹿、巨貘、野猪等种类，初步推断时代属更新世晚期。1998年3月14日，刘经仁派儿子刘肃昆再次到癫石山的洞穴采样。此次采样扩大了挖掘面积，采集到化石、炭屑、烧骨、石器等500余件并迅速带回昆明。3月17日和18日，邀请云南省地质矿产局地质古生物专家王祖关、谭雪春、代兴乾、张翼飞、杨正纯、秦德厚等集中鉴定，在场的专家肯定了6件砾石疑似石制工具，可能为古人类留下的石制品，一致认为该化石地点具有更大的发掘研究价值。这个发现引起了云南省地矿局的高度重视。1998年7月大河遗址研究课题组在云南省科委的支持下正式成立，高级工程师张子雄担任课题组组长。经过3年的工作，课题组于2000年向云南省科技厅提交了研究报告，主要结论为"癫石山是年代4万~10万年间的古人类洞穴遗址"，它的发现为研究中国现代人起源提供了重要资料，随后发表了研究成果[①]。

---

① 张子雄、戴兴乾、刘肃坤:《富源茨托洞旧石器遗址初探》，载《云南地质》，2001（1），第99~117页。

2001 年，云南省文物考古研究所、曲靖市文物管理所、富源县文物管理所组成联合发掘队，对癩石山洞穴遗址进行了首次正式考古发掘。这次发掘是清理性的，主要在原地质部门试掘的基础上进行，试掘除出土了更多的化石和石制品外，还发现一件由燧石加工而成的双半月形刮削器，显示出该遗址的独特价值。

发掘过程中，参加发掘的民工、龙潭村民小组组长姚小怀徘徊在附近一个开口很小的洞口，他观察到几层钙板中夹杂着类似石器的东西，于是私自在洞口清理松土，待领队发现时，场面足以让人吃惊：几块大小不等的玄武岩、硅质岩石料不规则地排列在洞口，周围散布着石核、石片、刮削器、断块等石制品，领队当场推测这可能是一个"石器加工场"，将该洞口暂时命名为"2 号洞"（后来清理完大量开山炸石堆砌的表土后，1 号洞和 2 号洞原来为同一个洞不同深处被破坏露出地表的部分）。

2002 年 8 月 20 日，云南省文物考古研究所领导的联合发掘队再次开赴癩石山，重点发掘 2 号洞。发掘队先在洞口位置清理耕土层，出人意料的是，由于原洞口顶部被开山炸石掀开，耕土层之下就是文化层，石制品分布十分密集，部分石器品加工十分精细，石铺地面、火塘等珍贵遗迹不断出现（图 3-20~3-22）。领队意识到这是国内近年来旧石器发掘中十分罕见的发现，于是邀请国家文物局专家组成员、中国科学院古脊椎动物与古人类研究所旧石器考古学家张森水先生前来指导和鉴定。9 月 23 日张森水先生带领高星研究员来到昆明，在新发现的 2 号洞洞口，面对分布密集的石制品和一件件加工精美的半月形刮削器和龟背状石核，张森水立即认识到这批出土的石制品与最早发现于欧洲的莫斯特文化很接近，认为这是近几年来我国旧石器研究领域的重要发现。9 月 11 日和 10 月 1 日，还分别出土了 2 枚人牙化石，总共 3 枚（图 3-23）。

由于大量珍贵标本和遗迹出土，领队意识到人力物力准备均不足，于是决定停止发掘，待准备好经费和多学科研究力量后再进行发掘。为将来深入研究、展示和开发，领队决定将石铺地面及上面嵌入的 289 件石制品和火塘原地保留。用火是旧石器时代中晚期人类的普遍现象，但在旧石器遗址中，火塘能保留下来

图 3-20：富源大河遗址下文化层发现的石铺地面（吉学平拍摄）

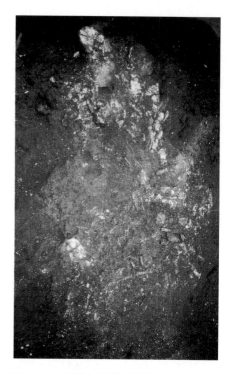

图 3-21：富源大河遗址发现的火塘遗迹（敖秀娟拍摄）

图 3-22：富源大河遗址发现的石器加工场（吉学平拍摄）

图 3-23：富源大河遗址发现的人类牙齿
（吉学平拍摄）

的却很少。下文化层石铺地面上发现的火塘，直径为 60 厘米，由于洞顶有"天窗"透光、透气性好，因而成为天然的"烟囱"，适合于古人类长时间居住[1]。

2003 年 8 月，云南省文物考古研究所派 2 人到我国最早发现的、具有莫斯特文化特点的旧石器遗址宁夏水洞沟遗址进行学习和培训，为富源大河遗址再次发掘做技术上的准备。

2005 年 5 月 1 日，在元谋召开的"元谋人发现 40 周年纪念暨古人类国际学术研讨会"上，吉学平作了关于富源大河发掘成果的学术报告，会后的第二天，来自我国考古单位和美国、法国、南非、日本、韩国、泰国、瑞士、法国的考古学家纷纷到云南省文物考古研究所参观大河出土的标本，即使是较保守的学者也认为："富源大河的标本至少是类似莫斯特的。"旧石器考古学家黄慰文教授肯定地说："富源大河的石制品中有大量莫斯特文化和勒瓦娄哇技术特征（图 3-24、3-25），这是我们等待了几十年的发现。"法国古人类学家、原法国自然历史博物馆馆长 Delumely 教授还专门来信对大河遗址的重要性给予书面评述。他培养的专门研究莫斯特文化的博士张璞研究员（现就职于贵州科学院），观察了这批标本后认为："富源大河的石制品无论是技术学上还是类型学上都与典型的莫斯特文化无异，简直就像莫斯特文化的翻版。"

2006 年 3 月，经国家文物局批准，启动了富源大河遗址第三次考古发掘。

---

[1] 吉学平：《旧石器时代》，见杨德聪主编：《图说云南历史文化》，昆明：云南教育出版社，2008，第 25-29 页。

图 3-24：富源大河遗址发现的勒瓦娄哇
石核（吉学平拍摄）

图 3-25：大河遗址发现的似勒瓦娄哇石制品（石晶制作）

此次发掘仍由吉学平担任领队，曲靖市文物管理所徐兴兰书记担任副队长。特邀我国著名旧石器考古学家张森水教授担任顾问，并邀请中国科学院古脊椎动物与古人类研究所、中山大学、云南大学等单位的多学科专家参加。发掘过程中，张森水先生亲临工地指导和鉴定。此次发掘的目的主要是搞清两个文化层的时空分布范围、石铺地面的性质和面积，并进一步探索遗址保护的有效途径。发掘所采用目前国际上通行的发掘方法进行。大河遗址有上、下两个文化层，1号洞只有下文化层，2号洞分为上、下两个文化层（图 3-26）。

　　大河遗址含石制品的地层为褐黑色、褐红色、棕红色砂质黏土层，黏土层含大量灰岩角砾。上、下文化层石制品使用的原料基本一致，主要有凝灰岩、玄武岩、硅质灰岩、燧石、石英砂岩、赤铁矿等组成，部分原料来源于 300 米以外的块泽河和 4 千米以外的火石山。技术类型学方面，两个文化层的石器基本相似，都是锤击法为主，偶有锐棱砸击法，有指垫法和压制法的修理技术，

图 3-26：富源大河遗址 2006 年发掘现场
（吉学平拍摄）

有勒瓦娄哇连续剥片技术，预制石核和修理台面常见。上文化层石制品的平均尺寸较小，加工更为精细，还发现少量的骨制品和似石叶的长石片。两个文化层石制品的种类主要有：盘状石核、柱状石核、长方形石核、勒瓦娄哇石片、边刮器、端刮器、半月形刮削器、锯齿刃器、尖刃器、凹缺器、雕刻器、砍砸器、似石叶、石片、断块等，还发现有少量骨器。该遗址发现的石制品既有本地区文化的传统特点，如部分石制品与观音洞（尖刃器类）和盘县大洞（勒瓦娄哇石核、锯齿刃器和钻器）有相似性，有锐棱砸击法打制的石片，又有典型的欧洲莫斯特文化和勒瓦娄哇技术特点（如预制石核、修理台面和连续向心剥片）。

大河遗址是莫斯特文化首次在我国南方集中发现的遗址，也是我国南方发掘出土的莫斯特文化集中出现的时代最早的遗址。该遗址文化层保存完整、石制品类型多样、遗迹现象丰富。其中的人工垫石地面为我国发现的时代最早的人工地面。它的发现和深入研究对史前东西方人群迁徙、技术交流和现代人起源研究具有极其重要的学术意义[1]。

莫斯特文化是最早发现于欧洲旧石器时代中期人类的石制品生产技术，广泛分布于欧洲、非洲和西亚，时代距今 20 多万年至 1.5 万年前。我国最早发现

[1] 吉学平：《大河洞穴之魅——富源大河旧石器遗址揭秘》，载《中国文化遗产》，2008，28（6），第78-83页。

莫斯特文化并得到广泛承认的是宁夏水洞沟遗址。后来在内蒙古的小口子、上榆树湾、清水河、准格尔、阳场，云南的路南、呈贡等地也采掘到类似的标本，但时代均未超过距今 3 万年。近年来新疆通天洞发现与富源大河基本同时期的典型的莫斯特工业元素的遗址。大河遗址的莫斯特文化主要表现为修理台面的预制石核和半月形刮削器修理加工十分精致。勒瓦娄哇技术在国内的水洞沟遗址周口店第 15 地点、丁村遗址、内蒙古金斯太遗址、盘县大洞遗址曾有过报道。大河遗址勒瓦娄哇技术表现为一系列修理台面的、连续向心剥片的石核和数件带 "Y" 形脊的石片，具有典型的 "莫斯特工业" 特征。有学者在整理研究这批石制品标本时，认为大河遗址的石器是以石片和石片工业为主的工业类型，具有强烈的本土特色，与我国北方地区的小石器工业传统基本一致，但确有一些西方元素，比如剥片技术使用的似勒瓦娄哇技术，似石叶、似细石叶技术，工具修理常用欧洲旧石器常见的 "奎纳修整法"，石器类型组合如半月形器、锯齿刃器、凹缺器等与莫斯特文化的组合高度相似等[①]。

大河遗址上、下两个文化层发现的 3 枚古人类牙齿化石，为中国现代人起源的研究提供了新的材料。大河遗址上、下文化层都发现有火塘，因而显得弥足珍贵。在上文化层第四层发现的火塘周围，有大量灰白色的烧骨，少量的炭屑、石制品，剖面上呈透镜状分布。下文化层石铺地面上发现的火塘，直径为 60 厘米，正是因为有了 "天窗"，地表水容易渗入，造成古人生活场地潮湿，这可能也是石铺地面形成的原因。已揭露的石铺地面面积为 25 平方米。这种石铺地面与天然的砾石堆积有显著区别，特别重要的是多数石制品被嵌入石铺地面，显示古人类长期在洞内生产和生活。被誉为史前 "室内装修" 的人工石铺地面，反映了旧石器时代人类改造居住环境的能力。大河遗址下文化层发现的人工石铺地面，在西南地区属首次发现，国内属第二次发现，另一案例是福建三明万寿岩遗址发现的石铺地面。

大河遗址三次发掘共获得石制品 5000 多件、动物化石上千件。2006 年度

① 石晶：《富源大河遗址石制品研究》，吉林大学博士学位论文，2016。

的发掘入选"全国十大考古新发现"。入选理由除了大量与华南其他地点不同风格的石制品，还发现石铺地面、火塘及利用天然洞顶开口作为居住洞穴环境的"天窗"等。中国考古学会理事长徐苹芳先生在《人民日报》评价大河遗址入选理由时说："大河遗址先进的发掘方法和理念，代表新中国成立以来中国考古学会的追求。"

大河遗址文化层的年代，经北京大学第四纪年代测定实验室用加速器质谱（AMS）测得上文化层第三、第四层的年代分别为距今 3.5 万年和 3.8 万年；南京师范大学地理科学院海岸与第四纪研究所用铀系法测得下文化层顶部石笋的年代为距今 4.1 万年，石铺地面上石笋的年代为距今 4.4 万年。经探方解剖，下文化层石铺地面以下约 0.8 米深处仍有石制品分布。因此，推断古人类在该遗址生活的年代为距今 5 万 ~3 万年。

大河遗址的发现具有多重价值和意义：首先，它证明了我国旧石器中期阶段和模式 Ⅲ 技术的存在。此前，学术界普遍认为中国的旧石器时代生产技术从早到晚只有一种模式，没有明显阶段性。这一发现对 20 世纪 40 年代哈佛大学教授莫维士提出的两个文化圈理论提出了质疑，肯定了莫斯特技术在东亚南部的存在。莫维士理论认为："旧石器时代世界上有两个文化圈，一个是以地中海为中心的欧洲、非洲、西亚和印度半岛构成的文化圈；另一个是以中国为代表的东亚和东南亚文化圈，两个文化圈的差异在于前者具有先进的手斧文化和莫斯特文化，后者只能制造简单的技术粗糙的砍砸器和石片工具。"其次，遗址的两个层位发现的石铺地面、火塘、石器加工场等丰富的遗迹现象，为研究我国旧石器时代晚期阶段的人类生活模式提供了珍贵的证据。第三，遗址的两个层位都发现了人牙化石，为我国古人类学家吴新智提出的现代人起源的"连续进化附带杂交"的假说提供了重要的实物证据[①]。

---

① 吉学平：《富源大河旧石器遗址发掘》，见云南省文物考古研究所编：《探寻历史足迹，保护文化遗产——纪念云南省文物考古研究所成立五十年》，第22-26页。

三、鹤庆天华洞旧石器遗址

天华洞，又名华藏洞，位于大理州鹤庆县黄坪镇石洞村委会小石洞自然村以北约 700 米处海拔 1 805 米的石灰岩山体上。北距金沙江约 16 千米，洞口离金沙江的二级支流财丰河 3 千米（图 3-27）。天华洞洞穴内部现已被开发为佛教寺庙，难以开展考古调勘。2010 年、2013 年和 2016 年，云南省文物考古研究所、大理州文物管理所和鹤庆县文物管理所联合考古调查队曾先后在该洞穴的洞前区域缓坡地带，调查并采集到大量石制品及动物化石。2013~2016 年还先后在财丰河沿岸的一级至三级阶地上新发现旧石器地点五处，即新城、簸箕湾—官山、簸箕湾—龙潭、大庄和松坪。

2013 年 11~12 月，联合考古调查队对天华洞洞前缓坡地带采集到石制品及动物化石的区域进行了试掘，出土石制品 289 件以及大量动物碎骨化石。探沟地层堆积连续，可划分为五层，其中第二至五层为遗址文化层，属红色亚黏土沉积。经初步整理研究，从 2010 年发现以来总共采集石制品标本 833 件，连同勘探出土的 289 件，总共获得标本 1122 件，包括石核 37 件、石片 420 件、工具 112 件。工具类型包括：石锤残件、刮削器（图 3-28）、锯齿刃器、凹缺器。

图 3-27：鹤庆天华洞遗址西面观（阮齐军提供）

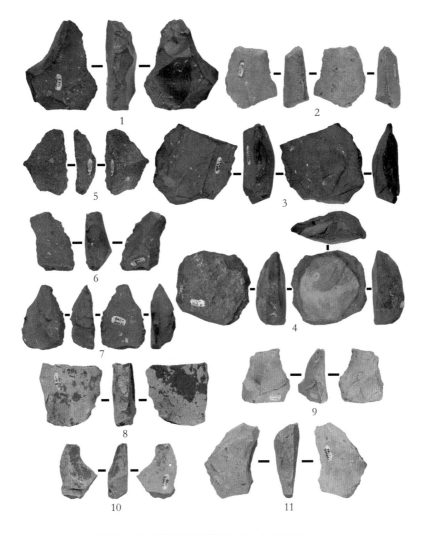

图 3-28：天华洞出土的似基纳型刮削器（阮齐军提供）

石制品原料以玄武岩为主。石制品组合内涵丰富，剥片技术和工具类型多样，一些特殊类型的石制品标本如预制石核、长石片、似勒瓦娄哇石片、盘状石核石片、似基纳型刮削器等代表了天华洞遗址石器工业独特的技术文化面貌，也表现出西方旧石器时代中期文化的一些技术特点和元素[1]。这是迄今为止云南境内第四处发现有"西方元素"的旧石器时代遗址。

---

[1]　阮齐军：《云南鹤庆天华洞旧石器遗址石制品研究》，载《人类学学报》，2019，38（2），第166–181页。

经澳大利亚伍伦贡大学地球环境科学考古中心光释光测年法测定，天华洞遗址洞外试掘探沟文化堆积的年代大约在距今 9.5 万 ~5 万年之间，属于旧石器时代中期的遗址[①]。

五、丽江木家桥古人类与旧石器遗址

丽江人遗址位于古城区金山白族乡漾西村木家桥自然村南面的一个第四纪哺乳类化石地点，系当地群众于 1956 年春修建人工渠漾弓江时发现的。1960 年春，李有恒等曾来此作短期的调查和发掘，在编号为 6003 的地点发现人类股骨 3 件（现保存于中国科学院古脊椎动物与古人类研究所）[②]；1963 年冬，林一璞等发现了从地层内出土的火石石片和石核 6 件，以及包括剑齿象、犀牛、牛、水牛和轴鹿等在内的几种哺乳类化石。1964 年 3 月 6 日，丽江县文化馆写信至云南省博物馆，告知漾西公社木家桥水利工地上进行河床加宽工程时，当地和运祥同志发现人类头骨化石。同年冬，云南省博物馆张兴永前往现场调查。1975 年 12 月，丽江县文化馆王志山、和在瑞，丽江地区文教局刘邦智和中国科学院古脊椎动物与古人类研究所周国兴对人类头骨化石产地又进行了调查。头骨化石发现于丽江木家桥 6003 地点东北约 500 米的马江左岸，在康南河口东北约 80 米处。头骨出自剖面第四层粗沙砾石层，与 6003 地点的哺乳动物化石属同一层位（化石现保存于云南省文物考古研究所）。1984 年，卫奇、黄慰文、张兴永在贾兰坡的组织下开展野外考察，又在木家桥采集到 16 件旧石器（标本现保存于云南省博物馆）[③]。2000 年后，吉学平、刘建辉多次到现场采集年代样品和开展基建考古调查，发现两个化石层。根据描述，之前报道的发现大多来自下部化石层。

丽江人头骨化石石化较轻，脑颅部分较完整，仅左侧颞骨乳突部、枕骨的

---

① 阮齐军：《云南鹤庆天华洞旧石器遗址石制品研究》，载《人类学学报》，2019, 38（2），第166–181页。
② 李有恒：《云南丽江盆地一个第四纪哺乳类化石地点》，载《古脊椎动物与古人类》，1961（2），第143–149页。
③ 卫奇、黄慰文、张兴永：《云南丽江木家桥新发现的旧石器》，载《人类学学报》，1984（3），第225–233页。

底部和两侧部缺失。面颅部分，除两侧上颌骨相当于第一臼齿处破损，右侧颧弓和左侧颧骨颞突基部、左侧上颌颧突缺失外，其余部分保存完好。上颌牙齿仅存右侧第二臼齿。左侧顶骨表面在顶结节下方与颞鳞之间有 5.1 厘米 × 4.1 厘米大小的可能是病变的扁平区域。根据颅骨表面特征和骨缝愈合情况判断，头骨可能属于少年女性个体。头骨最大宽在两侧颞鳞后上缘稍下方，与多数更新世晚期人类相似。头骨最大宽垂直位置指数较中国晚期智人及现代人平均值为低，呈现一些原始性状。顶骨角无角圆枕。侧面观，眉弓发育很弱，前额饱满，枕部圆钝，具有发髻状隆起。颞鳞上缘呈上凸的弧形隆起，与多数现代人接近。乳突部细小，乳突上脊发育微弱。右侧外耳孔呈椭圆形，长轴向前倾斜，与现代人多呈垂直方向的表现不同。丽江人额骨弧度相对长度及额骨曲度均与现代人相似。额骨鳞部有微弱的矢状脊。额鼻缝向上突起，高于两侧的额颌缝，这个特征与中国其他化石人类不同。丽江人眼眶形状接近方形，两侧眶指数分别为 77.8 和 79.2，均为中眶型，与多数更新世晚期人类的低眶不同。右侧上颌第二臼齿具有明显的卡氏尖。头骨测量数据多在现代人变异范围。虽然丽江人头骨在个别特征上呈现出一定的原始性，如头骨最大宽位置偏低及外耳孔长轴向前倾斜，但总的来看与现代人更为接近[1]。吴新智认为出现在丽江人头骨枕部的发髻状隆起、鼻额缝位置高以及卡氏尖这三项特征与中国化石人类的通常表现不大相同，可能反映了中国古人类在进化的后期与西方的交流逐渐频繁（图 3-29）。

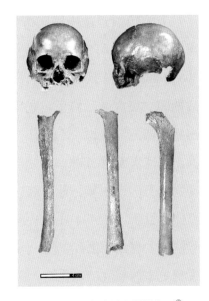

图 3-29：丽江人头骨和股骨化石[2]

---

[1] 云南省博物馆：《云南丽江人类头骨的初步研究》，载《古脊椎动物与古人类》，1977，15（2），第157-161页。

[2] 刘武、吴秀杰、邢松、张银运编著：《中国古人类化石》，北京：科学出版社，2014，第350页。

丽江人化石地点周围迄今已发现石制品共 28 件，其中有石核 8 件、石片 5 件、刮削器 2 件、砍斫器 1 件、石球 10 件，还有石核残块 2 件，鹿角角器 2 件。原料基本是就地取材。遗址附近数量较多的石球，可能为狩猎的投掷工具，此类工具在华北旧石器时代早中晚期都较为常见，比如河北许家窑遗址、山西丁村遗址、河南三门峡遗址、辽宁本溪庙后山遗址等。丽江石球的发现对研究西南旧石器与华北的联系提供了新的重要证据。

丽江木家桥的沙砾石层中发现过剑齿象、犀牛、梅花鹿、云南轴鹿、水牛等动物化石，时代初步判断为晚更新世。遗址发现的人类化石和地层至今还没有开展绝对年代的研究，因此，年代的估计存在很大的争议。

六、呈贡龙潭山古人类与旧石器遗址

龙潭山遗址位于昆明市呈贡县大渔街道办事处月角社区的龙潭山，离呈贡大学城和昆明地铁 6 号线终点站最近距离不到 1 千米。龙潭山是一个直径 300~400 米的馒头形小山丘，由二叠纪灰岩组成，山上洞穴发育。自 20 世纪抗战期间"飞虎队"修呈贡老飞机场开始，长期在此开山炸石，洞穴系统坍塌，出露第四纪沉积物，不时有"龙骨"发现。现周边已开发为居民小区。龙潭山高出滇池水面 40 多米。1973 年，昆明市博物馆的胡绍锦在龙潭山多处发现哺乳动物化石。1975 年，他在第二号地点（2 号洞）发现人类顶骨化石一块及打制石器一批。1977 年 4 月，根据采石工人提供的线索，胡绍锦又在第一号地点（1 号洞）发现人牙化石 2 枚。同年 7 月中旬，云南省博物馆领队张兴永带队发掘，发现更多的哺乳动物化石。1983 年，中国科学院古脊椎动物与古人类研究所邱中郎、张银运对第二地点进行了两次试掘，发现人类乳白齿 1 枚，及一批打制石器。1984 年，昆明市博物馆胡绍锦陪同云南省地质科学研究所江能人考察时，胡绍锦发现 3 号洞，随后对 3 号洞进行了抢救性发掘，出土一大批人类化石材料。1983 年 5 月，胡绍锦带领四川大学体质人类学进修班学员及广西博物馆黄云忠在参观龙潭山 2 号洞时，发现较完整的颅骨化石和下颌骨一具。1994 年 3

月 16~25 日，为配合云南省招商引资工程在龙潭山的建设，云南省博物馆、昆明市博物馆和呈贡县文物管理所组成联合发掘队对龙潭山遗址进行了抢救性清理。各个洞的发现和研究情况如下：

1. 龙潭山第一地点（1 号洞）

洞中的堆积物已被破坏殆尽，原发掘剖面可分为二层，上层是红色亚黏土，厚 2 米，半胶结状，含少量灰岩角砾、钟乳石碎块和砂岩砾石，底部有少量化石。下层是棕黄色沙质土，厚 1.3 米，已胶结，含粗砂和小的卵石。本层上部和底部有接近水平分布的石灰华薄层。发掘出的化石出自此层的顶部和上部。从颜色、石化程度和附着的土质来看，人类化石也出自这一层[①]。胡绍锦提供的 1 号洞剖面描述从上至下为，第三层：红色黏土层，块状胶结，含砂及钟乳石碎块，底部发现晚期智人牙化石 2 枚及最晚鬣狗化石；第二层：黄色角砾层，上、下部各含一层钙板，中部系黄色角砾夹灰岩块、砾石及钟乳石，出土少量打制石器及哺乳动物化石等，厚 1.5~3 米；第一层：紫红色黏土层，夹大块灰岩，玄武岩砾石，发现大型石核一件及少量哺乳动物化石，厚度不明。人类化石出土位置信息略微有差别。

人类化石一颗为右上第一前臼齿（编号为 YV1361），另一颗是左下第一臼齿（编号为 YV1362）（图 3-30）。标本现保存于云南省文物考古研究所。根据颜色、石化程度、保存状况和磨耗程度等判断，两枚牙齿可能属于同一个体，估计年龄在 36~55 岁之间。YV1361 牙冠为带浅黄的乳白色；牙根 1 支，呈黄褐色，向后弯曲。牙冠为近似的椭圆形，磨耗甚深，咬合面珐琅质完全磨去，齿质全露，磨蚀面中部较凹，故牙冠的近

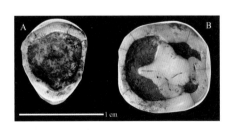

图 3-30：龙潭山第一地点的两枚牙齿（吉学平拍摄）

---

① 张兴永、胡绍锦、郑良：《云南昆明晚更新世人类牙齿化石》，载《古脊椎动物与古人类》，1978，16（4），第288-289页。

中面和远中面保存少许，但接触面仍清楚可见，牙根横切面为圆角三角形，颊侧比舌侧厚。YV1362 牙齿前后接触面明显有四个齿尖及前凹，四齿尖排列成"十"字型，整个牙冠近乎方形。各齿尖都遭磨耗，磨耗深浅依次为下次尖、下内尖、下原尖和下后尖。下次尖和下内尖齿质圈已连通，另外两尖为珐琅质相隔，故"十"字型在中部的残留珐琅质上显现出来。齿冠舌侧较陡直而颊侧微倾并有肿厚趋势。在下次尖和下原尖前有一浅的前凹区，牙冠遭强烈磨耗保存甚少。2015 年，吉学平与澳大利亚新南威尔士大学 Darren Curnoe（戴·科尔）合作对这两枚牙齿进行了再研究，认为这两枚牙齿齿冠形态简单，齿冠唇舌径较窄，齿根粗壮，但总体上属解剖学意义上的现代人（原称晚期智人）范畴，这表明早期现代人到达这一区域的时间比预先的要早[1]。

1 号洞发现的动物种类有最后鬣狗、貘、豪猪、竹鼠、黑鼠、鼢鼠、斑鹿、鹿科、野猪、牛科、野兔、中国犀等 12 种动物，属于晚更新世（广义的）大熊猫—剑齿象动物群。对该地点上部地层骨化石样品和底部炭屑样品进行的常规 ^{14}C 年代测定，获得的年代数据分别为距今 1.99 万年和 3.11 万年[2]。但采用铀系法对出土人类牙齿化石层下面钙华样品进行年代测定获得的数据为距今 8 万 ~6 万年前[3]。

2. 龙潭山第二地点（2 号洞）

龙潭山 2 号洞从上至下地层剖面描述为：第三层为红色砂质黏土层。松散或半胶结（图 3-31）。含大量灰烬、炭屑、烧骨，曾出土完整人头骨和下颌骨化石各一具，牛、鹿化石及两面穿孔砾石、角器和骨器等工具，厚度为 1 米。第二层为红色黏土层，厚度 1.2 米。胶结坚硬，有灰岩巨块，含少量打制石器

---

① Darren Curnoe, Xueping Ji, Shaojin Hu, Paul S.C. Taçon, Yanmei Li: *Dental remains from Longtanshan cave 1（Yunnan, China）, and the initial presence of anatomically modern humans in East Asia*, Quaternary International, 2016, 180-186.

② 李兴国：《^{14}C 测定年代方法在古脊椎动物与古人类学中的应用》，见仇仕华主编：《中国 ^{14}C 年代学研究》，北京：科学出版社，第31-323页。

③ 高斌、沈冠军、吉学平等：《云南龙潭山1号洞堆积物的铀系年龄》，载《中国岩溶》，2007（4），第321-325页。

图 3-31：龙潭山 2 号洞文化层剖面
（吉学平拍摄）

和哺乳动物化石，底部有钙华层，可看作与下层的分界。第一层为文化层，出露厚度 2 米，未见底，为棕红色砂质黏土，胶结或半胶结，中夹有四个灰烬层，剖面呈红、黑、黄三色条带状。含丰富的炭屑、烧骨、烧土，曾出土一枚早期智人下第二乳臼齿和大量打制石器。出土的哺乳动物化石包括牛、斑鹿、中国犀、巨貘、野猪、豪猪、竹鼠等。经 ^{14}C 测定，底部灰土层中采集的碳和烧骨测得的绝对年代为距今 30500 ± 800 年[1]。

1994 年 2 号洞的发掘，剖面分为六层，自上而下分为：第六层，人工堆积层、残积坡积层。堆积物为棕红色，含鹿角、牙等化石。厚 1.2 米。第五层，褐色砂质黏土层。含少量灰岩角砾及炭屑及牛、鹿等动物化石。石器大量出现，原料多为燧石、硅质岩，少量为石英岩、砂岩、灰岩等。石器类型以砍砸器为主，此外尚有石锤、石核、石片等石制品。厚 0.8~1.4 米。第四层为褐黄色砂质黏土层。靠近基岩处胶结坚硬，集中保存大量石器及犀、牛、鹿、熊、巨貘等动物化石。含炭屑及灰烬层。厚 0.5~0.3 米。第三层为褐红色砂质黏土层，含 2~3 层胶结有炭屑的钙板及炭屑层和石灰岩角砾。石器数量减少，骨器增多。动物化石以牛、鹿为主。厚 0.2~0.5 米。第二层为褐红、褐黑色砂质黏土层。顶部为 2~3 厘米的炭屑层，有基岩暴露，石器已相当稀少。动物化石有牛、鹿、巨貘等。厚 0.5~0.8 米。第一层为原生褐红色黏土层，含石灰岩角砾及动物骨片。厚度未见底[2]。

---

① 邱中郎、张银运、胡绍锦：《昆明呈贡龙潭山第2地点的人化石和旧石器》，载《人类学学报》，1985（3），第233-241页。
② 吉学平：《呈贡龙潭山2号洞1994年清理简报》，1994，未发表资料。

图 3-32：呈贡龙潭山遗址出土的石器
（昆明市博物馆提供）

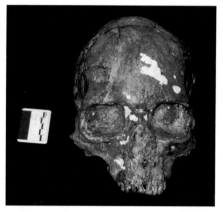

图 3-33：龙潭山 2 号洞出土的人类
头骨（吉学平拍摄）

1982~1983 年的试掘，出土石制品 107 件，其中较好的包括石核 3 件，石片 57 件，石器 9 件（4 件砍砸器和 5 件刮削器），石器用锤击法打制，修整技术相当高。这批石制品的特征"或多或少带有欧洲莫斯特时期同类石器的风格，而石器制造者大多被认为是早期智人"[①]（图 3-32、3-33）。

出土的下第二乳臼齿，齿冠长度和宽度分别是 13.1 毫米和 11.1 毫米，比北京猿人和淅川的标本以及欧洲与近东的尼安德特人相应的牙齿尺寸都大。这是很特殊的。齿冠咬合面上的齿尖和细微脊纹，都与一般人类乳齿有些差异，可能属于早期智人，由于尺寸较大，也有人考虑它可能属于猩猩[②]。头骨、下颌骨和顶骨尚未研究发表，初步观察属个体较大的早期现代人。

1994 年清理出土石制品 70 余件，分属于石核、石片、砍砸器、刮削器、石锤、尖状器、雕刻器、骨铲、骨锥、角锥等。制作原料有燧石、石英岩、石英砂岩、石灰岩等，其中石英岩所占比例最大。打片方法主要为锤击法，也有碰砧法、锐棱砸击法打制的。石器组合总体特点带有欧洲莫斯特同类石

①② 邱中郎、张银运、胡绍锦：《昆明呈贡龙潭山第2地点的人化石和旧石器》，载《人类学学报》，1985（3），第233-241页。

器的风格[①]。

3. 龙潭山第三地点（3号洞）

3号洞剖面地层从上到下描述如下：第五层为红色黏土层，夹钟乳石，近底部发现人类化石多件及斑鹿、轴鹿角化石。此层厚2.3米。[14]C测得年代为距今1.8万年。第四层为褐红色角砾层，胶结坚硬，内夹"钙板"多层，由黏土、灰岩块充填其中。从结核修理出土人额骨、完整人肱骨一件以及少量打石器。还发现有熊、最晚鬣狗、斑鹿等哺乳动物化石和薄层植物种子化石。此层厚3米。[14]C测得年代为距今2.1万年。第三层为褐红、绿色黏土胶结层，剖面视有黑、灰等色灰烬条带。出土打制石器及最晚鬣狗、野猪等哺乳动物化石。这层是主要文化层，厚1米，[14]C测得年代为距今2.9万年。第二层为红色黏土层，仅发现石核一件，亦见牛类下颌骨化石。厚度1.2米。第一层为黄色粉砂层，未发掘到底，无发现。[②]2018年初，吉学平到3号洞相当于上述第三层底部采集[14]C样，测得年代结果为距今约4万年。由此看来，3号洞遗址具有潜在的重要研究价值（图3-34）。

3号洞发现大批人类骨骼化石，据不完全统计包括额骨1件，下颌骨2件，上颌骨1件，牙齿42枚（包括附着在下颌骨上的和游离的），脊椎骨18块，肩胛骨3块，锁骨1件，桡骨2件，尺骨3件，髋骨5块，肱骨4件，股骨13件，胫骨8根，腓骨1件及掌骨、趾骨2件，指骨9件，跟骨3件，距骨2件，肋骨残段等，总共代表不同

图3-34：龙潭山3号洞文化层剖面（吉裕拍摄）

① 吉学平：《龙潭山2号洞1994年清理简报》，1994，未发表资料。
② 胡绍锦：《昆明人化石及其文化遗物》，1989，未发表资料。

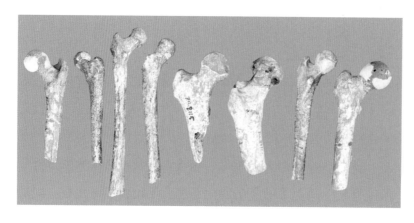

图 3-35：龙潭山 3
号洞出土的人骨化
石（吉学平拍摄）

年龄阶段至少 10 个以上的个体 [1]。这批丰富的材料为国内外旧石器遗址中少见。遗憾的是至今没有详细开展对这批人骨的研究（图 3-35）。

3 号洞的石制品由原发现人胡绍锦做过专门的研究，但大部分材料尚未正式发表。

龙潭山石制品总的特点是原料中燧石占很大的比例，多数石器用石片加工制作，工具类型多样，但以刮削器和砍砸器为主，石器大多为小型。龙潭山旧石器文化既继承了华南砾石工业传统，如观音洞文化，又与华北小石器文化传统有一定的联系，具有莫斯特风格的传统，说明龙潭山的古人类可能与外来文化有一定的交流 [2]。龙潭山遗址尤其是 3 号洞的进一步研究，可能解决华南现代人起源和演化等一些热点问题。

七、昆明大板桥古人类与旧石器遗址

大板桥遗址位于昆明市官渡区大板桥镇鸡街子山南坡的大板桥邮电支局院内，海拔 1963 米，高出附近宝象河水面约 8 米。宝象河属珠江上游南盘江的支流。遗址洞穴发育于鸡街子山南坡的中石炭统威宁组灰岩中。1989 年 3 月，云南省地质博物馆杨正纯在昆明东郊进行第四纪地质和古人类调查时，在大板桥

---

[1] 胡绍锦：《昆明人化石及其文化遗物》，1989，未发表资料。

[2] 胡绍锦：《昆明人化石及其文化遗物》，1989，未发表资料。

镇发现了一处史前人类洞穴遗址。发现时洞穴被堆积物填满，洞顶垮塌。1990年试掘，试掘面积约 10 平方米，堆积物由上而下可分为五层，剖面最厚处达 4.5 米。第三、四层褐色亚黏土层为主要文化层，含人牙化石和较多的石制品、烧骨、碎骨、炭屑、灰烬和植物果实化石，尤其是第四层文化遗物最多，厚 1.5~2.3 米。发掘出土人类左上第二前臼齿一枚，形态和尺寸与现代人基本一致。出土鱼类、山鹧鸪、环颈雉、翠鸟、绒鼠、里鼠、复齿飞鼠（相似种）、竹鼠、无颈鬃豪猪、赤狐、小爪水獭、豹猫、豹、猪、小麂、鹿、牛亚科等脊椎动物化石，全部为现生种。植物果实化石为朴树子和胡桃壳。孢粉分析显示剖面第三层和第四层为亚热带湿热气候，附近有河流或沼泽，周围为低山丘陵和盆地环境，代表全新世气候回暖。经中国科学院贵阳地球化学研究所和北京大学 ^{14}C 年代测定结果，第三层下部和底部炭屑分别为 8175±235BP 和 8215±235BP；第四层上部炭屑为距今 10530±280 年，文化层主要时代为早全新世，底部可能为晚更新世晚期，与保山塘子沟同属于一个时期。

试掘发现石制品 616 件，其中可供分类的 126 件。石制品原料包括石英、水晶、玉髓、硅质岩、玄武岩、石英岩、玛瑙、砂岩、硅化木等。其中石英、水晶占 50% 以上。原料来自附近河滩或阶地。石制品包括砸击石核、砸击石片、砸击石锤、锤击石核、锤击石片，以及刮削器和磨制骨锥 1 件（图 3-36、

图 3-36：大板桥遗址发掘现场（杨正纯提供）

图 3-37：昆明大板桥遗址出土的石制品（杨正纯拍摄）

3-37）。石制品以小型为主，砸击法打片，文化类型与华南大部分地点早全新世的文化类型性质都不同，因此，原研究者建议命名为"大板桥文化"①。

大板桥文化是云南首次发现的以砸击法为主要打片方法的旧石器文化类型，在我国南方系首次发现。以小石器为主的文化和典型的砸击制品以及具有我国北方旧石器文化色彩的史前文化，在云南均属首次发现。大板桥人用砸击法修理刃口技术的发现，扩大了这一技术的时空分布范围。大板桥人遗址及其文化的发现，丰富了云南史前文化的内容，对研究我国南北方史前文化间的关系、技术演变有着重要意义。

八、沧源农克硝洞古人类与旧石器遗址

硝洞遗址位于沧源县勐省镇农克村以南 3 千米处的二叠纪灰岩山体上，为一处巨型浅洞—岩厦遗址。洞口高出洞外的贺勐河约 15 米，洞口开口向东北，洞高约 50 米，宽约 60 米，深约 40 米（图 3-38）。贺勐河在盆地北部流入澜沧江的一级支流小黑江。1981 年 10 月 1 日，文物部门在开展第二次全国文物普查时，根据当地村民提供的挖"龙骨"的信息，文物普查干部在沧源农克硝洞

① 杨正纯：《昆明大板桥史前洞穴遗址试掘报告》，载《人类学学报》，1993（4），第305-318页。

发现一批哺乳动物化石及打制石器，专业人员确认硝洞为旧石器时代洞穴遗址。遗址大部分被扰乱，但在地表留下的很多石制品，包括石核、石片、砍砸器、刮削器、尖状器和手镐等。共生的动物化石有中国犀、黑熊、猕猴、水鹿、麂、牛等。从动物群判断，时代为更新世晚期。这是滇西南地区旧石器文化的首次发现[①]。

2004 年，云南省文物考古研究所吉学平首次到硝洞考察，采集到一批与华南其他地区旧石器不同的独特的标本。2005 至 2008 年间他在开展公路基建考古调查期间又多次到硝洞遗址调查。2008 年，临沧市文物管理所与云南省文物考古研究所合作开展正式考古勘探，发现较厚的文化层，采集了年代样品。2009~2010 年，云南省文物考古研究所在执行国家文物局"中缅、中老边境地区考古调查项目"时，重点调查了硝洞遗址，并开展了采集标本的初步研究。

图 3-38：无人机航拍沧源硝洞遗址（吉学平提供）

---

① 张兴永：《沧源更新世硝洞动物群及其打制石器》，见云南省博物馆编：《云南人类起源与史前文化》，第198-199页。

2013~2016 年，硝洞遗址研究纳入云南省文物考古研究所吉学平主持的"云南晚期智人及其文化多样性研究"重点项目。2009~2017 年期间研究团队多次到东南亚的泰国、越南、柬埔寨考察和对比研究，在越南国家考古研究院和国家博物馆帮助下收集到大量资料；2014 年访问了正在发掘的柬埔寨法国联合发掘项目——马德旺省的 Lang Spean "和平文化"遗址。经认真对比研究，最终确定硝洞为东南亚国家，尤其是湄公河流域国家普遍存在的旧石器晚期至新石器早期的"和平文化"。2015 年 3 月，吉学平再次去硝洞原勘探位置补充采集年代样品，确认了硝洞文化层年代距今大于 4 万年。2016 年 12 月，论文在《国际第四纪》"北京猿人发现九十五周年专辑"上以《中国西南云南硝洞岩厦发现亚洲最古老的和平文化（大于 43500BP）技术复合体》为题发表了该遗址的首篇研究论文 [1]。

　　"和平文化"是东南亚地区晚更新世至早全新世时期狩猎—采集人群创造的适应热带环境的最具代表性的一套技术组合，是热带、亚热带地区狩猎—采集人群向农业人群过渡时期的一种独特的文化。"和平文化"这一术语是法国学者科拉妮（M. Colani）于 1926~1927 年间在越南北部的和平省发现和发掘的，后来又在清化、宁平、广平等省做了发掘，于 1932 年在第一届远东史前学会上正式公布。和平文化工具常见为大型、扁长型、大体上单面加工的，横断面呈亚三角形、杏仁形的盘状、短斧状石制品，并与骨器伴随，适用于竹木制品加工，与热带森林动物群相关，多发现于浅洞或岩厦的重型工具组合，以及带坑疤、穿孔的砾石和赭石颜料，晚期出现局部磨制石器和陶片。除大型动物外，和平人群食用各种软体动物和小哺乳动物。迄今，和平文化报道的范围扩大到泰国、柬埔寨、老挝、马来西亚、印度尼西亚乃至日本和澳大利亚，以至于有的学者将东南亚所发现的旧石器文化都归为和平文化。

　　"和平技术复合体"是指总体上有共同的文化特征、环境、经济形态和技术

---

[1] Xueping Ji、Kathleen Kuman et al.：*The oldest Hoabinhian technocomplex in Asia（43.5 ka）at Xiaodong rockshelter，Yunnan Province，southwest China*，Quaternary International，2016（400）：166-174.

流程的一套石器组合，但他们各自有着特殊性。严格意义上的区域位于越南及相邻的东南亚国家，主要分布于中国云南西南部的澜沧江流域和湄公河流域的国家。

和平文化迄今已报道了约 200 个地点，仅越南就发现有 70 多个点，多数遗址年代在距今 2 万年至 5000 年之间，此前东南亚最古老和平文化的发现年代为距今 2.6 万年。硝洞遗址是我国首次发现的"和平文化"遗址，也是亚洲发现的最早的和平文化遗址，这一发现显示广泛分布于东南亚的和平文化可能起源于澜沧江—湄公河上游的中国西南地区，然后沿澜沧江—湄公河向东南亚扩散。丹麦自然历史博物馆 Hugh McColl 等人在《研究史前东南亚人群的扩散》一文中，以沧源的发现为依据，建立了一个扩散模型，显示中国西南的地区是和平文化人群的起源和扩散中心。2018 年 8 月 5 日在国际权威杂志《科学》上发表[1]。

硝洞发现以后，学术界总结了和平文化的形成和发展过程：早期现代人至少 6.5 万年前就到达广义的东南亚地区（包括云南），在至少 4.4 万前形成使用"和平"工具的狩猎—采集人群，他们被认为是东南亚大陆现今狩猎—采集人群的祖先。距今 4000 多年前以来，来自北部（中国）稻作农业和旱作农业人群与原始和平人群多次融合，形成今天东南亚多样化的民族[2]。

此项新的研究结果表明，云南澜沧江流域最可能是和平文化的故乡，是东南亚人群及史前文化的源头，也证明了云南旧石器时代晚期就是多种人群和多元文化交汇的时期。

经过 2010 年以来的野外调查和资料的查阅，到目前为止，和平文化在我国只在云南的澜沧江中下游发现。目前已有十多个地点，集中在临沧、普洱和西双版纳的澜沧江沿岸或支流。和平文化早期阶段主要分布在临沧地区，中期阶

---

[1] Hugh McColl, Fernando Racimo et al., : *The prehistoric peopling of Southeast Asia*, *Science*, 2018, 88–92.

[2] Hugh McColl, Fernando Racimo et al., : *The prehistoric peopling of Southeast Asia*, *Science*, 2018, 88–92.

段的遗址主要分布在西双版纳和普洱地区。这些发现对于探讨我国境内澜沧江至湄公河流域和平文化源头，华南史前文化对东南亚的影响，以及史前现代人从我国西南向东南亚乃至澳大利亚（硝洞遗址的有些石制品与澳大利亚北部发现的旧石器时代石制品非常相似）的扩散迁移，热带、亚热带地区农业的起源等课题具有重要意义。和平文化的影响向北可能到达澜沧江上游青藏高原的东南和南部边缘地区的新石器时代中期，如昌都卡若遗址。笔者在查看昌都卡若遗址的石制品时，发现有和平技术打制的石片。这一结论有待更多的考古发现来证实。

2018~2019 年，经国家文物局批准，云南省文物考古研究所、云南大学、武汉大学、山西大学、临沧市文物管理所、沧源县文物管理所联合组队对硝洞进行了正式的考古发掘，发掘面积 16 平方米，发现年代超过 4 万年的、厚度大于 6 米的连续文化层。迄今为止，硝洞遗址采集和发掘出土石制品 2000 多件，大多数用附近河床砾石中的火成岩制作，工具类型有砍砸器、手镐、刮削器、凹缺刮器、锯齿刃器、短斧、研磨器等，有的可能被装柄成复合工具。除打制石器外，还发现人类化石、动物化石、颜料、骨质装饰品等（图 3-39~3-42）。这批材料，对研究西南地区和东南亚早期现代人的迁移和扩散、这一阶段人类对动植物资源利用、热带农业和家畜饲养的起源（生产经济的萌芽）等都具有十分重要的意义。初步成果已引起国际学术界的广泛关注。目前，多学科的研究还在进行中。

图 3-39：沧源硝洞采集的石器（吉学平拍摄）

图 3-40：沧源硝洞采集的石器（吉学平拍摄）

图 3-41：硝洞 2019 年度发掘探方布局（吉裕拍摄）

图 3-42：沧源硝洞遗址 2019 年度发掘场景（吉学平拍摄）

九、西双版纳娜咪囡洞旧石器遗址

娜咪囡洞穴遗址，位于西双版纳州景洪市景哈乡巴勒村村民委员会巴勒村民小组北偏西 1700 米处。洞口朝正西向，洞穴内部面积约 300 平方米，附近的南阿河为澜沧江支流，处在中缅（甸）、中老（挝）边境区域，遗址离缅甸边境约 3 000 米（图 3-43）。1996 年，当地群众发现化石并报告到云南省文化厅文物处，云南省文物考古研究所随即进行调查，初步确认娜咪囡洞为旧石器时代遗址。

1997 年，经国家文物局批准，由云南省文物考古研究所和西双版纳傣族自治州文物管理所、景洪市文化馆共同组成的联合考古发掘队于 1997 年 11 月至 1998 年 1 月对娜咪囡洞穴遗址进行了首次发掘。发掘面积 104 平方米，地层厚度为 8.3 米，共分六层，第一层为扰乱层，第二、三、四层为上文化层，第五、

图 3-43：娜咪囡洞洞外环境（吉学平拍摄）

六层为下文化层。发掘获得石制品 2 700 多件，及大量的骨、角、蚌制品，动物化石 5 000 余件[①]。

出土动物种类有蚌壳、螺、鱼类、龟、蛇、鸟、似咬洞竹鼠、黑鼠、扫尾豪猪、翼手类、食虫类、猕猴、中华猫、豹、水獭、熊、亚洲象、犀、猪、獐、麝、麂、赤鹿、小麂、水鹿、斑鹿（梅花鹿）、小羚羊、转角羚羊、羊、山羊、水牛等化石 30 多种，均为现生种。时代初步判断为晚更新世末期。

经中国地震局和北京大学测定，该遗址第四层校正后的海贝 ^{14}C 测年年龄为距今 13650±180 年，第五层则为距今 18170±130 年，基底层第六层加速器测出年龄为距今 22720±490 年[②]。

下部文化层发掘出土砍砸器（部分为苏门答腊器）、刮削器、短斧、石核、石片、石砧等石制品及少量骨角制品；上部文化层出土砍砸器、刮削器、石核、石片、石砧、石锤等石制品，以及大量的骨、角、蚌制品，赤铁矿、红砂岩、红色泥岩颜料、火塘、植物种子等遗迹遗物，还发现夹砂陶片。第四层还发现石磨棒、研磨器和球形器等，第二、第三层还发现砺石、刃部磨光石斧及穿孔石器。石制品加工方法主要为锤击法及锐棱砸击法。原研究者认为该遗址是属于新石器时代早期遗址。"赤铁矿、红砂岩及红色泥岩颜料的运用，指示出当时人们已具有原始宗教、葬俗等礼仪。"该遗址"总体体现出一种从广谱经济向农业发展的迹象，发现大型穿孔石器、刃部磨光切割器（石斧）、石磨棒、石磨盘、砸研器（敲砸器），以及骨铲、骨锥等一系列相关工具的组合和陶器的出现，形成初期农业的种植、收获、加工和储藏的农业功能器具的系统生产"，"从石器及其他遗物组合看，该遗址与广义的和平文化尽管有很多相似之处，但有几点是有明显区别的"[③]。

---

① 高峰：《景洪娜咪囡洞穴遗址发掘》，见云南省文物考古研究所编：《探寻历史足迹，保护文化遗产——纪念云南省文物考古研究所成立五十年》，第31-34页。

② 高峰：《景洪娜咪囡洞穴遗址发掘》，见云南省文物考古研究所编：《探寻历史足迹，保护文化遗产——纪念云南省文物考古研究所成立五十年》，第31-34页。

③ 高峰：《景洪娜咪囡洞穴遗址发掘》，云南省文物考古研究所编：《探寻历史足迹，保护文化遗产——纪念云南省文物考古研究所成立五十年》，第31-34页。

图 3-44：娜咪囡洞周边洞穴采集的石制品（吉裕拍摄）

2010 年国家文物局中缅、中老边境考古调查项目组考察该洞时，在旁边洞穴采集到部分石制品标本，石制品组合类型与发掘的洞穴一致（图 3-44）。

鉴于遗址的重要性，首次发掘有诸多准备工作的不足及多学科手段技术进步等因素，2011 年 11 月至 2013 年 5 月，省、州、县联合发掘队又对娜咪囡洞穴遗址进行了第二次发掘，发掘面积 15 平方米。发掘厚度达 6 米多，包括从旧石器时代晚期到新石器时代早期的文化层。第二次发掘出土石制品 5 000 多件，少量陶片，动物化石 20 000 多件以及植物种子①。多学科的相关研究目前正在进行中。

娜咪囡洞穴遗址是研究云南乃至华南新旧石器过渡时期的文化以及与东南亚联系的一个重要遗址。

十、峨山老龙洞古人类与旧石器遗址

老龙洞旧石器遗址位于云南省峨山县塔甸乡政府西北约 500 米处的一小石岗上，洞口海拔 1 870 米。山体由元古代昆阳群变质灰岩组成，洞穴沿灰岩层面

---

① 高峰：《景洪娜咪囡洞穴遗址第二次发掘》，见《云南文化聚焦》，第284期，第4版。

发育，洞口朝向西北，高出前方洼地约 10 米。洞体深 1.5 米、高 10 米、宽 16 米，属岩厦—洞穴型遗址。1990 年 3 月，玉溪市文物管理所白子麒在峨山岔河乡考察恐龙化石时，听当地农民王天福反映塔甸老龙洞曾有人采集过龙骨，遂前往调查，在洞内采集到 1 件打制石片，初步判为旧石器遗址。1991 年 1 月 7 日～11 日，玉溪市文物管理所根据云南省博物馆古人类学家张兴永的建议前往老龙洞作进一步调查，在文化层中获得石制品 2 件、角器 2 件以及鹿、牛等数种哺乳动物化石。

　　1991 年 2 月 20 日～23 日，云南省博物馆、玉溪地区文物管理所和峨山县文化局联合对老龙洞进行试掘。探方为 5 米 ×2 米，试掘深度 1.6 米。获得石制品 21 件，哺乳动物化石 16 种，包括晚更新世的绝灭种中国犀和巨貘。试掘结果确认了老龙洞为旧石器时代遗址。

　　1993 年 10 月 21～31 日，经国家文物局批准和峨山县人民政府资助，云南省博物馆、玉溪市文物管理所和峨山县文化馆联合组成的发掘队对老龙洞遗址进行了首次正式发掘。发掘工作由云南省博物馆张兴永领队。洞内布方 3 个，发掘面积约 50 平方米。在厚约 1.5~1.7 米的文化堆积内发现了丰富的文化遗物和遗迹，初步统计有石制品 297 件，骨、角制品 20 余件，采集人类下颌骨 1 件，动物碎骨 16 000 余件以及大量的灰烬（图 3-45）。出土的哺乳动物化石经初步鉴定有 21 种，包括猕猴、巨貘、长臂猿、中国犀、松鼠、马、竹鼠、野猪、豪猪、水鹿、狼、麝鹿、狐、麂、黑熊、羊、虎、黄牛、小野猫、水牛、獾等，

图 3-45：峨山老龙洞出土的石器（吉学平拍摄）

属于华南中、晚更新世常见的大熊猫—剑齿象动物群的成员。

老龙洞堆积物含有 6 个灰烬层，每层灰烬平均厚约 3 厘米，钙化胶结较坚硬。遗址上部地层被扰乱，扰乱层采集的石制品共计 148 件；发掘在第二至七层出土的石制品计 149 件。石制品原料主要为灰岩、砂岩、石英岩和硅质灰岩。石制品类型包括断块、石核、石片、有刮痕的赭石、打击砾石、石砧、石锤和石器工具等。石器工具包括刮削器、砍砸器、尖刀器、短镐、石斧、穿孔砾石以及骨锥、骨铲、角铲等有机骨制工具。此外还发现大量的烧骨和炭屑，表明老龙洞是一个人类长期居住的洞穴遗址。根据动物群和出土石器的性质判断，老龙洞遗址的时代为晚更新世末期至全新世早期，绝对年代测定至今尚未开展。

老龙洞遗址制作工具的材料具有多样性，不仅利用石料，也采用动物的骨骼和角来制作工具。制作工具采用了多种方法，生产石制品沿用打制方法，而在制作骨、角中则采用了刮削和磨制方法，并且有了相对稳定的制作工序，尤其角器坯材制备，采用先割剁后折断的方法。制作石制品的原料多达 9 种，但硅质灰岩是主要材料。打片主要用锤击法，部分也采用砸击法和锐棱砸击法。无论是石片还是石核都不修理台面，且以自然台面居多，致使石核或石片缺乏稳定的形态。石器类型简单，基本上是宽刃类石器，最主要类型是刮削器，只有少量的几件砍砸器。老龙洞出土的骨锥、角铲以及大量存在有砸痕的石制品是这一遗址的显著特色。石器的修理都比较粗糙，缺乏精品。修理石器基本用锤击法，但也有两件砸击加工的石制品。砸击技术从元谋到周口店及大板桥都可见，是我国旧石器遗址中一脉相承的石器制作技术。老龙洞的打片技术与宜良和呈贡的旧石器有一定的相似性，一些锐棱砸击产品在本省属首次发现。在骨、角器方面与保山塘子沟遗址接近，从类型或技术上更接近贵州兴义猫猫洞文化类型，但两者也有明显的差别。老龙洞出土遗物在制作技术上与云贵高原旧石器时代晚期或新旧石器过渡时期有若干相似点，说明文化上有明显的交流和传承关系[1]。老龙洞遗址总体反映了云南旧石器时代晚期的文化特点，是众多

---

[1] 白子麒：《老龙洞史前遗址初步研究》，载《人类学学报》，1998，17（3），第212-228页。

华南砾石工业传统的普遍性代表地点之一。

十一、蒙自马鹿洞古人类与旧石器遗址

马鹿洞遗址位于蒙自市西南约 7 千米，蒙自盆地南缘的红寨乡羊干寨村委会黄家山山腰。黄家山由三叠纪灰岩构成，洞穴沿岩层层面发育。马鹿洞原来被自然封闭，是开山炸石使洞露出地表（图 3-46）。洞内发现的大量动物化石，当地百姓称为"马鹿"，因此，考古队命名这个洞穴为马鹿洞。马鹿洞洞口高出山前盆地 15 米，洞高 9.5 米，洞口宽 8.2 米，由于洞穴原始面貌已不复存在，洞深已无法估计，可见深度为 3 米左右。1989 年 5 月，当地村民在黄家山采石场发现动物化石，红河州文物管理所得到消息后前往调查。1989 年 8 月 23 日~9 月 11 日，云南省博物馆、红河州文物管理所与蒙自县文化馆组成联合发掘队对马

图 3-46：蒙自马鹿洞遗址远景（吉学平拍摄）

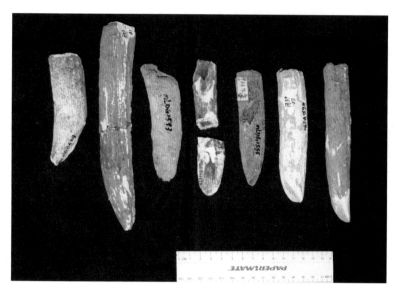

图 3-47：蒙自人使用的角器（吉学平拍摄）

鹿洞进行了抢救性考古发掘。洞腔被堆积物填满，文化层厚度约 9.5 米，洞顶风化有裂隙与地表联通。

　　发掘出土至少代表 5 个个体的人类化石 30 多件，包括保存较好的头骨 2 件及下颌骨 2 件，股骨 1 件，趾骨 1 件及头骨、牙齿、头后骨碎片。出土石制品 89 件、角铲 8 件、角锥 6 件、角锥原料 46 件（图 3-47）。此外还有火塘、灰烬、烧骨、烧石、红烧土等用火遗物和遗迹。发现动植物化石数百件，包括植物种子、螺、蚌、蜗牛、龟鳖类、鸟类和哺乳动物等。其中哺乳动物 17 种，包括竹鼠、松鼠科、豪猪、硕猕猴、犬亚科、猫、大灵猫、獾、西藏黑熊、野猪、赤麂、小麂、似云南轴鹿、水鹿、梅花鹿、山羊亚科、牛等。动物群显示东洋界动物区系的特点，初步判断年代为晚更新世至早全新世，估计距今一万年左右，属旧石器时代晚期的文化遗址[1]。

---

[1] 张兴永、郑良、杨烈昌、包震德：《蒙自人化石及其文化》，见云南省博物馆编：《云南人类起源与史前文化》，昆明：云南人民出版社，1991，第234–246页。

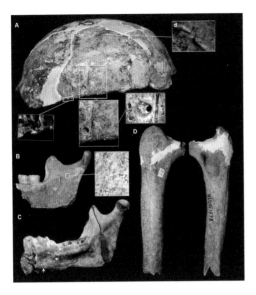

图 3-48：马鹿洞人对人骨的打孔与染色行为
（吉学平拍摄制作）

图 3-49：澳大利亚专家对马鹿洞人的复原图
（吉学平提供）

　　蒙自马鹿洞人的体质特征，原研究者认为：头骨（MLDG1704）为三十多岁的一个成年男性个体。根据总体的进步特征，应属于晚期智人，但有一些原始性状，如：眉脊粗壮，左右眉脊间相续，呈波状，眉额沟显著，在眉脊与额骨间，形成一条横向凹宽的沟，头骨骨壁较厚，在囟点处厚为 7 毫米，与早期智人马坝人相当。原始性状可能是群体中的个体差异。头骨有人工砍削痕迹，并经过加工修理。在额骨左右颞鳞处有两个对称的钻孔，为有意加工行为，可能利于绳索提送，或被用作盛器。用头盖骨作盛具在旧石器时代或近代都曾有过记录。头盖骨多被砍砸碎片，大部分有被火烧过的痕迹，加上加工头盖骨现象，被认为是"蒙自人"可能行食人之风的又一例证[①]（图 3-48、3-49）。

　　蒙自马鹿洞人的文化特征：石制工具以砾石石器为主，器型简单，包括石核、石片、石锤、砍砸器、刮削器，而经过第二步加工的石片石器数量少。角

---

① 张兴永、郑良、杨烈昌、包震德：《蒙自人化石及其文化》，见云南省博物馆编：《云南人类起源与史前文化》，第234-246页。

制品在工具中占重要地位，角器制作
工艺较为成熟、定型；从石、角器及
大量动物化石看，蒙自人过着以狩猎
为主兼采捞为辅的经济生活；从文化
层很厚和已经掌握用人类头盖骨制作
盛器的熟练技术看，蒙自人过着定居
的生活[①]（图 3-50）。

马鹿洞遗址自发现和初步报道以
来，留下了很多未解之谜，研究工作
由于张兴永先生的早逝而停滞不前。
2008 年以来，云南省文物考古研究所

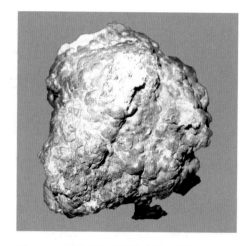

图 3-50：马鹿洞人使用的赤铁矿颜料
（吉学平拍摄）

与澳大利亚新南威尔士大学合作重新开始了马鹿洞遗址出土标本的综合研究和
年代测定。

对马鹿洞地层堆积从上到下不同层位的 14 个炭屑样品进行 AMS 年代测定，
获得了剖面文化层距今 17830~13290 年的数据，所有的人类化石的年代范围在
距今 14310~13590 年之间，跨度为 720 年的时间范围内。据推测，古人或许由
于洞穴被填充满无法继续活动而放弃了该洞穴[②]。

马鹿洞人类化石与广西隆林德峨发现的人类化石时代接近，可能代表相近
的人群，Curnoe 和吉学平等将在两个地点发现的人类化石合并做了进一步的研
究。由于马鹿洞人类化石头骨和下颌骨保存最为完整，这些研究主要集中在头
骨和下颌骨（图 3-51）。马鹿洞头骨（MLDG1704）眶上圆枕非常发达，眉间
区也明显隆起，但向两侧减弱变细。该头骨眶上结构被一条明显的沟分隔为内

① 张兴永、郑良、杨烈昌、包震德：《蒙自人化石及其文化》，见云南省博物馆编：《云南人类起源与
　　史前文化》，第234-246页。

② Xueping Ji, Darren Cunoe, Paul S.C. Tacon, Bao Zhende, Ren Liang, Raynold Mendoza, Haowen
　　Tong, Junyi Ge, Chenglong Deng, Lewis Adler, Andy Baker, Bin Su: *Cave use and palaeoecology at
　　Maludong (Red Deer Cave)，Yunnan，China*，*Journal of Archaeological Science：Reports*，2016. http：
　　//dx.doi.org/10.1016/j.jasrep.2016.06.025.

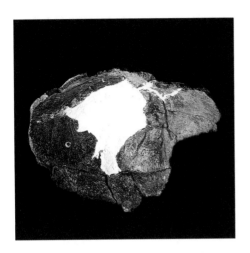

图 3-51：火烧过的马鹿洞人头骨化石
（吉学平制作）

侧和外侧两部分。研究认为眶上圆枕多见于更新世人类化石，而在现代人非常少见。但出现在马鹿洞人头骨的内外两部分眶上结构则是现代人的特征。马鹿洞头骨眶上突起厚度在内侧部与西亚早期现代人一致；中间部位与欧洲早期现代人接近，但明显低于西亚早期现代人和尼安德特人；外侧部则非常厚，与西亚早期现代人及尼安德特人接近。马鹿洞人头骨骨壁厚度在前囟点为 7 毫米，与欧洲早期现代人、西亚早期现代人和尼安德特人都非常接近；马鹿洞人头骨骨壁厚度在欧洲早期现代人和西亚早期现代人 1 倍标准差的变异范围之间，但与东亚更新世中期直立人和古老型智人差别较大。复原后的马鹿洞人颅容量为 1327 毫升，小于所有更新世早期现代人。以往研究显示颅容量增加是更新世人类的一个衍生特征。马鹿洞人与东亚早期现代人都具有相对较小的颅容量。早期现代人额骨很长，马鹿洞人头骨额骨弦长和弧长位于非洲早期现代人和尼安德特人之间，与欧洲早期现代人及直立人接近。马鹿洞人头骨额骨最小宽与直立人非常接近。眶后缩窄指数在马鹿洞头骨位于东亚早期现代人变异范围的下限，与欧洲早期现代人、西亚早期现代人及尼安德特人相差较大。马鹿洞人头骨上面部很狭窄，与具有较宽阔上面部的尼安德特人、西亚早期现代人、直立人相差明显，而与欧亚早期现代人接近。基于 CT 扫描，研究者复原了马鹿洞人虚拟颅内膜。对比显示，马鹿洞人脑额叶尺寸比东亚现代人及更新世晚期人类（柳江、港川）的都大，而与欧洲早期现代人接近。相比之下，马鹿洞人脑顶叶则很短，与隆林德峨人一样，马鹿洞人下颌骨联合部没有现代人标志的纵脊和侧结节，即现代人标志性的倒"T"形结构。两件马鹿洞人下颌骨下颌切迹都不对称。编号为 MLDG1679 的下颌喙突非常大，与尼安德特人相似。马鹿洞人下颌齿槽平面向后倾斜，上、下横圆枕较粗壮，与尼安德特人接近，而明显低于更新世晚期人类，也低于田园洞人和智人洞人下颌。与更新世中、晚期人类相比，马鹿洞人下颌骨在联合部、下颌体的测量数据和形态指数呈现出复杂的表现特点。基于 CT 扫描进行的测量显示，马鹿洞第三臼齿为牛型齿髓腔，这个特征在尼安德特人中出现率较高。根据以上形态研究，马鹿洞人化石与隆林德峨人都呈现出一些彼此各自及两者共同拥有的特征，这些特征在更新世时期及现代人群中都未曾发现。可以认为，马鹿洞人和隆林德峨人二者与东亚更新世晚期人类，如柳江人、山顶洞人，以及现代东亚人类都没有特别的亲缘关系。由于马鹿洞人与隆林德峨人化石形态相似，地理分布接近（相距约 300 千米），两者的年代都在更新世—全新世过渡时期，他们应属于相同的人群。在欧亚地区发现具有现代特征与古老特征（可能属于近祖裔特征）混合特点的更新世—全新世过渡阶段的人类遗骸非常罕见。马鹿洞人和隆林人形态的复杂特征，有三种可能的解释：一、他们可能是一种未知的新人种；二、他们是古老人群残存到最晚的记录；三、他们可能是现代人与当地古老的群体杂交而成，呈现在马鹿洞人标本上的异常特征是由于在现代人群中保留了大量的祖先特征所致 [1][2]。

对归为马鹿洞人群体的隆林头骨形态详细对比研究表明，隆林头骨与其他亚洲同时期古人类如山顶洞人、柳江人等东亚早期现代人差异较大，但也有一些现代人的特征，如隆林人头骨颞骨三维重建显示的内耳迷路与东亚全新世现代人类似，与欧洲尼安德特人的完全不同 [3]。由此，进一步研究得出结论，马鹿洞（和隆林）人可能是早期现代人与幸存于我国西南地区的晚更新世至早全新

① Darren Curnoe, Ji Xueping, Andy I. R. Herries, Bai Kanning, Paul S. C, Tac͵on, Bao Zhende, David Fink, Zhu Yunsheng, John Hellstrom, Luo Yun, Gerasimos Cassis, Su Bing, Stephen Wroe, Hong Shi, William C. H. Parr, Huang Shengmin, Natalie Rogers: *Human Remains from the Pleistocene-Holocene Transition of Southwest China Suggest a Complex Evolutionary History for East Asians*, PLoS ONE, 2012, 7（3）, e31918.

② 刘武、吴秀杰、邢松、张银运编著：《中国古人类化石》，第355-363页。

③ 吉学平、吴秀杰、吴沄：《广西隆林古人类颞骨内耳迷路的3D复原及形态特征》，《科学通报》，59（35），第3517-3525页。

世的古老型智人种杂交的结果^①。这一结论有待正在开展的古 DNA 的研究结果来验证。

马鹿洞人的股骨形态研究结果表明，它与早更新世古老型人类的股骨形态更接近，甚至有的特征与更古老的南方古猿类似，与头骨所代表的古老型人类不同。马鹿洞人股骨代表的是我国西南地区复杂地理环境下残存到晚更新世晚期的适应热带气候的古老型人类的孑遗，这种人类可能代表南迁的丹尼索瓦人、许家窑人或早更新世人类残存的后代。因此，马鹿洞人可能至少有两种古老型人类与现代人共存^②。

马鹿洞人和我国近二十年来古人类学的发现和研究表明，东亚不仅是人类进化的主要中心，也是现代人起源地之一。这一地区很显然是不同类型的古老型智人的故乡，如类似南方古猿的印度尼西亚小矮人、阿尔泰和青藏高原甘肃夏河发现的丹尼索瓦人、疑似尼安德特人以及新发现的与现代人有密切关系的人类进化支系。晚更新世时期，亚洲的人类比非洲和欧洲有更丰富的多样性。中国西南地区直到晚更新世—全新世过渡时期仍然有多种古老型人群幸存下来，云南马鹿洞（距今 14500~13500 年）和广西壮族自治区隆林县老么槽洞遗址（距今 11500 年）发现的人类化石在解剖学特征上与现代人明显不同。事实上，两类化石上显示的罕见的镶嵌特征在全球范围内都是独有的，可能代表世界范围内从未出现过的至少一种（或多种）新的古老型人群。

马鹿洞遗址的考古记录似乎保存有中国南方旧石器晚期的典型特点，包含简单的石器制作技术，娴熟的骨角器制作技术，赭石颜料的使用以及复杂的人类化石修饰（打孔）行为。马鹿洞遗址的古人类行为包括屠宰、烹调以及对许多动物（特别是鹿）和人类骨骸以食用或象征意义为目的而进行的加工，所有

① Darren Curnoe，Xueping Ji，Paul S. C. Taçon & Ge Yaozheng：*Possible Signatures of Hominin Hybridization from the Early Holocene of Southwest China*，*Scientific Reports*，5：12408，1–12.

② Darren Curnoe，Xueping Ji，Wu Liu，Zhende Ba，Paul S. C. Taçon，Liang Ren：*A Hominin Femur with Archaic Affinities from the Late Pleistocene of Southwest China*，PloS ONE，DOI：10.1371/journal. pone.0143332，1–16.

古老型人类化石均显示被烧灼、修饰（切割）或赭石染色，这表明旧石器时代末期的人类与幸存的古老型智人以一种复杂的方式相互作用，并可能用他们的遗存做某种仪式。在全球范围内，马鹿洞遗址可能是晚期人类进化中多种人群共存的唯一例子，并且有证据表明，在 720 年的时间内幸存的古老型智人与现代人之间相互作用。马鹿洞和隆林人类化石的研究对解释包括中国在内的东亚地区的人类化石和晚更新世人类进化的模式有重要意义。系统分类学分析表明，部分马鹿洞人可能远在现代人出现之前的早更新世就已分出，东亚似乎有起源于一百多万年前的代表一个独特进化分支的，幸存下来的古老型人群居住过，直到全新世初期才不见踪迹，其去向仍然需要进一步的发现和研究[①]。

　　马鹿洞人的发现，对现代人走出非洲取代当地人群的"取代说"理论提出了质疑。这一发现表明，东亚南部的热带、亚热带山间盆地或河谷地区是古老型人类的避难所。第四纪冰期来临时，这些古老型人群南迁，在资源丰富和气候适宜的地区幸存下来。当早期现代人到来时，与其共存或杂交。更新世人类的演化不是直线进化，而是树丛状进化。非洲起源说理论的创始人克里斯·斯亭格勒（Chris Stringer）在接受马鹿洞人纪录片采访时甚至修正了自己的观点，认为："走出非洲的现代人，必须与当地人群杂交，才能获得更好的免疫力。"[②]马鹿洞人的发现，掀起了国际上探索旧石器时代晚期人类多样性的热潮，丰富了学术界对东亚人类进化的认识。2013 年，在首届世界考古·上海论坛上，该项研究成果入选首届"世界重大考古研究成果奖"九项成果之一。

十二、保山塘子沟古人类与旧石器遗址

　　塘子沟遗址位于保山市蒲缥镇西北约 2000 米的塘子沟村东侧小山包上。遗

---

① Darren Curnoe、吉学平：《中国西南晚更新世—全新世过渡时期古老型人类的发现》，见中国社会科学院考古研究所、上海市文物局编著：《首届世界考古论坛会志》，北京：科学出版社，2015，第112-117页。

② Darren Curnoe、吉学平担任科学顾问纪录片：《石器时代之谜》，2014年6月，专家采访脚本。

图 3-52：保山塘子沟遗址（村子正中央的山顶），无人机航拍，2019（李启林拍摄）

址由石炭纪灰岩构成，山顶平台较为平缓，为溶蚀的石灰岩台地，第四纪全新世人类活动堆积分布在风化的山顶石芽上，分布面积约 1 000 平方米。遗址附近的山脚有天然温泉，史前时期可能就已出现。山前有蒲缥河自南向北纵贯蒲缥盆地，然后向西注入怒江，流入缅甸后称萨尔温江。塘子沟遗址海拔 1394 米，高出蒲缥河约 30 米（图 3-52）。

1975 年，云南省博物馆张兴永等人在蒲缥塘子沟发现牛、猪、鹿等动物化石。1981 年，第二次全国文物普查保山文物普查队邱宣充、刘晖等复查了该化石点，采集到一批打制石器和动物化石，并确认该地点为一旧石器时代遗址。1983 年，中国科学院青藏高原综合科学考察队古脊椎动物组宗冠福等再次前往塘子沟考察，又采集到一批文化遗物和动物化石，并把该遗址的时代定为全新世早期。

1986 年 12 月至 1987 年 1 月，由云南省博物馆、保山地区文物管理所共同组成联合发掘队对该遗址进行了正式发掘，发掘面积 125 平方米，文化层厚 80~100 厘米，上部为扰乱层，文化层分层不明显。发掘共出土了人类化石头骨残片 7 件、石制品 400 件、骨制品 46 件、角制品 71 件、牙制品 7 件、可鉴定的动物化石 1 800 余件、碎骨 200 余公斤以及植物种子化石。2002 年，"云南西部高黎贡山热点地区生物多样性考察"项目的古生物研究小组在塘子沟遗址进行了试掘，并于 2003 年 10 月至 11 月对该遗址进行了正式考古发掘，发掘面积约 70 平方米，出土了石制品、骨器、角器、牙器及人类牙齿化石、动植物化石等标本数千件，发现的人类化石俗称"蒲缥人"。2015 年，云南省文物考古研究所请人类化石修复专家张建军先生对 1987 年发现的人类化石进行了复原，展现了一个相对完整的人类头骨，总体面貌属于早期现代人（原称晚期智人），人类化石对比研究还在进行中（图 3-53~3-55）。

图 3-53：塘子沟遗址出土的打制石器（吉学平拍摄）

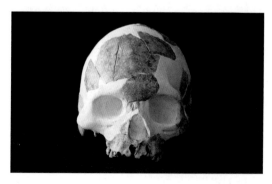

图 3-54：塘子沟遗址出土的人类化石（张建军复原，吉学平拍摄）

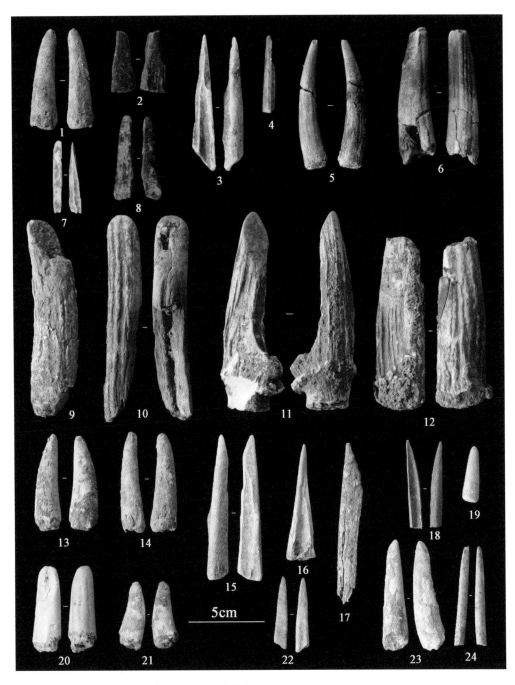

图 3-55：塘子沟遗址出土的骨角器（周玉端制作）

　　遗址中出土大量动植物化石。目前已鉴定出的水生无脊椎动物化石有螺、蚌、蜗牛、黄氏鲢鲅相似种；脊椎动物化石有灰叶猴、猕猴、豚尾猴、树鼩、巨松鼠、黑鼠、东亚屋顶鼠、竹鼠、赤腹松鼠、白腹松鼠、霜背大鼯鼠、黑白飞鼠、帚尾豪猪、包氏大熊猫、小熊猫、西藏黑熊、棕熊、豺、黄喉貂、猪獾、小花面狸、爪水獭、大灵猫、小灵猫、金钱豹、孟加拉虎、虎（未定种）、爪哇犀、野猪、黄麂、赤麂、汾河麂相似种、水鹿、毛冠鹿（未定种）、青羊、圣氏水牛、大额牛等。植物化石有笔罗子、苦楝、山黄皮、桂花、朴树子、南酸枣等。该动物群为云南地区早全新世的典型代表，命名为塘子沟动物群[①]。

　　塘子沟遗址的年代，最早测得树轮校正年龄为 6985 ± 225 年。2003 年以来的几次采样，加速 ^{14}C 年代测定结果为距今 9 000～7 300 年，为全新世早期，与根据动物群判断的结果基本符合（图 3-56）。

图 3-56：塘子沟遗址 2003 年度发掘现场（吉学平拍摄）

---

① 张兴永、耿德铭、李枝彩：《塘子沟旧石器遗址发掘报告》，见《保山史前考古》，1992，第16-41页。

塘子沟遗址石器工业和高度发达的骨、角、牙等有机原料制品加工业是其一大特色。石制品原料为石英、花岗岩、玄武岩、石英岩、石英砂岩以及少量石灰岩。类型包括石核、石片和石器等，石器以端刃砍砸器、边刃砍砸器、研磨器（原研究者称单平面砾石手锤）为主，石片石器较少。总体上是华南砾石工业传统的共性，这一套石器组合适用于加工热带、亚热带气候下的竹木制品。1986~1987 年和 2003 年的发掘中还出土的大量的磨制或刮制骨针、骨锥、角锥、角铲、牙锥等，是华南同时期遗址中出土骨、角、牙器最多的一个点。因此，这一遗址很少见到其他旧石器遗址中常见的尖状器，它们被骨、角、牙制品所代替。由于这些独特性及其在施甸、保山的多个遗址发现类似的现象的广泛性，原研究者曾称其为"塘子沟文化"。"塘子沟文化"与相隔不远的澜沧江流域的"和平文化"截然不同，地理隔离可能是不同流域形成不同史前文化的主要原因[①]。

相对于其他的旧石器时代晚期遗址，该遗址水生动物和小型哺乳动物较多，工具类型多样化，特别是穿孔石器、研磨器、局部磨光石器等的出现反映了全新世大暖期以来广谱经济开始盛行，是原始农业生产型经济出现以前的过渡阶段。

该遗址发现的大量红色、黄色赭石颜料可能预示该人群有早期原始宗教、艺术或埋葬死者的行为，也使"大量研磨器的发现可能是为研磨赤铁矿颜料而磨制"的解释更趋于合理。笔者在一千米以外的山体石灰岩岩脉发现颜料矿脉，预示塘子沟遗址有可能是一个颜料加工点。早期现代人曾用赭石装饰死者身体、绘制崖壁画、制作黏合剂、医用、驱逐蚊子等。结合金沙江流域旧石器末期至新石器时期狩猎—采集人群岩画的发现，"蒲缥人"是否有早期矿物贸易行为，还需要进一步考察。

塘子沟遗址提供了一个我国西南地区怒江流域最后的狩猎—采集人群石器文化多样性、社会和行为复杂性的独特案例。这种独特的文化是古代人群适应

---

① 吉学平：《云南三江并流地区史前多元文化概貌》，见《历史源流与民族文化——"三江并流地区考古暨民族关系研究学术研讨会"论文集》，昆明：云南大学出版社，2011，第102页。

亚热带环境的技术革新的产物。由于食物资源丰富，华南热带、亚热带地区的史前狩猎—采集人群延续到距今 5 000 年左右，而华北和中原地区稻作农业和蜀黍农业在全新世早期已经出现并向西、向南传播。狩猎—采集人群不断向东南亚乃至南太平洋岛国退缩，最终大部分被农业人群代替，也有部分民族一直保留原始社会形态到 20 世纪中叶（如云南独龙族）以及今天（如巴布亚新几内亚原住民）。

虽然塘子沟遗址的石器工业属于"华南砾石工业"的大传统，但华南砾石工业在不同区域有不同的特性。以研磨器（手锤）、砍砸器为代表的石制工具与大量以骨、角、牙制品为代表的有机质工具并存在怒江流域形成的"塘子沟文化"，与澜沧江—湄公河流域的"和平文化"截然不同。"和平文化"也可以被视为一种"砾石工业"，但是它显然不是简单的"砍砸器工业"，它是史前人类适应不同环境的一种新的技术认知和创新行为。我国西南地区被认为是史前人类迁移和交流的重要通道①。在怒江流域和澜沧江流域，由于长期地理隔离，产生了不同的区域文化。

塘子沟文化是我国西南地区旧石器技术和人类文化多样性的又一个重要例证。

十三、西双版纳澜沧江沿岸旧石器遗址群②

2010~2011 年，为开展中缅、中老边境地区考古调查，云南省文物考古研究所与西双版纳傣族自治州博物馆联合对西双版纳澜沧江沿岸开展旧石器考古专项调查，在澜沧江沿岸一级阶地的多个地点采集到一批砾石石制品（图 3-57）。简要介绍如下：

---

① Yuduan Zhou, Xueping Ji, Yinghua Li, Hubert Forestier, Nina G. Jablonski, Shan Ding, Jiamei Zhao, Peng Chen, Liwei Wang, Tingting Liang, Chengpo He: *Tangzigou open-air site: A unique lithic assemblage during the Early Holocene in Yunnan Province, Southwest China*, 2019, Quaternary International, https://doi.org/10.1016/j.quaint.2019.11.011.

② 吉学平：《旧石器时代遗址、遗物和哺乳动物化石：西双版纳傣族自治州》，见《云南西部边境地区考古调查报告》，上海：上海古籍出版社，2017，第42-52页。

图 3-57：西双版纳橄榄坝岸边石器分布区域（吉学平拍摄）

景洪市橄榄坝 15 千米处 A 地点：该地点位于景洪至橄榄坝老公路 15 千米处，阿克河与澜沧江交界处的三角洲阶地上，海拔 524 米。共采集石制品标本 3 件，全部为工具，且全部为花岗岩制品。在工具类型上包括砍砸器 2 件、研磨器 1 件。砍砸器以砾石为素材，均为单刃工具；研磨器以扁平砾石为素材。在重量和尺寸上以大型和中型为主。

景洪市橄榄坝 6 千米处望江楼地点：位于景洪市至橄榄坝老公路 6 千米处澜沧江北岸望江楼餐厅旁边的砾石滩阶地上，海拔 535 米。该地点共采集石制品 21 件，包括石片 9 件、石核 2 件、工具 10 件。

景洪市老大桥南岸河滩 D 地点：该地点位于景洪市老大桥南岸附近的砾石滩上，海拔 531 米。共发现石制品标本 3 件，包括石片 1 件、工具 2 件。

景洪市橄榄坝农场 19 千米处 B 地点：位于橄榄坝农场三分厂四队队部一侧的砾石滩上，附近基岩出露较多，海拔 525 米。历次调查采集的石制品较多，共 82 件。在石制品类型上包括完整石片 13 件、不完整石片 3 件、石核 1 件、

图 3-58：橄榄坝河滩石器出土状态
（吉学平拍摄）

图 3-59：橄榄坝河滩研磨器出土状态
（吉学平拍摄）

工具 65 件（图 3-58、3-59）。

关累镇距勐腊县城 70 千米，是澜沧江最末端的我国与老、缅两国交界处的一个镇，离三国交界界碑约 10 千米，澜沧江跨出国门即称湄公河。2010 年 1 月 6 日，考古调查队考察澜沧江与会拉河交界处海拔 508 米的三角洲，在三角洲地表砾石滩上共采集石制品标本 7 件，包括石片 1 件和工具 6 件（编号为关累镇 A 地点）。此外，在下游 2 千米以外海拔 496 米接近老挝边境的河滩上（编号为 B 地点），共采集石制品标本 4 件，均为工具，包括砍砸器 2 件、刮削器 2 件。在岩性构成上包括花岗岩制品 2 件、玄武岩制品 2 件。

与沧源硝洞出土的和平文化早期石器相比较，这批标本器型更规整，锐棱砸击打制的厚石片加工成的刮削器和"苏门答腊器"占的比例更大，偶尔可见穿孔石环的残段。与东南亚和平文化对比，这批标本可能属于晚更新世末期和全新世过渡时期，距今大约一万年前左右的"和平文化"中期人群的工具，与东南亚老挝、泰国的史前"和平文化"更为接近。采集标本中还可见时代更早的大型砍砸器和较晚的新石器时代石网坠和石锛，显示澜沧江两岸史前人类活动的悠久历史（图 3-60、3-61）。

橄榄坝一级阶地和平文化石制品组合的发现表明，澜沧江中下游旧石器文化更接近东南亚而与华南其他地区同期的打制石器区别较大，最早的和平文化在沧源发现，距今大约四万年在该地区可能一直延续到早全新世。这种史前文化沿湄公河广泛传播到东南亚广大地区（图 3-62）。

图 3-60：西双版纳橄榄坝澜沧江沿岸采集的苏门答腊器（吉学平拍摄）

图 3-61：西双版纳橄榄坝采集的和平文化中期研磨器和短斧（吉学平拍摄）

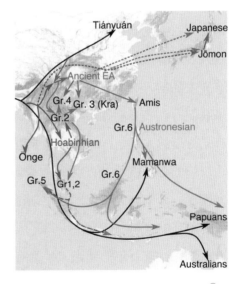

图 3-62：史前人类向东南亚迁移模式图[1]

① Hugh McColl，Fermando Racimo，et al.，：*The prehistoric peopling of Southeast Asia*，*Science*，2018，361，88-92.

第四节　旧石器时代古人类、文化多样性及对外文化交流

一、旧石器时代早期

旧石器时代早期是最早直立行走的早期人类起源时期，人类距今 700 万～600 万年前开始直立行走，但距今 330 万年前才开始打制石器。这些证据目前都在非洲大陆。距今超过 200 万年的人类在中国尚无可靠证据，之前报道的至今 250 万～200 万年之间人类及活动遗迹如巫山龙骨坡、繁昌人字洞、建始龙骨洞至今争议较大。近年来发表的陕西上陈 212 万年前的石器可能显示我国最早的人类活动遗迹。元谋人仍然是迄今我国发现的最早的人类化石，稍晚一些的是陕西的蓝田人，最新的年代测定结果为距今 163 万年前。这一时期河北泥河湾盆地也出现了大量的旧石器时代遗物，最早可达 200 万年前，遗憾的是至今仍未找到人类化石作为佐证。元谋人的出现与欧亚大陆其他地区最早人类如爪哇猿人、格鲁吉亚达玛尼西猿人等的出现基本同步，他们可以认为是最早出现在欧亚大陆的人类。因此，人类"走出非洲说"成为古人类学界的主流观点。如果我们有朝一日能在最有希望的云南或东南亚上新世地层发现大于 200 万年前直立行走的人类化石，那么，早期人类起源和演化的历史将重新改写。

旧石器时代早期人类及其文化遗物发现仍然是支离破碎的，大量的缺环还未发现，云南如此，我国其他地区也如此，这一阶段的研究可以说还处在"盲人摸象"的状态。

距今 170 万年的元谋人生活在热带、亚热带的河湖盆地边缘，盆地丰富的动植物资源为元谋人狩猎—采集提供了必要的生存条件，这一时期元谋人可能学会了用火，开启了划时代意义的食熟食和可能用火驱赶动物的时代，有了早期的群体交流合作行为。元谋人使用硬度较大的石英和石英岩原料制作石器，说明元谋人对岩石及其功能有了一定的认识。狩猎对象如鹿、猪等草食动物占很大的比例，说明元谋人善于选择温顺、易狩猎的动物作为食物来源。

距今 100 万年前的江川甘棠箐遗址，延续了元谋人时代水边生活的传统，石器类型开始多样化，原料的使用类型和功能也多样化，大多数是作刮削和切割用的小型石器。特别重要的是罕见地保存了大量经过加工的纺锤形的木器，及大量可食用的植物种子化石，为这一时期采集生活和采集方式的研究提供了重要的实物证据[①]。

中更新世时期的石林白石岭遗址，出土了燧石、玛瑙、硅质岩等多种坚硬岩石打制的石器。延续小石器传统，部分石器显示了高超的勒瓦娄哇技术，如具有莫斯特风格的半月形刮削器。近年来我国学者连续发表的多篇研究文章显示，以勒瓦娄哇技术为主要打制技术的莫斯特文化，最早发现于欧洲，成为旧石器时代中期尼安德特人制造的一种独特的文化。但在我国距今 80 万年前的广西百色枫树岛遗址、距今 17 万 ~8 万年前的贵州黔西观音洞遗址和距今 30 万 ~13 万年前的贵州盘县大洞遗址都被认为发现此类技术，显示这一技术最早的起源地也有可能在我国南方。这些发现对欧亚大陆最早人类的迁移和文化的交流研究提供了全新的视角。现有证据表明云南旧石器时代早期更多地与华北旧石器文化有交流。

二、旧石器时代中、晚期

这一阶段是早期现代人起源的关键时期，旧石器时代中期人类已遍布欧亚大陆，甚至到达澳洲，旧石器时代晚期人类经过白令陆桥或由海路到达美洲。伴随着第四纪末次冰期的到来，古人类主要生活在洞穴中。近年来广西崇左智人洞和湖南道县福岩洞的发现和研究表明，现代人大约在距今 12 万 ~10 万年在我国出现，之后不断有发现报道。云南富源大河、九乡张口洞、西畴仙人洞人类化石和鹤庆天华洞旧石器遗址的发现，对距今 10 万 ~4 万年前现代人走出非洲取代欧亚大陆本土人群的理论提出了质疑。越来越多的考古证据表明，青藏高原东

---

① 刘建辉：《云南江川甘棠箐遗址发掘》，见云南省文物考古研究所编：《云南文物考古年报》，第 38–43 页。

南缘的云南是现代人出现和分化的关键区域。这一区域低纬度，不同海拔，不同气候类型，高山峡谷盆地造成的地理和生态隔离，既是早期现代人迁移和交流的通道，又是古老型人类的"避难所"。因此，从旧石器时代中期开始云南就是多元文化分布的地区。到距今 3.5 万年前的旧石器时代晚期，这种分化尤其明显。澜沧江中游的热带、亚热带交汇区域可能是东南亚和平文化和人群起源之地。而金沙江流域和珠江上游是我国莫斯特文化分布区域，显示与欧亚大陆北部和西亚、南亚的人群和文化交流的可能。丽江人头骨枕部的发髻状隆起、牙齿上的卡式尖、鼻额缝位置高与中国人类化石的通常表现不同，可能反映与西方交流频繁[①]，这与文化表现出来的特征是一致的。怒江流域则显示独特的砾石工业传统和有机原料制作的骨、角、牙工具文化为特点的"塘子沟文化"。马鹿洞人为古老型人类幸存到更新世末期和全新世早期最晚的记录，他们并没有被外来的掌握先进技术、具有"现代"复杂思维和行为的早期现代人所取代，而是共存乃至杂交[②]。云南多种人群和多种文化共存的格局从史前一直延续到今天。

　　云南地处热带、亚热带环境，自然资源十分丰富。当西北黄河流域粟黍旱作农业兴起和中东部地区稻作文化盛行时，云南狩猎—采集为主的经济模式却持续到全新世中期，他们极少使用陶器和磨光石器，但并不代表落后，他们因地制宜发展了发达的骨、角、牙器制作技术；他们在金沙江流域留下了可以与欧洲旧石器时代晚期人群一样的丰富而栩栩如生的岩画艺术，这种艺术风格在印度尼西亚 4 万年前的洞穴岩画上也有体现。直到距今 4 000 多年前剑川海门口时期，农业和家畜驯养才开始传入该地区，开启了云南史前生产型经济新时代。

---

① 刘武、吴秀杰、邢松、张银运编著：《中国古人类化石》，第347–350页。

② Darren Curnoe，Xueping Ji，Paul S. C. Taçon & Yaozheng Ge：*Possible Signatures of Hominin Hybridization from the Early Holocene of Southwest China*，Scientific Reports，5：12408，1–12.

第四章

新石器时代

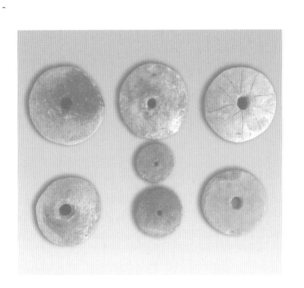

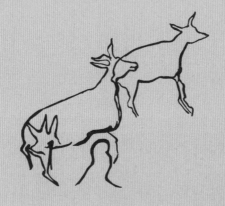

当人类不再满足于狩猎—采集这种攫取型经济，开始转变他们的经济方式，同时这种转变也反映在他们的生产、生活工具上时，人类便进入了新石器时代。这一时期陶器、磨制石器、旱作和稻作农业、家畜驯养、固定居址等标志性的事件相继出现，但各地区开始的时间有前有后。早在一万年前，我国部分地区已进入新石器时代，但由于云南地区史前文化发展滞后的特点，发现的新石器时代遗址年代均较晚，尚未发现新石器时代早期遗址，所以关于云南何时进入新石器时代仍有待进一步的发现和研究。

云南新石器遗址的调查发现从 20 世纪初便开始了，吴金鼎、曾昭燏、王介忱等学者在洱海地区进行了调查和发掘，出版了《云南苍洱境考古报告》一书，这是当时云南地区新石器遗址调查最重要的成果。由于早期国内外专家学者活动范围的原因，当时发现的新石器遗址大多都集中在云南北部。新中国成立后，文物考古机构逐渐建立完善，更多的考古工作也开始展开，先后发现了晋宁石寨山、鲁甸马厂、维西戈登、昭通闸心场、景洪曼蚌囡、元谋大墩子、宾川白羊村、云县忙怀、麻栗坡小河洞等多个重要遗址，这些遗址都是以地方类型命名，奠定了云南地区新石器时代考古学文化研究的基础，对后来以地区进行文化区分的发现和研究产生了深远的影响。随着文物普查工作的开展，使得一些新的重要新石器遗址被发现，同时积累了丰富的资料。21 世纪起，调查和发掘工作更加全面、深入，现代科学技术手段也被广泛应用于考古发现与研究中，使考古资料的科学性更高，不仅新发现了如大理海东银梭岛、永仁菜园子和磨盘地、通海兴义等遗址，还对如元谋大墩子、宾川白羊村、耿马石佛洞等以往重要的遗址进行再发掘，以便更好地修改和完善之前的认识。迄今为止云南地区发现的新石器时代遗址几乎遍及云南全省三分之一以上的县、市、区，各个地理单元几乎都有重要发现。

　　云南新石器时代遗址众多，对这一时期考古学文化分区的研究，大多都是按照地区来划分。汪宁生先生在 1980 年出版的《云南考古》一书中将云南的新石器文化分为 5 种：（一）洱海地区新石器文化，分布范围较广，北可到剑川、鹤庆，南可到祥云、宾川。发现的重要遗址包括佛顶峰甲址和乙址、马龙遗址、宾川白羊村等。（二）金沙江中游地区新石器文化，以元谋大墩子遗址为代表。姚安等地出土的文化遗存与元谋大墩子略同，所以以元谋大墩子遗址代表分布于金沙江中游及其支流地区的一种新石器文化。（三）滇池地区新石器文化，发现多处新石器文化遗址，包括官渡、石碑村、乌龙铺、石子河、安江古城、团山村、石寨山、河泊所、渠西里、兴旺村、后村、白塔村、老街等，这种新石器文化的分布不仅限于滇池周围，在距离滇池较远的安宁王家滩，甚至抚仙湖畔的江川头咀山、螺蛳山、光山等地也发现有与滇池地区新石器文化相似的肩部不明显的有肩石斧。（四）澜沧江中上游地区新石器文化，以云县忙怀遗址为代表，出土遗物与其他地区新石器文化略有不同。类似的文化遗址在云县和景东的澜沧江两岸发现多处。（五）滇东北地区新石器文化，以 1954 年发现的鲁甸马厂和 1959 年发现的昭通闸心场为代表[1]。

　　同年李昆生先生又将云南新石器时代晚期文化分为 8 种类型：滇池地区——石寨山类型，滇东北地区——马厂类型，滇东南地区——小河洞类型，滇南、西双版纳地区——曼蚌囡类型，金沙江中游地区——大墩子类型，洱海地区——白羊村类型，澜沧江中游地区——忙怀类型，滇西北地区——戈登类型[2]。

　　1981 年，阚勇先生发表了《试论云南新石器文化》，文中划分了 7 种云南地区新石器时代的文化区系类型，包括：滇池地区——石寨山类型，洱海地区——白羊村类型，龙川江流域——大墩子类型，滇东北地区——闸心场类型，澜沧江中上游地区——忙怀类型，滇东南地区——小河洞类型，滇西北地区——戈登村类型[3]。

① 汪宁生：《云南考古》，昆明：云南人民出版社，1980，第二章。
② 李昆声、肖秋：《试论云南新石器时代文化》，载《文物集刊》，第 2 辑，1980。
③ 阚勇：《试论云南新石器文化》，见《云南省博物馆建馆三十周年纪念文集》，1981。

1994 年，王大道先生的《再论云南新石器时代文化的类型》一文中将云南新石器时代文化划分为 11 个文化区系类型：闸心场类型、石寨山类型、海东村类型、小河洞类型、曼蚌囡类型、大墩子类型、白羊村类型、石佛洞类型、忙怀类型、大花石早期类型、戈登村类型。[①]

2001 年，肖明华先生在《云南考古述论》中总结了之前对文化区域类型的划分，又将云南地区新石器时代划分为 9 种文化区系类型：白羊村类型、大墩子类型、戈登村类型、石佛洞类型、忙怀类型、石寨山类型、闸心场类型、小河洞类型、曼蚌囡类型。

不论划分为几种区域文化类型，可以肯定的是，这些云南各个地区的新石器文化都既有自己的特色，也有一定的共通之处。尤其需要注意的是云南新石器时代文化还与内地及邻近地区新石器文化有一些共性，这一现象可以说明尽管云南地区山高谷深，交通不便，经济文化发展存在着不平衡，但也并非人们所想象的那样与世隔绝，甚至在史前时期各地区之间就已经出现了文化交流。

云南发现的材料虽多，但大多集中在新石器时代晚期，中期的文化遗存发现较少，早期的尚未被发现。而且受限于当时的认识与科技水平，部分遗址出土材料没有经过系统发掘或进行明确的测年，有限的测年信息也存在着一定的误差与不确定性，很多时候仍要靠器物的类型学来确定年代，这时就会出现遗址开始定为新石器时代，后经过比对发现是青铜时代的情况。如闸心场遗址内并未发现铜器，被定为新石器时代遗址，但在属于青铜时代的贵州威宁中水鸡公山遗址中发现与闸心场遗址相同器型的器物，两处遗址应属同期，所以闸心场遗址也应属于青铜时代。当然也存在是新石器与青铜时代过渡阶段的可能。为了进一步了解云南全境新石器文化面貌，具体区域文化类型构成及其范围，还需要大量材料的佐证与更多的研究。

由于云南史前文化发展较其他地区滞后，这一地区新石器时代开始与结束

---

① 王大道：《再论云南新石器时代文化的类型》，见《西藏考古》第 1 辑，成都：四川大学出版社，1994。

的时间与中原地区新石器时代的发展序列不完全对应。中原地区新石器时代的发展序列对云南地区新石器时代年代序列有参考意义，但同时云南文明发展的速度也受地理因素影响，有自己的特色，所以本章所写云南新石器时代文化在早、中、晚期划分上以普遍的年代划分作为标准，但年代下限以距今 3 200 年作为基准，将此时间之前的遗址看作新石器时代，而不以青铜器的有无作为划分云南新石器时代和青铜时代的界限。

第一节　新石器时代的建筑

建筑是建筑物与构筑物的总称，是人类为满足社会需要，利用所掌握的物质技术手段，并运用一定的科学规律、风水理念和美学法则创造的人工环境。人类进入新石器时代之后，便不满足于岩穴等自然场所的庇护，开始建造房屋，甚至是城墙、沟渠，乃至形成聚落，这是人类最初与生态系统发生的分离，是向文明迈进的一大步。云南地区新石器时代建筑大部分为房址，有部分遗址还出现了排水系统。

一、新石器时代的房屋建筑

衣、食、住、行是现代人生活中最基础的部分，这对于史前居民也同样重要甚至更为重要。旧石器时代的人们居住在岩厦洞穴内抵御风雨、严寒以及野兽。新石器时代人们开始学会了建造房屋，建造房屋的好处在于，人们可以寻找任何适合居住的地方，而不仅仅局限于有洞穴的地区。这一定程度上也为农业的产生提供了便利。云南地区新石器时代房址的形制多样，按平面形状分可分为长方形（正方形）、圆形、不规则形。建造方式也分有半地穴式、平地起建式和干栏式。

（一）半地穴式房屋

半地穴式房屋是由地穴式房屋发展演变而来的，是古代人类从地下居住向地上居住演化的一个过渡形式，它已经开始具有地面建筑的雏形，也导致了后来真正意义上的地面建筑的产生，是很重要的一种房屋建筑形式。

半地穴房屋有一半在地面以下，类似于今天的窑洞，有冬暖夏凉的作用，所以北方地区使用的较多，现在发现最早的半地穴式房屋遗址为距今约 5 000~6 000 年的西安半坡遗址。在云南的新石器时代遗址里也发现有半地穴式房屋。

洱海地区的马龙遗址发现了两种半地穴式居址。一种是近似于圆形的土坑，底部是生土，上面平放着几块石头，土坑为倾斜式；另一种是近似长方形的土坑，这就是云南地区最为原始的半地穴式房屋建筑遗址[①]。

永平新光遗址早期地层发现有半地穴式房屋 2 座，年代距今 4 000~3 700 年，属于云南新石器时代的中晚期。发现的 2 座半地穴式房屋，平面均为长方形，地穴较浅，底较平。这类房子只出现在遗址的最早阶段。F5 平面为长方形圆角，半地穴式。四壁粗糙，最高处尚有 60 厘米，向下略内收。居住面较平且硬，似经火烧，中间有一大柱洞，另有数个小柱洞，地穴外有其他柱洞，均无规律。推测为尖顶，中间立主柱，以草盖四面坡尖顶，四壁有草编矮墙的建筑[②]。

距今 4 290±135 年的永仁菜园子遗址也发现了半地穴式房址，发现的 3 座半地穴式房屋平面均为圆形。以 F1 为例，居住面由灰烬和生黄土踩踏拍打而成，非常平整。由于长期踩踏而形成了厚约 3 厘米的硬壳。房屋在文化层的最下部，居住面以下就是生土，年代较早。房屋四周有直径 20 厘米、深 60 厘米的柱洞 25 个，柱洞间的间距不等，柱洞多呈圜底，洞壁倾斜，少数内填碎石。房屋中心有一中心柱，口径 20 厘米，深 40 厘米，四周有用火痕迹。其两侧有一圆坑，口径 30 厘米，深 23 厘米，似乎是存放火种罐之类物品的地方。坑壁作为墙壁，经过拍打，又经过烘烤，整齐而坚实，呈红褐色。坑底北部有二层

① 李昆生：《云南考古学通论》，第四章。
② 戴宗品：《云南永平新光遗址发掘报告》，载《考古学报》，2002（02）。

图 4-1：永仁菜园子遗址房址柱洞①

台，高 20 厘米，门向西，宽 205 厘米，有三级土坎台阶，经门道通向室外，门道长度不一。根据地面柱洞多及未发现上部建筑材料的特点，猜测应是木柱加树枝的窝棚状建筑（图 4-1）。这种半地穴式窝棚建筑与西安半坡仰韶文化的半地穴式建筑十分相似。

枣子坪遗址与宾川白羊村应属同一考古学文化，年代应与白羊村、菜园子和磨盘地等遗址大致相当。

永胜堆子遗址 2010 年发掘共发现 18 座房屋基址，除一座为干栏式建筑外，其余多为半地穴式，平面形状多为圆角方形，方向基本正方向，残存高度 10~30 厘米，房址壁面和底面均为红烧土烧结面，烧结厚度 3 厘米左右，起到了很好的防潮效果（图 4-2）②。

永胜枣子坪遗址中发现新石器时代房址 1 座，编号 F4。F4 开口于 T59 ④层下，为平面呈"凸"字形的半地穴式建筑，门向正北。东西长 425 厘米，南

① 戴宗品、周志清、古方、赵志军：《云南永仁菜园子、磨盘地遗址2001年发掘报告》，载《考古学报》，2003（02）。

② 刘旭：《永胜堆子遗址考古发掘》，载《文物考古年报》，2010，第15页。

图4-2：永胜堆子竖穴土坑墓[1]

北宽40厘米，半地穴深20~30厘米，居住面厚约5厘米。房址中心有一个平面形状近圆形的灶。F4周围发现有柱洞，以北部、东部、西部发现的最多[2]。

　　通海兴义二期遗址2015~2016年度发掘，发现房屋18座，包括地面式、干栏式、凉棚式等。半地穴式房屋以圆形居多。圆形半地穴式房屋中央多有四个柱洞呈方形分布，四个柱洞中央有灶堆。房屋内地穴边缘分布密集的小柱洞。从房屋中央有四个柱洞来看，屋顶应设置有用于通风采光的天窗。F6圆形半地穴式房址较为罕见地保存有屋顶塌落痕迹，条状炭化木构件呈放射状分布于房屋地面上，部分木构件上发现有疑似榫卯结构；房屋居住面明显，中央有四个柱洞，柱洞间的灶堆堆积层次明显；地穴边缘密集的小柱洞内发现纤维丝明显的炭化木条，似为竹棍（图4-3）[3]。

① 刘旭：《永胜堆子遗址考古发掘》，载《文物考古年报》，2010，第16页。

② 蒋志龙、朱之勇、吴敬、王春雪：《云南永胜县枣子坪遗址发掘报告》，载《边疆考古研究》，2014（02），第31-60页。

③ 朱忠华：《云南通海兴义贝丘遗址》，见国家文物局主编：《2016中国重要考古发现》，北京：文物出版社，2017，第50-55页。

图 4-3：通海兴义二期 6 号房址（朱忠华拍摄）

（二）平地起建式房屋

采用平地起建式的房屋大多是土木结构房屋，云南新石器时代的房屋遗址多是采用这种建筑方式所造。

元谋大墩子遗址最新的测年结果表示，遗址地层堆积连续，年代为距今 4 000 年前后，最晚地层的年代不晚于距今 3 600 年。应属云南地区新石器时代晚期。

元谋大墩子发现的平地起建式房屋共 15 座（F1~F15），其中 F1~F3 属晚期，F4~F15 属早期，房基平面均呈长方形，朝向不一，似乎没有门道，唯早期个别房址有弧形"屏风"。

早期房屋居住面多就地略加平整，下层为自然地面的草泥土，上层铺灰烬、纯净黄土，再经踩踏而成。个别地面抹草拌泥，土较为细腻，且为一次性涂上。居住面经过烘烤，呈灰褐色，质地坚硬且形成了表面平滑的硬壳，应为人类长期生活所致。墙基四周挖沟槽，沟壁整齐坚实，留有半圆槽加工痕迹，底多呈圜状，少数不够规整。沟内立木柱再填土，多数填土较为疏松，仅有个别经过拍打而较为坚实。墙壁为编缀树条、里外两面涂草拌泥而成的木骨泥墙。墙壁似经过烘烤，呈红褐色，质地坚实，表面平整，但可以看出有手压抹和小工具拍打的痕迹。房屋的柱洞较少，且多在基角。柱洞的洞壁坚实，木纹清晰，洞内多含有木屑。为了更加牢固，少数洞壁还放有 1~5 个大小不等的石头，个别柱洞在填土部位，且接近居住面处有厚约 1 厘米的泥圈，多为纯净细腻的灰土抹成，泥圈于洞口部位与居住面平齐。房顶为稍作倾斜的平面结构。用木椽紧密铺垫，多平行排列，亦有少数交叉现象。外表涂草拌泥而成泥顶，里面有明显的手捏痕迹，制作较泥墙来看更为粗放，泥顶似经烘烤，呈红褐色，质地坚实，表面粗糙，夹杂大量草根、树叶。为了防止雨水侵蚀与烈日暴晒，草拌泥厚达 15~20 厘米。

晚期房屋的居住面建于早期灰土堆积或房屋废墟上，下层为松软的灰土，上层铺灰烬、烧渣、五花土，再经过踩踏、拍打而成。少数地面会铺垫一层疏密不等的碎石，由人工将天然砾石打碎铺于地面，再垫五花土。其余同早期房屋基本一致，居住面和墙壁经过烘烤，质地坚硬，墙壁为编缀树条、里外两面涂草拌泥而成的木骨泥墙。房顶为稍作倾斜的平面结构。

大墩子的早晚期房屋，平面均作长方形，都是地面木构建筑，四周竖立木柱，既可负荷笨重的屋顶，又有支撑泥墙的作用。根据民族学资料分析，木柱顶端利用树干的自然枝杈以承接横梁。交接处似用藤索捆扎。不同处是早期房基有沟槽，房内面积较大，火塘多作圆角方形，周边有圆脊，底、壁涂草拌泥。晚期则纯属地面建筑，房内面积较小，火塘做成竖穴圆坑。在建筑技术上，早晚期的墙壁和屋顶都经过烘烤。这点从发掘现象可以证明：泥墙或屋顶塌下的草拌泥，烘烤匀透，质地坚硬；着火点均向一面；室外地面无用火迹象；室内遗物均无烘烤、烟熏痕迹。屋顶与泥墙均经过有意识地烘烤的方法，在西安半坡等仰韶文化中已普遍使用。

屋顶似属稍作倾斜的平面结构，理由有四：第一，房基四周的柱洞均直掘，仅个别附加柱洞稍作倾斜；第二，倒塌在室内的遗物，未发现负荷屋顶的木柱遗迹；第三，房基四角的木柱粗大，显然起主要的支撑作用；第四，室内发现坍塌的大量房顶遗迹，其木椽槽痕宽 2~5 厘米，又多属平行排列。一直到现在当地农村的住房仍作平顶，俗称"土毡房"，构筑特征与所发现的房址基本相同，只是现在四壁已经改为夯土筑造 [①]。

大理市海东镇位于洱海东侧偏南，银梭岛隶属于该镇，为洱海东南的近岸小岛。银梭岛遗址为典型的贝丘遗址，遗址延续时间较长，从新石器时代中晚期一直延续到青铜时代，共分为三期。银梭岛遗址 T10 和 T15 进行了系统的 [14]C 测年，得出了相对可靠的绝对年代数据。经树轮校正，第一期绝对年代是公元前 3 000~前 2 400 年，属于新石器时代中期。银梭岛遗址一期发现房屋遗迹仅 F3 一座，房址为地面式建筑，平面呈方形，周边有大大小小的石块，应为墙或墙基。在房址内还发现了用火遗迹 [②]。

宾川白羊村遗址发现较完整的房屋遗迹共 11 座，还有许多由于后期扰动而难以确定完整形状的柱洞、沟槽等房屋建筑遗迹。白羊村遗址早、晚期房址均为地面木构建筑，基本特征一致，仅局部有所不同。早期房址共 5 座，居住面多略加以平整，在地面上铺灰烬、生黄土，再经踩踏，形成厚 2~5 厘米的灰褐色平滑坚硬地面。房屋的墙基四周多挖有沟槽，沟壁整齐坚实。沟底掘圜底柱洞，洞内立木柱，再于沟内填土，柱洞较少且多分布在屋角。洞壁木纹清晰，洞内残有木屑，立柱间编缀荆条。两面涂草拌泥形成木骨泥墙，墙壁呈红褐色，质地坚硬，表面平滑，似是经过烘烤。房址屋顶结构不详，也未发现门道。中国社会科学研究院实验室对白羊村遗址早期 9 号房址柱洞内木炭进行 [14]C 测定，年代为距今 3770 ± 85 年（公元前 1820 ± 85 年）。

晚期房址建于早期灰土堆积或房屋废墟之上，平地起建，房基四周不开沟槽。部分房屋直接由地面挖柱洞，另一部分房屋则在地面铺垫扁圆形石础，再立木柱于其上。房屋除了不开沟槽其余完全承袭早期建造技术。

白羊村遗址的房屋是在四周开沟，沟底排列木柱，用草拌泥涂墙的方法建

① 阚勇：《元谋大墩子新石器时代遗址》，载《考古学报》，1977（01），第43-164页。
② 闵锐、万娇：《云南大理市海东银梭岛遗址发掘简报》，载《考古》，2009（08）。

造的。它与河南镇平赵湾仰韶文化和云南元谋大墩子文化相同；与洛阳王湾第一期文化（仰韶文化）亦极为相似[①]。

（三）干栏式房屋

干栏式建筑也是云南地区新石器时代主要的一种建筑形式。这种建筑一般以竹木构建房架，房屋地板高出地面为特点。这种建筑方式不仅在遗址中有发现，在云南岩画上也多有出现。

最早在沧源岩画中第五地点的 2 区和 5 区就出现过表现巢居房屋的图像。两处巢居图像所表现的房屋都是以一棵大树的树干作为天然房柱，再于树顶建筑房屋，在树的枝丫处还立有若干木柱来支撑屋顶。出入房舍，则是通过从屋顶正中悬挂绳索来攀登上下。这种叫作"巢居"的房屋在我国古代文献中有所记载，且与现代巴布亚新几内亚的"树屋"极为相似[②]。

在沧源岩画第二地点 1 区的一幅村寨岩画中，绘有 14 座干栏式建筑于村寨内，1 座干栏式建筑于村寨外。图像中的干栏式建筑木桩数量多寡不等，主要视房屋大小而定。

遗址中发现的干栏式建筑，主要分为三种样式：呈椭圆形的干栏式建筑；呈三角形的干栏式建筑，房顶两面坡棱角分明；呈倒梯形的干栏式建筑，屋脊长于屋檐。

剑川海门口第一期年代应属云南地区新石器时代中期，距今 5 300~3 900 年。发现的遗迹较多为木桩柱，小圆柱数量不到木桩总量的五分之一。其中可辨出房屋轮廓的有一座，为 F1。房址为水滨木构干栏式建筑，有 45 根打入地下的圆木木桩，木桩下端被砍削成尖状。木桩排列整齐，平面呈长方形柱网状分布，房址范围内靠北侧另有一排木桩，可能是为了起到支撑作用，屋面应是用木料构建而成，墙壁为木骨泥墙，房顶不详，估计用草搭建而成。未发现门道，故房屋朝向和门的开口位置等均不清楚[③]。

---

① 阚勇：《云南宾川白羊村遗址》，载《考古学报》，1981（03），第349页。
② 李昆生：《云南考古学通论》，昆明：云南大学出版社，2019，第四章。
③ 闵锐：《云南剑川县海门口遗址第三次发掘》，载《考古》，2009（08）。

图 4-4：剑川海门口出土的干栏式建筑木桩柱遗存（剑川县文物管理所提供）

　　剑川海门口第二期年代应属云南新石器时代晚期与青铜时代早期过渡阶段，距今约 3 800~3 200 年。第二期发现有大量应为房址遗迹的木桩柱（图 4-4），木桩柱被剖成"三角状"，多边被砍削出棱，数量较第一期也大为增加，约为剑川海门口遗址第三次发掘出土的木桩和横木总数量的五分之二。能辨别出的木桩柱有圆形、半圆形、三角形、椭圆形等几种，木桩下端均砍削成尖状，有些木桩上还有三角形的小榫孔[①]。

————————————

① 闵锐：《云南剑川县海门口遗址第三次发掘》，载《考古》，2009（08）。

银梭岛遗址第二期的绝对年代大约是公元前 1 500~前 1 100 年。二期发现房屋遗迹两座（编号 F2、F4），均为地面式建筑，有活动硬面和柱洞，F4 中有一火塘。均受到后期扰动。木桩似为干栏式建筑的基础部分，主要分布于主体发掘区北部，直径多在 10 厘米以下。以 T19 为例，共有 31 个木桩，分别出露于第 10、11、12 层，属于第三组地层。木桩呈不规则分布，有的为挖坑埋柱，有的系末端修尖后直接打入土中，直径为 2~6 厘米[①]。

菜园子遗址经过 [14]C 法测年，确定为距今 3290 ± 50 年（以 5370 为半衰期计），经树轮校正为距今 4290 ± 135 年。菜园子发现的 9 座房址全部由柱洞于地面形成长方形的柱网布局，房子的长度在 5.5~11.7 米之间，宽度为 3.3~4.8 米。房子的长方形柱网排列方向几乎完全一致，房子朝向东南或西北面，考虑到当地常年盛行西南风，房子朝向为东南方向的可能性较大。这批房子都没有发现相关联的地面居住面痕迹，除柱洞以外，大量的草拌泥成为推测如何建造房子的主要材料。这些红烧土除夹含草筋外，有的还在一面排列出细木棍，木棍直径都在 1 厘米左右，在排列的细木棍上敷以草拌泥，所以保存较好的草拌泥红烧土块常常是一面平滑，而另外一面有木棍痕迹。柱洞的形状多为圆形，有的为椭圆形或略不规整，约有超过半数的柱洞是口大底小，至底部收为尖底、圜形底或小平底，柱洞底部一般没有柱础石，柱洞壁多数都较光滑，容易辨识。柱洞直径多在 10~40 厘米，深度则在 50 厘米以内，多数在 20~30 厘米，也有少量的仅有数厘米。另外，F8 的一部分柱洞，系在地面先挖设沟槽，在沟槽内再凿出柱洞，这与元谋大墩子的早期房子建造方法颇为相似。

以菜园子遗址中发掘出最大的一座房址 F2 为例，F2 位于发掘区南部，长 11.7 米、宽 4.2 米，由 41 个柱洞构成长方形柱网。F2 的长方形柱网向东偏移 29°，形成其走向为东北—西南向，而其朝向则为东南。F2 的柱洞大小较为均匀，直径多在 30~45 厘米之间，深度普遍为 15~50 厘米。洞底收为尖圆底。因扰乱严重，已不能辨别出 F2 所利用的草拌泥红烧土。F2 也没有任何地面居住

---

① 闵锐、万娇：《云南大理市海东银梭岛遗址发掘简报》，载《考古》，2009（08）。

的活动痕迹。

菜园子遗址内发现大量柱洞且除 F5 地面有河卵石外，没有发现任何居住留下的活动面痕迹；与房子有关的草拌泥红烧土，有的有平行木棍排列于草拌泥的一面，是房子的建筑材料。以这些现象考量房子的建筑结构，则房子不应为地面居住，当为架空的干栏式结构；草拌泥红烧土需要长时间高温烧烤才能形成，而且成排木棍常分布于草拌泥的单面，反映出并非为"木骨泥墙"之用，应为长期在架空干栏式建筑上敷设的草拌泥地面生火所致。这种建筑形式至今仍在使用①。

距今 3 400 年左右的磨盘地遗址中也发现房址 2 座，均由柱洞于地面构成长方形的柱网状布局，房子结构与菜园子遗址相同，应同属干栏式房屋。F1 长 4.75 米、宽 4 米，由 22 个柱洞构成长方形柱网。②

其他还有部分遗址发现有柱洞等房屋遗迹，但因遗迹现象较少难以辨别其形制，故放在此处说明。

根据通海兴义遗址 2016 年发掘情况，兴义二期遗存年代约为 1456BC~1389BC。遗址中 15 号房址压于探方之外，发现有 5 个排列整齐的柱洞，柱洞周围有踩踏明显的活动面，上有一灰堆。周围未发现墙，推测为亭棚类建筑③。

云南新石器时代的房址呈现多样化，不同地区使用的房屋建筑类型也都不相同，每种房屋类型都有适宜它使用的环境。有些遗址会同时使用多种房屋建筑，这或许体现了当时居民需要适应多种环境的一种需求。

二、新石器时代的排水设施

新石器时代已经开始出现聚落，有部分遗址发现新石器时代的排水沟渠，

---

① 戴宗品、周志清、古方、赵志军：《云南永仁菜园子、磨盘地遗址2001年发掘报告》，载《考古学报》，2003（02）。
② 戴宗品、周志清、古方、赵志军：《云南永仁菜园子、磨盘地遗址2001年发掘报告》，载《考古学报》，2003（02）。
③ 朱忠华：《热点跟踪——兴义遗址田野考古发掘工作结束》，载云南考古公众号，2016年。

它的出现说明了当时人类已经开始有了人工引水，利用水资源的思想。

永平新光遗址发掘出一条排水沟 G3，G3 属新石器时代，在永平新光遗址的发掘区内只有很少一段，由东南向西北延伸出发掘区，沟壁多为斜坡向下内收，沟底较窄，多为圜底。沟底堆积有一层灰色淤泥。G3 为利用雨水自然冲刷状况，加以人工挖凿形成，是一条保护聚落的排水沟。

在永平新光遗址发现的排水沟底层有灰色淤泥，应是利用其排水或引水的结果[1]。

大墩子遗址也发现一条沟渠，距地表深 35~70 厘米。由西南向东北蜿蜒伸出探方外，沟的南部已被断崖所毁，只发掘探方内的 15 米。沟上宽下窄，呈斗形。中腰以下坡度收缩较大。沟壁整齐坚实，有明显的加工痕迹。底部较平坦。从其延伸情况观察，似属晚期环绕居住区的遗迹。因发掘面积较小，尚难推断其用途。沟内填大量的残陶片、兽骨与植物腐殖土等[2]。

大墩子遗址中发现的沟渠尚不能确认是排水所用还是防御所用。

当时人们还处于以狩猎—采集果腹、以岩厦洞穴庇护的时期，沟渠这种会浪费人力物力的建筑是用不到的，只有随着农业渐渐出现，人类开始定居，逐步形成族群或是部落时，沟渠的产生才变得合理。所以说这些用作排水设施或是用作防御设施的渠道，也一定程度上反映了当时的人们生活条件及改造自然能力的提高。

第二节　新石器时代的丧葬文化

早在旧石器时代人们便开始有意识地埋葬同类，常见用赭石颜料涂红骨骼和器物，这便是丧葬文化的最早的雏形。到了新石器时代，人们开始有了灵魂的思

---

[1] 戴宗品：《云南永平新光遗址发掘报告》，载《考古学报》，2002（02）。
[2] 阚勇：《元谋大墩子新石器时代遗址》，载《考古学报》，1977（01）。

想，认为人死后灵魂还会存在，这种观念也折射在了新石器时代的丧葬文化中。

一、新石器时代的墓葬

新石器时代晚期墓葬发现较多，大多为聚落或是氏族墓地，除了瓮棺葬、石棺葬这两种特殊的墓葬形制，其他普遍没有葬具，墓葬没有固定的朝向，人骨的葬式并不固定，仰身直肢葬、屈肢葬、一次葬或二次葬都有发现。

（一）竖穴土坑墓

竖穴土坑墓，顾名思义，是一种在土地上直接向下挖掘而成的近似长方形的墓葬形制，这是一种最为简便且在云南新石器时代使用较多的墓葬形制。云南地区清理出的大多数墓葬都属于此类形制。

云南永胜枣子坪遗址发掘共清理出新石器时代墓葬 10 座，均为单人竖穴土坑墓，葬式基本均为仰身直肢葬。保存较好的有 3 座，分别为 M22、M23、M26。M22，方向 10°，长 190 厘米、宽 80 厘米，单人仰身直肢葬，脚部骨骼残缺，似人为断肢后埋葬，其余保存较好。M23，方向 96°，东部被破坏，残长 110 厘米、宽 50 厘米，单人仰身直肢葬，墓葬东部墓主人肩部以上骨骼被破坏，下肢骨残缺，似人为断肢后埋葬，其余保存较好。M26，方向 95°，西部被破坏，残长 140 厘米、宽 55 厘米，单人仰身直肢葬，头部压有一块石头，脚部骨骼残缺，其余保存较好（图 4-5）[①]。

白羊村遗址清理出晚期竖穴土坑墓 24 座，清理出的竖穴土坑墓均坑壁整齐坚实，填土松软，呈灰褐色。一般坑长 1.60~1.85 米、宽 0.45~0.70 米、深 0.25~0.30 米。葬式多样，头向不一。均无葬具，亦无随葬品。白羊村清理出的竖穴土坑墓中极具特点的葬式属无头葬。发现的无头葬共 10 座，其中成年单人葬 5 座，成年二人合葬墓 1 座，成年三人合葬墓 1 座，小孩单人葬 1 座，成年人与小孩合葬 1 座，成年多人葬 1 座（图 4-6）。

---

① 蒋志龙、朱之勇、吴敬、王春雪：《云南永胜县枣子坪遗址发掘报告》，载《边疆考古研究》，2014（02）。

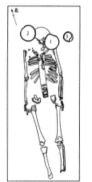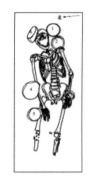

图4-5：云南永胜枣子坪遗址竖穴土坑墓（左M 22、中M 23、右M 26）

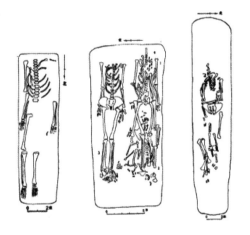

图4-6：宾川白羊村无头葬（左M 3、中M 5、右M 22）

　　除此之外，白羊村遗址中以竖穴土坑墓为墓葬形制的还有二次葬6座。其中成年单人葬4座，成年人与小孩合葬墓2座，均无头骨，骨骼残缺，放置零乱。仰身直肢葬7座，其中小孩单人葬5座，成年单人葬1座，成年二人合葬墓1座。仰身屈肢葬1座，方向270°，成年男性骨架1具，仰身屈肢，胫骨倒置于股骨之上[1]。

————————————

[1] 阚勇：《云南宾川白羊村遗址》，载《考古学报》，1981（03）。

白羊村遗址的墓葬中独特的无头葬葬式是常见葬式，但仅在成年人中流行。发掘出土的 16 例成年个体中，仅 3 例个体可见颅骨（含下颌骨），另有 1 例可见下颌骨，2 例可见牙齿，其余 10 例皆未发现颅骨。在 14 例未成年个体中，5 例人骨保存较差，仅余零星骨骼，不能判断头骨是腐朽还是不存在；其余 9 例中有 7 例可见颅骨碎片，2 例可见下颌骨。所以可以推断出流行于成年个体间的无头葬在未成年人中并不多见。成年个体中一次葬与二次葬中均有出现无头葬。一次葬，皆仰身直肢，有轻微扰动，人骨保存状况较好；二次葬，骨骼多不完整，但保存状况与一次葬的个体相似，并没有过于腐朽，因此基本可以排除头骨完全自然腐化消失的可能。从遗址内发现的所有无头葬的人骨性别来看，在进行无头葬的个体数量和所占比例方面，男性都略多于女性。

白羊村遗址的无头葬中，部分个体的颈椎保存较好，且未在颈椎上发现砍削的迹象。在进行二次葬的 10 例个体中，虽未见颅骨，但发现 2 例个体的牙齿；一次葬的一座墓葬发现一具下颌骨。这说明颅骨应是白骨化之后被取走，才能留下牙齿和下颌骨。据此，可以排除是因为殉人、猎头等生前的暴力伤害导致头骨消失不见，但尚未有证据证明消失的头骨去了何处[①]。

（二）瓮棺葬

瓮棺葬是一种流行于新石器时代的丧葬形制。它以瓮棺为葬具，将骨骼装进瓮棺中再进行埋葬。这种丧葬形制一般流行于未成年人之间，在中原地区还会在瓮棺上盖以穿孔陶盆，寓意使孩童灵魂自由出入。云南地区新石器时代的瓮棺葬同样以埋葬孩童为主，成人较为少见，但瓮棺上少有覆盖其他器物。云南大墩子出土有瓮棺葬 17 座，主要分布于发掘区的中部，位于晚期沟道之西，大体平行于沟道，似有一定规律，可能当时是成行埋葬于建筑遗存的周围。瓮棺的坑穴，多属略有倾斜而不规则的浅竖穴坑，较瓮棺稍大无几。使用的葬具为陶瓮，葬具多因受压而破碎。陶盆的器型与遗址出土者相同，乃是日常生活用具，瓮棺口部大多有覆盖物。发掘出的瓮棺葬中有 8 座覆盖有陶罐，底均向

---

① 赵东月、朱泓、闵锐：《云南宾川白羊村新石器时代遗址人骨研究》，载《南方文物》，2016（01）。

图 4-7：元谋大墩子遗址出土的瓮棺葬具（吉学平摄）

上，呈倒扣状；有 2 座覆盖有陶瓮，作横放，瓮口向西；1 座覆盖有砺石，磨面向下；1 座覆盖有石板；其余 5 座无覆盖物。根据对瓮棺葬中出土骨骼进行判断，发现墓主大多为不足周岁，乃至初生不久的婴孩。部分瓮棺葬中出土躯体似经肢解后再塞入瓮内，瓮棺多向西倾，似有固定的习俗。多数瓮棺的肩部、腹壁或底部有意识地敲 1~3 个圆形小孔，孔径 1.5~2 厘米，这与中原地区仰韶文化的瓮棺葬相似，乃灵魂不灭观念的反映[1]（图 4-7）。

白羊村遗址清理出瓮棺葬 10 座。其中幼童瓮棺葬 9 座，成年瓮棺葬 1 座。多集中于发掘区南部，葬具均属日常生活所用的陶罐，多因受压而残破。瓮棺均正置，其坑穴多不规则，比陶罐稍大一些。仅有 1 座瓮棺口部倒置了 1 件陶匜。9 座瓮棺葬均无随葬品。成年瓮棺葬属二次葬，骨骼不全，仅有股骨、胫骨与少许脊椎骨。幼童瓮棺葬中仅残存零星的头骨或肢骨，根据牙齿判断，大多不足周岁，甚至有初生不久的婴儿，骨骼头均向上，头骨靠近罐口，一般下肢屈于罐底[2]。

通海兴义二期遗址中发现有 4 座瓮棺葬，瓮棺葬葬具均为具有当地特色的器形较大的盘口釜，瓮棺的口部没有发现掩盖痕迹[3]。

---

[1] 阚勇：《元谋大墩子新石器时代遗址》，载《考古学报》，1977（01）。
[2] 阚勇：《云南宾川白羊村遗址》，载《考古学报》，1981（03）。
[3] 朱忠华：《热点跟踪——兴义遗址田野考古发掘工作结束》，载云南考古公众号，2016年。

（三）石棺墓

石棺墓是将石棺作为葬具埋葬的一种丧葬形制。石棺墓在新石器时代之后使用较多，新石器时代的石棺墓较为少见。

磨盘地遗址发现石棺墓 7 座，年代较晚，其中发掘区西南部的 5 座墓头向为西北方向；发掘区东北角的 2 座小型石棺墓头向为西南方向。墓葬建造方法为先挖出墓坑，垫土后铺底板及侧板。7 座墓均各以数块石板铺砌成头端略高于脚端的斜坡形底；两侧立砌石板；两端各以 1 块石板立砌作为拦板；盖顶均已遭破坏。7 座墓中只有少量残存骨骸。M2 位于发掘区中部，尚存 3 块盖板，盖板长约 70 厘米、宽 20~32 厘米；头、脚端各以 1 块石板作拦板，头部宽，脚端较窄；东北侧有侧板 6 块，西南侧有侧板 5 块；底板共 4 块，呈头端高于脚端的斜坡形。棺内长约 175 厘米、宽 25~38 厘米、高约 40 厘米；棺内有人骨 1 具，仅残存少量肢骨。M4 位于发掘区东北部，小型石棺墓，仅底部保存完好，呈头端高于脚端的斜坡形，头脚两端各有拦板 1 块，侧板仅剩 3 块，盖板完全不存；棺内长约 80 厘米、宽约 28 厘米，未见骨骸[1]。

在元谋腊甸遗址中发现了一种新类型的石板墓，石板墓主要叠压在⑤⑥⑦层下，开口于⑥a、⑦b 以及生土的层面上。较该遗址中发现的土坑墓年代更早。遗址中出土的石板墓根据石板的完备程度可分盖板、四边侧板和底板均有，只有盖板和四边侧板，只有盖板和两端侧板，只有盖板四种类型。其中部分石板墓带有方形墓围，墓围用鹅卵石砌筑，最高的有三层近 40 厘米。其建造方式应该是在地表先挖一个方形浅坑，接着用河卵石紧贴坑边砌筑，上端高出当时的地表。墓围并不封闭，或缺上端或缺下端的一条边，墓围中埋葬一个或多个墓葬（图 4-8）。这种现象较为特别，在云南属首次发现。目前腊甸遗址还未进行具体的测年，初步推测早期地层的年代为新石器时代晚期至青铜时代早期[2]。

---

[1] 戴宗品、周志清、古方、赵志军：《云南永仁菜园子、磨盘地遗址2001年发掘报告》，载《考古学报》，2003（02）。

[2] 万杨：《腊甸遗址考古发掘获得新成果——新类型石板墓属云南首次发现》，载云南考古公众号，2019年7月22日。

图 4-8：元谋腊甸出土的石板墓盖板（上）和墓穴（下）（万杨提供）

二、新石器时代的随葬品

随葬品是从旧石器时代起就开始产生的丧葬习俗，当时人们会将石器、颜料、一些装饰品作为随葬品放入墓葬内，来寄托对逝者的哀思。这种丧葬习俗应是伴随着物质的富足而产生的。随着生产力水平的提高，墓葬中的随葬品也随之变化，但新石器时代普遍还是以生活中的实用器物为主（图 4-9~4-11）。

云南永胜枣子坪遗址 M22 头部附近有 3 件随葬品，均为陶器。M23 随葬品肩部有 1 件石刀，腰部有 1 件陶罐和 2 件骨饰品。M26 随葬品头部南侧有 2 件

图 4-9：宾川白羊村遗址出土的陶罐
（宋鸽拍摄）

图 4-10：剑川海门口出土的陶罐
（宋鸽拍摄）

图 4-11：永平新光遗址出土的陶罐（宋鸽拍摄）

陶器，腰部南侧有 1 件陶器，腰部北侧有 2 件陶器①。

　　通海兴义遗址一期出土的随葬陶器均放置于头部，有带流罐、豆、钵、盘口小罐等器型。发现 4 座瓮棺葬，葬具均为器形较大的盘口釜，口部没有发现掩盖痕迹（图 4-12）。

① 蒋志龙、朱之勇、吴敬、王春雪：《云南永胜县枣子坪遗址发掘报告》，载《边疆考古研究》，2014（02）。

图 4-12：通海兴义遗址一期陶器组合（朱忠华拍摄）

　　通海兴义遗址二期中清理出的几座幼儿墓葬中，随葬陶器、随葬品均放置于头部，有带流罐、豆、钵、盘口小罐等器形。保存较好的 13 号竖穴土坑墓葬，墓主人头部随葬有圜底陶罐 1 件，陶罐侈口长颈，花边口，口沿下密集的戳印圆点成排分布，腹部扁圆，饰粗绳纹。除了实用器物之外还随葬有用作装饰品或流通货币的贝壳（图 4-13）[①]。

图 4-13：通海兴义遗址二期 13 号墓葬（左）及陪葬海贝（右）（朱忠华拍摄）

① 朱忠华：《热点跟踪——兴义遗址田野考古发掘工作结束》，载云南考古公众号，2016年。

云南发现的新石器时代遗址大多数年代较晚，处于新石器时代晚期，有些甚至已跨步至早期青铜时代，但相比起中原地区同时期随葬品的丰富程度，云南地区的陪葬品在种类与数量上显得较为单薄，多是些实用器物，用动物殉葬的方式在此也并不流行，一方面是思想文化的差异，另一方面可能与云南地区地理气候条件适宜，自然资源丰富，文明起步较晚有关。

第三节　新石器时代的生业方式

农业、畜牧业的出现是人类进入到新石器时代的重要标志，这些生产方式的出现意味着人类已不满足于原始的狩猎—采集攫取性经济方式，开始有意识的改造自然，追求更加稳定的生活，这是人类文明进程中的一次重大变革。

一、新石器时代的农业经济

根据云南地区新石器时代遗址出土材料来看，云南地区新石器时代已出现包括农业、畜牧业、渔业等多种生业方式，许多地区都存在着单一或者几种生业方式，但农业仍是云南地区新石器时代居民最主要的生业方式。当时主要的农作物是稻、粟、黍，在食物来源中也占很大比重，除此之外，还种植大豆等作物。种植方式应主要为旱地农业与水田农业。

（一）稻

早在一万年前的新石器时代早期，长江中下游地区就出现了对稻的耕作。但耕作并不等同于驯化，耕作是一个特定概念，是指人类为了促进植物更好生长而采取的一系列行为，如平整土地、开垦荒地、播种除草等行为。人类最初采取的某些耕作行为仅仅是为了提高植物的获取量，而不是有意识地改变植物的生物特性和形态特征，所以那些被耕种的，特别是最初被耕种的植物极有可能是栽培作物，也有可能在形态特征上乃至生物特性上仍然属于野生的植物[1]。以此概念来看，云南地区人们耕作野生水稻或许可以追溯到较早的时候，因为云南地区关于野生稻的文献在《山海经·海内经》有过记载。文中记载，"西南黑水之间，有都广之野，后稷葬焉。爱有膏菽、膏稻、膏黍、膏稷，百谷自生，冬夏播琴"。黑水即今金沙江，远在两千多年前，川滇一带"百谷自生"，说明云南地区自古就有野生稻存在。野生稻外部形态接近栽培稻。野生稻稻穗属圆锥花序，谷粒称颖果，多呈淡棕红色，结实率低，谷粒边熟边落。我国现存有三种野生稻，即普通野生稻（*Oryza Sativa f. Perennis*）、药用野生稻（*O.officinalis*）、疣粒野生稻（*O.meyeriana*）。普通野生稻主要分布在沼泽地、草塘及溪河沿岸；药用野生稻在少阳光照射的山谷水湿地；疣粒野生稻则分布在山地、丘陵或河谷两岸荫蔽的灌木丛林中。三种野生稻的共同生态特性是均生长在热带或亚热带的江河流域附近，要求有一定的水湿条件。三种野生稻中普通野生稻与人工栽培稻的亲缘关系更为密切，它比其他两种野生稻要求更强的水湿条件，也可以说是纯系长年生长的水生植物。且并不是所有的野生稻都可以被驯化，只有多年生的普通野生稻才可能是现代栽培稻的祖先。

栽培作物的驯化是在人类行为即耕作行为影响下的植物进化过程，所以耕作行为的出现是栽培稻驯化的前提，也是稻作农业形成的先决条件。云南地区先民是具备此种条件的，但云南地区是否是栽培稻的起源地之一，何时驯化了野生稻等问题，还有待新石器时代早期遗址的发现与研究。现阶段云南地区新石器遗址中出土的炭化稻大多是驯化稻。

云南新石器时代遗址出土植物遗存的地点共有十余处，其中包括：怒江石岭岗遗址、宾川白羊村遗址、元谋大墩子遗址、剑川海门口遗址、耿马石佛洞遗址、耿马南碧桥遗址、昌宁营盘山遗址、东川营盘村遗址、永仁磨盘地遗址、永平新光遗址、晋宁石寨山遗址等。

---

[1] Harris David R.: *Agriculture, cultivation and domestication: Exploring the conceptual framework of early food production. In: Denham Timothy, Vrydaghs Luc, Iriarte Jose. eds. Rethinking Agriculture: Archaeological and Ethnoarchaeological Perspectives*. Walnut Creek, Ca: Left Coast, 2007.

　　位于云南西部，属金沙江南岸干热河谷地区的宾川白羊村遗址为新石器时代遗址。1973~1974 年由云南省博物馆进行了第一次发掘，宾川白羊村遗址清理出早、晚期的窖穴 48 个，其中 23 个窖穴内填大量灰白色的粮食粉末与稻壳、稻秆痕迹。T4 出土果核一枚，经中国科学院遗传研究所李璐鉴定属"云南山桃"[①]。

　　之后云南省文物考古研究所于 2013~2014 年对白羊村遗址进行第二次发掘，采样及鉴定工作由北京大学文博学院承担，采集浮选土样 371 份，每份样品土量 10 升左右，采样方法为针对性采样法。浮选土样用小水桶在当地进行浮选。从浮选出的 5 979 件植物遗骸中鉴定出了超过 30 种植物物种，鉴定出的植物遗存包括以下几种：栽培谷物遗存、豆类植物遗存、其他可食用种（水果和坚果）以及几种杂草种子（禾本科杂草、苔草和水草）。栽培谷物又分为栽培水稻（*Oryza sativa*）、粟（*Setaria italica*）、黍（*Panicum miliaceum*）三种[②]。

　　白羊村遗址的经济类型是以农业为主，兼狩猎、采集与饲养家畜的社会经济模式。从出土大量的磨制生产工具分析，当时的农业已较发达。遗址中发现储藏禾草类的叶子、谷壳粉末的窖穴多达 23 个，表明粮食作物已是当时重要的食物来源。整个遗址的文化堆积较厚，房屋遗迹较小而颇密集，近旁又发现储藏粮食作物与生产工具的窖穴，说明白羊村遗址是一处长期定居的村落遗址。

　　保山昌宁营盘山出土的古稻属于粳稻类型，表现在判别函数和距离测定数据指标上。保山昌宁营盘山古稻与参照系中的各个性状差异极显著，与粳稻比较亦然。表明保山古稻粒型与现代粳稻亦有不相同之特点。保山昌宁营盘山古稻的演化特点是粒长极短，比粳稻短 11.7%，长宽比很小，仅 1.84，比粳稻小16.4%，但粒宽、粒厚、粒重都有不同程度增加，表现为近圆形的重粒类型。所以推测保山昌宁营盘山古稻可能是云南粳稻的前身，但不知是否具有云南软米

---

① 阚勇：《云南宾川白羊村遗址》，载《考古学报》，1981（03）。

② Rita Dal Martello，Rui Min，Chris Stevens，Charles Higham，Thomas Higham，Ling Qin，Dorian Q. Fuller：*Early agriculture at the crossroads of China and Southeast Asia：Archaeobotanical evidence and radiocarbon dates from Baiyangcun，Yunnan*，Journal of Archaeological Science：Reports，2018.20.

图 4-14：昌宁营盘山（左）、耿马石佛洞（右）出土炭化稻谷（吉学平拍摄）

（糯）的性质。营盘山新石器遗址出土古稻粒型判别结果是 100% 为粳型。且由于营盘山古稻已演化成为一种具有宽厚粒重特点的栽培稻群体，表现出稻种的成熟与种植规模，推测当时的生产量已达到一定规模[①]。

耿马石佛洞发现的炭化稻谷，在探方西北角距表土深 240 厘米处，一个不规则形火塘内盛大量的炭化稻谷，呈无光泽炭黑色，均为有颖稻谷及落颖米粒，质地轻脆，手触即碎；短圆粒型，未见俘毛，但内外稻颖的方格纹明显，在早期文化层中还发现大量的稻谷凝块，呈灰黑色，质地轻疏，手触即碎（图 4-14）。这些炭化稻谷，经鉴定属于亚洲普通栽培稻杂合群体，其中绝大多数为粳稻，仅有少量为籼稻，且不排除有光壳稻生态类型。现在云南南部地区栽培稻种中的陆稻品种，如澜沧、西盟、沧源等地的地方品种与耿马石佛洞遗址所出炭化稻谷在粒形形态上有较多相似之处。因而，耿马石佛洞遗址所出炭化稻

[①] 向安强、张文绪、李晓岑、王黎锐：《云南保山昌宁达丙营盘山新石器遗址出土古稻研究》，载《华夏考古》，2015（01）。

谷亦可能为陆稻①。

　　剑川海门口遗址所出土的稻、粟、麦等多种谷物遗存，证明了来自黄河流域的粟作农业的南界已经延伸到滇西地区，而稻、麦的共存现象，则有可能为认识中国古代稻麦轮作农业技术的起源时间和地点提供重要信息②。

　　元谋大墩子遗址 H1 出土大量灰白色的禾草类叶子、谷壳粉末，在晚期 K 7 的三个陶罐内，均发现大量的谷类炭化物。经中国科学院植物研究所鉴定，灰白色粉属禾草类（如稻子）粉末。经初步鉴定，罐内的谷类炭化物是粳稻。大墩子遗址所反映的社会经济状况是以农业为主，兼狩猎、采集与饲养家畜。从大量出土的磨制石器看，当时的农业虽较粗放，但已发展到原始的锄耕阶段，出土的种子炭化物和稻谷粉末说明云南种植水稻的历史很早③。

　　在永仁磨盘地遗址的发掘中，第 3 层中发现约 2 千克的炭化稻，磨盘地遗址出土的稻米个体宽大，尺寸较为一致，属栽培稻。如仅根据形态分类，应属于栽培粳稻稻米。根据数量推测，这些稻谷应该生产于当地④。

　　在石岭岗遗址中，从植物遗存的出土概率看，农作物中水稻的出土概率达到 54.28%，可见稻作农业为石岭岗遗址中居民的主要生业经济。在石岭岗遗址 15 份土样中共发现 8952 个植硅体。所有样品均发现水稻植硅体，其中以双峰型为主要类型，占所发现植硅体总数的 21.85%。在石岭岗遗址的文化层① ~⑦层灰坑、房址、活动面采集的浮选样品中，鉴定出两种农作物的炭化种子，分别是水稻和粟，其中水稻遗存占所有鉴定出的炭化植物种子的 33%，出土概率为 54.28%。此外，还鉴定出 2308 个水稻植硅体，占全部可鉴定植硅体的 53.93%。根据上述结果可以判断，水稻已成为石岭岗遗址先民最重要的食物来源，石岭岗遗址植物大化石和植硅体分析结果都发现粟和水稻这两种农作物，表明其农业应该是稻、旱

① 阚勇：《云南耿马石佛洞遗址出土炭化古稻》，载《农业考古》，1983（02）。

② 闵锐：《云南剑川县海门口遗址第三次发掘》，载《考古》，2009（08）。

③ 阚勇：《元谋大墩子新石器时代遗址》，载《考古学报》，1977（01）。

④ 戴宗品、周志清、古方、赵志军：《云南永仁菜园子、磨盘地遗址2001年发掘报告》，载《考古学报》，2003（02）。

混作农业①。

从上述云南地区出土稻作植物遗存来看，至少在距今4 000年左右，云南便已进入稻作农业阶段。虽还不清楚是否是在本地成功驯化水稻，是何时开始驯化水稻，但云南新石器时代有适宜驯化水稻的条件和环境是毋庸置疑的。

（二）粟黍

粟又叫谷子，黍又叫糜子。粟黍属于旱作农业，最早是在黄河流域种植的植物。在云南新石器时代遗址中广泛发现了粟黍的存在，说明最少在距今4 000年之前粟黍便已传播至云南地区。在发现时间上来看，云南地区种植粟黍的时间远晚于四川、西藏地区。所以学术界也普遍认同粟黍是经由川藏，从甘青地区传来云南的。

云南地区现出土有粟黍的遗址包括元谋大墩子遗址、剑川海门口遗址早期、耿马石佛洞遗址（图4-15）、怒江石岭岗遗址及宾川白羊村遗址。

对大墩子遗址植物遗存进行浮选，发现了大量的已经炭化的粟和黍的种子。粟和黍，大多数无壳、表面哑光，呈圆形或椭圆形，上下两端圆钝。同时，伴出的还有大量的稻谷基盘。根据样品浮选出的粟、黍和稻谷的数量推测，大墩子遗址整体埋藏的粟黍的遗存可能比较丰富。

大墩子遗址中还浮选出了马唐、狗尾草、藜、繁缕等旱田杂草，这些田间杂草应该是伴随着农作物在田间生长，在

图4-15：耿马石佛洞出土的粟粒（引自《耿马石佛洞》）

---

① 黎海明、左昕昕、康利宏、任乐乐、刘峰文、刘鸿高、张乃梦、闵锐、刘旭、董广辉：《植物大化石和微体化石分析揭示的云贵高原新石器—青铜时代农业发展历程》，载《中国科学：地球科学》，2016，46（07）。

收割时被一起带回遗址的^①。

剑川海门口遗址发现的炭化粟在第三次发掘的地层第⑧层中仅有少量发现，共有炭化粟 13 粒，炭化藜属 13 粒^②。

在石岭岗遗址出土炭化植物种子中粟的出土概率为 17.14%，部分土样样品中发现 2~10 粒不等的粟植硅体，在 1 份样品中发现 1 粒黍植硅体。文化层①~⑦、灰坑、房址、活动面采集的浮选样品中，鉴定出了粟的炭化种子，粟遗存占所有鉴定出的炭化植物种子 8.7%，出土概率为 17.14%。从粟所占比重来看，已经是作为辅助农业来种植了^③。

从上述资料可看出在云南新石器时代晚期，粟黍已成为云南部分地区主要的农业种植物。

（三）其他

云南新石器时代农业主要种植稻粟黍，但也发现了许多其他植物，这些植物的发现证明了云南史前人类已开始利用更多种不同植物来丰富自己的饮食，但也延续了部分采集的生业方式。

白羊村遗址中发现有豆类，主要是大豆（*Glycine cf. max*），浮选出的大豆种子虽然在大小上表现出同野生大豆种子相似的特征，但还是可栽种的。除此之外，白羊村遗址中还可能栽种有马泡瓜（*Cucumis melo*）和不知具体种的豆类植物。发现的水果和坚果为野生植物，包括有山楂（*Crateagus*）和水生芡实（*Euryale ferox*）。而发现的杂草，包括禾本科杂草（稗草）以及苔草、水草等多种生活在不同环境下的杂草，则表明至少有一部分水稻是种于水田或者灌溉环境下的，旱地杂草可能是来自粟黍生长的区域。

在石岭岗遗址鉴定出的炭化植物种子除了水稻、粟两种农作物种子，其

① 金和天、刘旭、闵锐、李小瑞、吴小红：《云南元谋大墩子遗址浮选结果及分析》，载《江汉考古》，2014（03）。

② 闵锐：《云南剑川县海门口遗址第三次发掘》，载《考古》，2009（08）。

③ Rita Dal Martello, Rui Min, Chris Stevens, Charles Higham, Thomas Higham, Ling Qin, Dorian Q. Fuller: *Early agriculture at the crossroads of China and Southeast Asia: Archaeobotanical evidence and radiocarbon dates from Baiyangcun, Yunnan*, *Journal of Archaeological Science: Reports*, 2018, 20.

他野生植物种子包括野豌豆（*Vicia sepium Linn.*）、牛筋草（*Eleusine indica L. Gaertn*）、狗尾草（*Setaira viridis*）、尼泊尔蓼（*Polygonum nepalense Meisn*）、齿果酸模（*Rumex dentatus L.*）、酸模（*Rumex acetosa L.*）、马蔺（*Iris lactea var. chinensis*）、紫苏（*Perilla frutescene*（L.）*Britton*）、藜（*Chenopodium album L.*）、茜草（*Rubia cordifolia L.*）、堇菜（*Viola verecunda*）、花椒（*Zanthoxylum bungeanum Maxim.*）、盐肤木（*Rhus chinensis*）和眼子菜（*Potamogeton distinctus A. Benn.*）。野生植物种子中，尼泊尔蓼、紫苏和藜出土概率比较高，分别为 22.86%、28.57% 和 28.57%，其他的野生植物的出土概率均小于 5%[①]。

云南大墩子遗址中出土的其他植物遗存包括有杂草及其他植物种子。杂草大多为同农作物一起生长的植物，最后随农作物一并被收割了。经鉴定其中包括马唐、狗尾草、藜、繁缕、两歧飘拂草、蔗草六种杂草的植物遗存。其他植物种子还有豇豆属，野豌豆。发现数量较少的植物种子还有木槿、显子草、接骨草、堇菜、葫芦科等。这些植物应是生长在山坡、林下、路旁等地，伴随自然力或人、动物的活动进入到遗址中，经自然炭化保存了下来[②]。

云南新石器时代的农业主要为稻作农业，云南稻作农业的起源问题也长期被人们所关注，但一直存在争议。随着时间的推移，考古发掘及研究的深入，云南发现稻作农业的范围也在扩大，为更深入的探讨此问题提供了可能性。

二、新石器时代的畜牧业经济

畜牧业来源于史前时期原始的狩猎经济，是当时人类的一种更为稳定获取蛋白质的生业方式。

虽然现在对于动物"驯养"的定义还没有达成统一的共识，根据 Bökönyi

---

① 黎海明、左昕昕、康利宏、任乐乐、刘峰文、刘鸿高、张乃梦、闵锐、刘旭、董广辉：《植物大化石和微体化石分析揭示的云贵高原新石器—青铜时代农业发展历程》，载《中国科学：地球科学》，2016，46（07）。

② 金和天、刘旭、闵锐、李小瑞、吴小红：《云南元谋大墩子遗址浮选结果及分析》，载《江汉考古》，2014（03）。

的认识，他认为动物驯化的本质可以被描述为"人类捕获和驯服具有特定行为特征的动物，将它们从自己原本的生活区域带离，喂养并繁育它们，达成人与动物互利"[1]。

　　狩猎是无差别的进行捕猎，人类对动物的驯化也是从狩猎的动物中慢慢产生的，但同狩猎不同，对动物的驯养则要考虑更多方面的因素，是否温顺，是否给人类带来利益应是首要的条件。

　　云南地区新石器时代早期有无驯化动物，是否出现了畜牧业，还缺乏考古证据支撑。

　　云南地区新石器时代早中期的遗址较少，通海黄家营和小龙潭两遗址采集有动物骨骼，这两个遗址是 1981 年发现的。黄家营遗址采集和出土的动物有亚洲象、马、犀牛、水鹿、鹿、水牛等 6 种，同时还出土有人类右顶骨亚化石一件及人工砍砸过的骨骼化石，这些化石出自离地表深为 1.4 米以下的湖积层。化石点北距杞麓湖 1.4 千米，高出湖水面约 9 米。化石层中的螺壳经 ^{14}C 测定为 5020±80 年。河西石咀山小龙潭遗址东距杞麓湖 4 千米，高出湖面约 4 米。化石及文化遗物出自离地表深约 4 米以下的地层。从该点采集和出土的动物种类有三种鱼类（鲤、青鱼和鲶）、爬行类（龟鳖类）和多种鸟类。哺乳类有黑鼠、姬鼠、竹鼠、豪猪、印度水獭、果子狸、豹、金丝猴、犀牛、赤麂、麂、鹿、牛等十三种。从动物群的成分、地貌位置等判断，时代与黄家营化石层相当或稍早。出土有两件骨器及有人工痕迹的骨骼。这两个遗址可能是新石器时代中期文化堆积，其中的牛和马很可能是当时的饲养动物。不过这两个遗址还未进行发掘，要作出定论尚有困难。[2]

　　云南新石器时代晚期的遗址十分丰富，而且遗址中都发现了大量的动物骨骼遗存。

　　宾川白羊村遗址中可以肯定的家畜有狗、猪、牛（黄牛），可能还有羊和

---

[1] Bökönyi, Sandor, 1989: *Definitions of Animal Domestication. In The Walking Larder: Patterns of Domestication, Pastoralism, and Predation. J. CluttonBrock*, ed. 22-27.

[2] 张兴永:《云南新石器时代的家畜》,载《农业考古》,1987（01）。

猫。元谋大墩子遗址可以肯定的家畜（禽）有狗、猪、黄牛、鸡，可能还有羊。其中前三者的标本总数为 225 件，占可供鉴定的哺乳类标本 30 多件的三分之二以上。麻栗坡小河洞遗址出土有马和猪的遗骨。由此可见，新石器时代晚期，云南先民已经饲养了狗、猪、牛、马、鸡等 5 种动物，而羊和猫是否已饲养，目前尚难定论。

云南迄今发现的最早的狗遗骨出土地点应为宾川白羊村遗址。这时期的狗遗骨，以大墩子为例，其数量或个体数仅次于猪和牛，居第三位。大墩子的狗遗骨占可供鉴定的猪、牛、狗等三种标本总数的 9.8%，可见狗是当时重要的饲养种类。据考古资料，人类最早驯养的动物是一种由野生的狼驯化而来的狗。世界上狗的最早驯化时间大约在 1 5000 年前，最初驯养的目的是作为先民狩猎的得力助手。

大墩子遗址出土狗遗骨有上牙床 3 件，下牙床 13 件，颊齿 1 枚，犬齿 5 枚。总的特征为前臼齿较细，呈三尖状，排列很不紧密；上臼齿成钝的三角形，有明显的齿带，前尖比后尖大；下列齿弱小，分内、外附尖，外附尖比内附尖大，具钝的跟座。上裂齿长，下颌水平下沿突起，下颌两水平支夹角约 30 度。第三臼齿很小。以上信息显示应属驯养的狗[①]。

猪是云南新石器时代晚期最多最普遍的饲养动物，凡是在遗址里收集或出土动物遗骨，普遍都有猪的遗骨。在大墩子遗址中，猪骨占可供鉴定的猪、牛、狗等三种饲养动物遗骨总数的 48%，居第一位。养猪应是在农业相对较为发达的基础上发展起来的。新石器时代晚期农业已经基本成熟，在粮食生产方面有了很大的进步，这为饲养业的发展提供了前提。一般认为猪的起源是"多元"的，因为家猪的祖先——野猪遍布包括云南在内的广大地区。猪的驯养早在 8 500 年前的新石器时代早期的伊拉克就出现了。近年来，我国南方的浙江余姚河姆渡、广西桂林甑皮岩等遗址发现的猪骨也是很早的。云南还未发现更早的家猪，所以遗址中出土的猪是本地驯化的还是外地引进的，目前难以回答这个问题。

---

① 阚勇：《元谋大墩子新石器时代遗址》，载《考古学报》，1977（01）。

大墩子遗址中发现驯养家畜，其中有猪牙床 41 件，颊齿 21 枚，门齿 42 枚，犬齿 5 枚。总的特征：上前臼齿较弱，齿带构造退化；下前臼齿似切割状，后尖不明显。臼齿上的附属小赘瘤少而小，不如野猪复杂。应属家猪。

牛遗骨在云南新石器时代晚期遗址中也是普遍出现的，以大墩子遗址为例，牛骨占可供鉴定的猪、牛和狗等三种标本总数的 42.2%，居第二位。可见牛是当时饲养业中的重要组成部分。这时期饲养的牛一般具有黄牛的特征，但也不排除水牛的存在。通海黄家营等新石器时代中期遗址都出土过水牛遗骨，尽管目前还不能断定是野水牛还是家水牛。野水牛广泛分布于一万年前更新世晚期的云南、四川等西南地区。

大墩子遗址出土有牛上牙床 3 件，下牙床 3 件，颊齿 84 枚，门齿 3 枚，角 2 支。总的特征：角的基部扁平，向角尖部的横切面变成圆形、椭圆形，角基部的纵脊、纵沟多而清晰；臼齿较大，上臼齿的前后宽度不一，前大后小，牙齿嚼面近半圆形，齿冠面的珐琅质褶皱简单，下臼齿近长方形；第三臼齿的后座为单个新月形向后、向外伸出；臼齿附柱细长。上述特征与犏牛相近，似属驯养的牛[①]。

我国华南、华东等地的新石器时代早期遗址中出土的牛骨，又多为水牛，水牛是这些地区现知最早的饲养动物，所以云南的家水牛何时出现以及是否从华南、华东地区或是南亚传播来的，这一问题有待进一步研究。黄牛则可能是云南先民驯化的。这一时期饲养牛的主要目的是食用，而不是役用。

云南新石器时期也开始饲养马匹，在铜石并用的剑川海门口和西湖两遗址、新石器时代晚期的麻栗坡小河洞遗址等出土过马骨，且应属家马。近几年来，马骨在广南铜木犁洞、江川古城、马龙红桥仙人洞、寻甸先锋姚家村石洞、宣威格宜尖角洞等遗址多有发现，相当于新石器时代晚期的遗址都出土过马骨。从新石器时代考古新材料来看，云南家马的历史可推到距今 4000 年前左右。

云南关于马的材料应是我国南方的最早的记录，云南地区家马的来源或许

---

① 阚勇：《元谋大墩子新石器时代遗址》，载《考古学报》，1977（01）。

是通过云南西北三江地区从北而南，随着古代先民而传播到云南，再由云南向东、向南传播的。这种传播显然与古文化交流有密切的关系。

云南出土鸡骨的有大墩子遗址和永平新光遗址。大墩子遗址发现鸡蹠骨一根，蹠骨上保存距骨。同时在遗址中还出土了一件鸡形陶壶。两者的出现可以视为饲养鸡的证据[①]。

关于羊和猫。羊在一些遗址也有发现，如大墩子遗址发现羊的右第三臼齿一枚，齿冠较高，外侧无附柱，最宽处在第一叶，似属驯养的羊[②]。在永平新光遗址发现有猫骨遗存，但研究较少，是否为驯化动物目前尚难有定论，有待更多材料的发现与研究。

云南新石器时代早期的家畜缺乏考古材料；中期的遗址发现极少，大多数也未进行系统发掘。材料集中于晚期，实物较为丰富，能基本肯定的饲养动物有狗、猪、牛、马、鸡等五种，羊和猫为可能的饲养种类，这为云南青铜时代六畜兴旺奠定了基础。

这时期初步发展起来的饲养业，对于促进当时社会发展起到了积极的推动作用。云南地区饲养动物中，狗主要是作为狩猎时的助手；马主要是役用；牛、猪、鸡则是食用。

大墩子遗址出土狩猎的野生动物的骨骼比家畜多，但完整者极少。初步鉴定有：水鹿、赤鹿、麝鹿、豪猪、松鼠、竹鼠、黑熊、猕猴等，种类丰富，数量也多，推测狩猎在当期人们的经济生活中占有重要地位。大批动物骨骼的出土，对分析大墩子遗址时期的地理环境提供了科学依据。猕猴、松鼠、水鹿、麋鹿、黑熊均属森林动物，它们的存在，显示了当时大墩子东侧的莲花山森林密布，野草丛生，赤鹿、野兔、豪猪在这一丘陵地区的草原、沼泽地带活动。

牛、猪、羊、狗、鸡为主的畜牧动物，反映了畜牧业的发展；野生动物骨骼的出土说明，狩猎仍是当时获得动物蛋白的主要途径之一。

---

① 阚勇：《元谋大墩子新石器时代遗址》，载《考古学报》，1977（01）。
② 阚勇：《元谋大墩子新石器时代遗址》，载《考古学报》，1977（01）。

三、新石器时代的渔业经济

云南地区新石器时代的渔业经济也很普遍。即使不是作为主要的生业方式，也存在渔业与其他生业方式共存的复合生业方式。尤其在滇池地区，发现了大量的贝丘遗址，这些遗址中都发现有渔业经济的痕迹。

通海兴义遗址早期的海东类型遗存，年代约距今 4 000 年。遗址发现 12 座墓葬，除 5 座人骨保存不全外，其余均为成人屈肢葬。部分屈肢葬人骨肱骨粗壮、肌线肌嵴发达且尺骨粗隆明显，髌骨有附丽病特征，这些特征与划船捕捞水产品的生业模式相吻合。且该阶段上完整的螺蛳壳所占比重较大，不像兴义二期及滇文化地层内螺蛳壳均没有尖锥尾部，反映遗址早期居民螺蛳食用方法不同于晚期，证明当时渔业也是主要的一种生业经济[①]。

此外晋宁石寨山贝丘遗址中发现了大量的螺壳，螺壳尾部均有敲破的小孔，便于吸食螺肉，这证明这些螺壳是被食用后留下的。所以推测晋宁石寨山贝丘遗址也存在渔业经济。

大墩子遗址水生动物的骨骼、硬壳，在文化堆积中也几乎到处可见。有厚蚌、鱼、田螺以及少量的小蚌壳、小螺蛳、蜗牛，其中厚蚌最多。推测水生动物也是当时人们的重要食物来源之一。

水生杂草表明当时存在水草较为丰茂的水田农业，环境也是较为湿热的。猕猴、松鼠、水鹿、麝鹿、黑熊等森林动物骨骼的出土，显示了当时环境为森林密布，野草丛生。赤鹿、野兔、豪猪在这一丘陵地区的草原、沼泽地带活动。竹鼠以及犀牛的出现，又似乎表明当时有大片竹林。

无论是农业、畜牧业还是渔业，从各个方面都可以看出当时云南地区气候的湿热，与现在的气候有所不同，应属于湿热的亚热带气候。

---

① 朱忠华：《热点跟踪——兴义遗址田野考古发掘工作结束》，载云南考古公众号，2016 年。

第四节　新石器时代的生产、生活用具

转变生业方式，提高生产力，一定程度上就意味着生产工具与生活工具的进步。

一、新石器时代的生产工具

进入新石器时代，原始居民的生业方式发生了很大的变化，从采集—狩猎经济向农牧渔业经济转变。新经济方式的出现，使得云南地区新石器时代的生产工具显著增加。为适应多种生业经济方式，生产工具也逐渐多样化，有斧、锛、刀、箭镞、纺轮、网坠等，按功能可分为农业生产工具、渔业生产工具、狩猎工具等，按材质又可分为石制生产工具、陶制生产工具和骨制生产工具。

（一）石制生产工具

新石器时代的石制生产工具中，打制石器与磨制石器兼而有之，不过在大多数遗址中磨制石器已作为主要的生产工具。当时石制生产工具的器物种类包括石刀、石镞、石锛、石斧、石凿、砺石、石锥、石杵、石镰、石纺轮、石网坠等（图 4-16~4-21）。

石斧、石锛是史前人类生活中最为重要的一类工具，出土数量也最多，它们不仅可以用来防身、抵御野兽，同时也是绝佳的生产工具，可以用来砍伐树木、加工木材、制作木器和骨器。在新石器时代，当要开垦荒地、耕种土地时，就需要用石斧、石锛来砍伐地表的树木杂草，还可以用来掘地，所以石锛、石斧是新石器时代农业中最为重要的整地工具。

云南地区出土的石斧、石锛自有特色，且遍布云南省内各个新石器时代遗址，可见是当时最主要的生产工具之一。

出土石斧中较为有特点的有：滇池地区的有肩石斧、有段石斧和有肩有段石斧（图 4-22）；金沙江中游地区元谋大墩子遗址和滇西北戈登遗址出土的圆

图4-16：耿马石佛洞出土的石斧和砺石
（宋鸽拍摄）

图4-17：耿马石佛洞出土的石斧
（宋鸽拍摄）

图4-18：耿马石佛洞出土的石纺轮
（宋鸽拍摄）

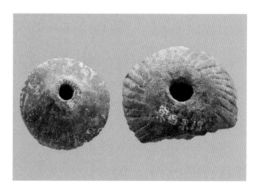

图4-19：宾川白羊村遗址出土的石网坠
（宋鸽拍摄）

图4-20：元谋大墩子遗址出土的石拍
（吉学平拍摄）

图4-21：元谋大墩子遗址出土的穿孔石刀
（吉学平拍摄）

图 4-22：通海兴义二期出土的有肩有段石斧（朱忠华拍摄）

图 4-23：西双版纳澜沧江畔采集的
忙怀型石器（吉学平拍摄）

柱形石斧；澜沧江中游忙怀遗址出土的靴形、长条形有肩石斧（图 4-23）；滇东南地区小河洞遗址和滇南孟连老鹰山遗址出土的有肩石斧都是云南新石器时代具有特征性的器物。

云南的石锛主要有梯形石锛和有段石锛两种类型。前者多见于滇池区域及滇东北、滇西和滇西北地区，后者多见于滇池以东地区，也有两者共存的现象。江川头咀山出土的有肩石锛，晋宁石寨山遗址出土的肩部分化不明显的有肩有段石锛和滇东南小河洞遗址出土的有肩石锛和靴形石锛，金沙江流域元谋大墩子遗址出土的尖柄石锛，洱海地区马龙遗址出土的有一端为錾一端为锛的尖柄

图 4-24-1：剑川海门口出土的半月形穿孔石刀
（剑川县文物管理所提供）

图 4-24-2：剑川海门口出土的长方形穿孔石刀
（剑川县文物管理所提供）

图 4-25：耿马石佛洞出土的石磨盘和石磨棒[2]

器等，充分说明这种工具在云南有着广泛的分布，而其中有肩石锛和有肩有段石锛显示了云南地区新石器时代文化和东南沿海地区新石器文化之间的联系。

石镰和石刀是收割工具，云南新石器时代的人们主要使用石刀、石镰来收割农作物。云南地区大量遗址都发现有这类收割工具，多为半月形穿孔石刀，其穿孔数以单孔为多，双孔者较少，三孔及其以上者更为稀少。与内地的石刀穿孔位置在弓背相比，云南穿孔石刀的穿孔位置既有在弓背的又有在弓弦的。

从滇东南地区小河洞遗址出土的三角形石刀，金沙江中游地区元谋大墩子遗址出土的长条形和半月形石刀[1]，洱海地区也出土了大量的凹背弧刃石刀（图 4-24）。

石杵、石磨盘则是加工谷物的农具，用于给谷物脱壳。这是新石器时代到来后，随着农业发展而出现的一类器物（图 4-25）。

石纺轮是用于纺织的器物，使用方法应与现代部分少数民族使用的纺轮纺织技法较为类似。

----

① 阚勇：《元谋大墩子新石器时代遗址》，载《考古学报》，1977（01）。

② 云南省文物考古研究所、中国社会科学院考古研究所等编著：《耿马石佛洞》，北京：文物出版社，2010。

石网坠则是用于捕鱼,将网坠系于渔网四周,便于渔网下沉。

(二)陶制生产工具

陶制生产工具多为制作陶器时使用的工具,也有纺织用具及意义不明的器具。包括陶垫、陶支架、陶纺轮、陶制弹丸、陶饼等(图4-26~4-30)。

图4-26:耿马石佛洞遗址出土的研磨器(宋鸽拍摄)

图4-27:宾川白羊村遗址出土的陶釜(宋鸽拍摄)

图4-28:剑川海门口出土的陶纺轮(宋鸽拍摄)

图4-29:剑川海门口出土的陶网坠(宋鸽拍摄)

图4-30:鲁甸马厂遗址出土的陶罐(吉学平拍摄)

宾川白羊村遗址中出土了许多制陶工具，包括早期陶垫1件，为夹砂褐陶所制，呈扁平圆形，似属制陶工具。陶垫一般为制作陶器时垫在陶器内部使用的工具，目的是不在拍打陶坯时打坏器型。出土陶支架7件，早、晚期均有。为夹砂褐陶或夹砂灰陶所制，似属制陶工具。陶支架分3式。Ⅰ式1件，为早期遗物，呈圆柱状，两端宽厚，有不规则的凹点。Ⅱ式完整者3件，为晚期遗物，呈马蹄形，两端宽厚，有不规则的凹点。Ⅲ式完整者3件，属于晚期遗物，器身呈不规则形，剖面呈椭圆形或不规则形，下端宽厚，上端平齐。

纺织用陶纺轮也在很多遗址内都有出现。白羊村出土的纺轮在早、晚期均较流行，为夹砂陶所制。分五式。Ⅰ式为早期遗物，截尖圆锥状，中间穿孔。Ⅱ式为早期遗物，似Ⅰ式变体，器身较直，中间穿孔。Ⅲ式早、晚期均较流行，呈扁平圆形，中间穿孔。Ⅳ式属晚期遗物，算珠状，制作精巧。Ⅴ式为晚期遗物，呈圆柱状，束腰，中间穿孔，制作精细。

元谋金沙江边的腊甸遗址2019年发掘出土陶纺轮一批（图4-31），时代为

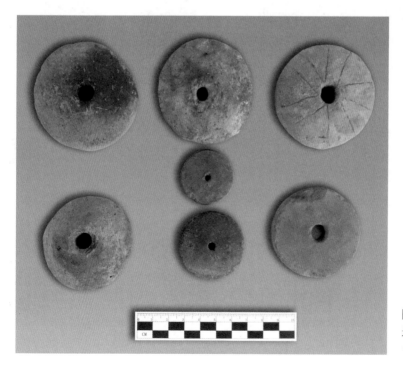

图4-31：元谋腊甸遗址出土的陶纺轮（万杨拍摄）

新石器时代晚期至青铜时代早期，绝对年代尚未测定。

此外白羊村还出土有弹丸 1 件，为晚期遗物，夹砂灰陶所制。心形陶片 1 件，属早期遗物，夹砂灰陶片打磨而成，用途不明。圆形陶片 62 件。其中早期 45 件，晚期 17 件，夹砂褐陶或夹砂灰陶片打磨而成，多数中间穿圆孔，两面对穿，似作纺轮之用[①]。

（三）骨制生产工具

骨制生产工具是由动物骨骼、牙齿或贝类的蚌壳作为原料加工而成的工具。器型一般有骨锥、骨凿、抿、针、镞、蚌刀等。

大墩子遗址出土骨锥 77 件，完整器占半数以上，均用兽骨残片磨制而成。分四式。I 式 7 件，呈圆柱状，尖端钝，柄粗糙。II 式 63 件，长条形，多不规则，尖端锐利，柄略粗而平齐。III 式 5 件，三棱形，锥尖粗，柄宽厚，剖面三角形的柄端穿孔。IV 式 2 件，长条圆柱形，尖端锐利，柄端有系线凹槽一道，制作精细，呈牙黄色。出土骨凿 15 件，完整的 8 件，长条扁平形，器身较薄，柄端粗糙，刃部稍宽，大多两面刃，少数单面刃。骨抿 12 件，完整的 7 件，作长条宽刃式，大多通体磨光，个别稍加刮磨，柄粗厚，刃较宽，磨制精细，呈牙黄色，器身中央有的穿单孔或双孔，使用痕迹清晰。

骨针 7 件，完整的 6 件。分二式。I 式 2 件，器身扁长，通体磨光，断面圆形或椭圆形，针尖锐利，针首扁薄，穿孔，穿孔前先凿凹槽，然后钻通，制作较精细，呈牙黄色。II 式 5 件，长短不一，较粗大，针尖锐利，个别有隐约可见的系痕。

骨镞 1 件，柳叶形，宽铤起脊，铤部有凹口。通体磨光，制作精细。[②]

耿马石佛洞出土有几件精品骨器，如抿、锹、锥、匕、鱼钩等，加工细腻准确。其中骨制鱼钩较为特殊，制作精美且鱼钩的尺寸大小不一（图 4-32）。

蚌刀则是用蚌壳的一半作为加工的原料，不经任何的磨制和切割，仅在其

① 阚勇：《云南宾川白羊村遗址》，载《考古学报》，1981（03）。

② 阚勇：《元谋大墩子新石器时代遗址》，载《考古学报》，1977（01）。

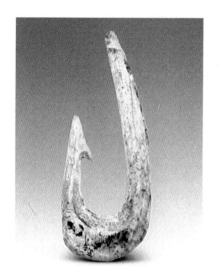

图 4-32：耿马石佛洞出土的骨制鱼钩[1]

上端穿孔即成的农具。

蚌刀的穿孔方法为对穿法，有的先在器身的两侧各挖一条沟槽，然后从槽内开始钻孔以缩短其距离。云南新石器时代的石刀和蚌刀主要分布在滇池区域、洱海区域和金沙江中游以及滇西北地区。

在元谋大墩子遗址和环滇池区域的石寨山类型新石器时代遗址中出土了大量的蚌刀。大墩子出土蚌刀共 79 件，只 2 件完整。多保留原蚌状，个别磨成长方形。大多穿双孔，个别穿单孔。钻孔法有两种，一是将背面钻孔处磨薄，再两面穿孔；二是从背面直接凿穿，孔呈槽形。一器基本采用一种钻孔法，个别二法并用。蚌镞 1 件，宽叶式，扁薄，刃部锐利。

骨器、蚌器的产生是对动物骨骼的利用。说明当时人类除了利用动物作为蛋白质的来源，还可将骨骼加工为生产生活所需的工具。

二、新石器时代的生活用具

新石器时代的生活用具主要为陶器，一般分为炊爨器、容器和水器三类。我国内地（以中原地区为例）新石器时代常见的陶器器形有鼎、豆、罐、盘、壶、碗、钵、盆、瓶、鬶、鬲、匜等十几种（图 4-33~4-37）。

云南由于自然、地理、气候及主要民族成分与中原地区不同，陶器造型也与中原地区不尽相同。云南新石器时代基本上不制造和使用诸如鼎、鬲、鬶之类的三足器，而三足器正是中原新石器文化乃至后来的青铜文化中极富特色的器物。

---

[1]　云南省文物考古研究所、中国社会科学院考古研究所等编著：《耿马石佛洞》，北京：文物出版社，2010。

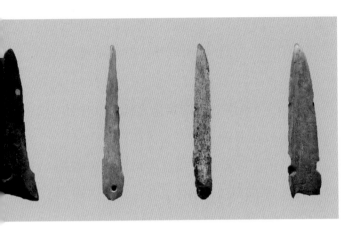

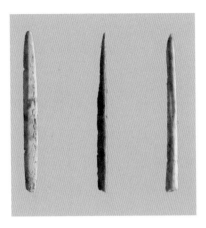

图 4-33：元谋大墩子遗址出土的骨锥
（吉学平拍摄）

图 4-34：宾川白羊村遗址出土的骨
锥（宋鸽拍摄）

图 4-35：元谋大墩子遗址出土的陶器
（吉学平拍摄）

图 4-36：元谋大墩子遗址出土的陶器
（吉学平拍摄）

图 4-37：元谋大墩子遗址出土的瓮罐
陶葬具（邢毅拍摄）

大墩子遗址中出土的生活工具陶器以夹砂陶为主，仍处于手制阶段。器型以小底、深腹的罐类与型体高大的瓮类为代表；有少量圈足器，但未发现三足器。

大墩子早期，陶器的火候较低，多为夹砂橙黄陶；纹饰以篦齿状划纹与粗绳纹为主；器型以钵、盆与窄沿鼓腹罐、小口宽肩罐为代表；器皿口沿较窄。晚期陶器的火候亦低，夹砂橙黄陶绝迹，新出现少量的泥质红陶与泥质灰陶，器形除罐外，尚有瓮、壶、瓶、杯等新器物；早期所流行的钵、盆在晚期不见；器皿口沿加宽。

钵残片，均出早期文化层，多夹砂橙黄陶与夹砂灰陶，敛口，鼓腹，平底。T10 ⑦ : 1，口呈椭圆形，腹部施斜方格纹一道。T7 ⑧ : 1，腹部施斜方格纹一道与平行划纹二道。

盆残片，均出自早期文化层。分二式。I式为敛口，窄沿。T7 ⑧ : 17，腹部饰篦齿纹。II式敞口、卷沿。唇部饰剔刺纹，腹部饰菱形划纹。

大口罐，多夹砂灰褐陶。个别底部有烟熏痕迹。数量较多，似属炊具。分三式。I式均出自早期文化层，敛口，窄沿，腹微鼓，口部与内壁磨光，器壁饰细篮纹。II式均出自晚期文化层，敛口，折沿，深腹，素面。III式均出自晚期文化层，复原4件，敛口，卷沿，通体饰细篮纹。

小口深腹罐盛器。多为夹砂灰褐陶，仅个别为夹砂橙黄陶、夹砂红陶。胎较厚。分二式。I式均出自早期文化层，小口，高领，宽肩，鼓腹，肩部饰菱形、三角形、斜方格划纹；II式均出自晚期文化层，6件，小直口，高领，宽肩，鼓腹，肩部饰三角形纹、斜方格纹与附加堆纹组成的图案。[①]

石佛洞遗址陶器类型有罐、釜、钵、豆、器盖及支脚等，其中以釜数量居多。纹饰主要为绳纹、篮纹以及各类点线组纹，多压印、戳印和刻划而成。其中的点线组合纹以线为基本元素，构成了各类涡状、贝云状、花瓣状、三角状等连续、对称的几何纹样，其制作工艺和图案、结构与黄河流域年代更早的彩

---

① 阚勇：《元谋大墩子新石器时代遗址》，载《考古学报》，1977（01）。

图 4-38：耿马石佛洞出土的陶器[1]

陶有异曲同工之妙[2]（图 4-38）。

第五节　新石器时代的工艺技术

　　进入新石器时代，人们学会了利用自然、改造自然，开始以耕种养殖的方式来更加稳定地获取食物，并学会了纺织和制陶。这种生产经济使得人们的生存压力减小，生活趋于稳定，由此有了更多的精力和物质来丰富自己的生活，人类的艺术活动也进入了一个崭新的阶段。本节主要介绍出土器物造型装饰艺术。云南岩画艺术由于其古老性、多样性，我们将另立一章来论述。

一、新石器时代的石器制作技艺

　　人类最初使用石器或许只是因为偶然砸断了石头，但渐渐地人类开始有意识地加工石头，来满足生产、生活中的不同需求。从旧石器初期的简单剥片到

① 云南省文物考古研究所、中国社会科学院考古研究所等编著：《耿马石佛洞》，彩版二一至二三。
② 刘旭：《石佛洞遗址的发掘》，见云南省文物考古研究所编：《探寻历史足迹，保护文化遗产——纪念云南省文物考古研究所成立五十年》，第70页。

后来的预制剥片，制作工艺逐渐复杂化，石器也愈来愈具有艺术性。到了新石器时期石器制作技艺从打制向磨制转变，对石料的选择更加广泛，而且出现了磨光、裁断、打琢、钻孔等新技术，石器也更为精美多样。这些石器不仅仅是作为当时人们的生产生活工具而存在，它们的外形与制作工艺一定程度上也是古人思想和意识形态的体现，它们包含的艺术价值是不可忽视的。

云南地区新石器较之中原地区发展较为缓慢，石器不及其他文明开化程度更高的地区种类繁杂、制作精细，但不乏极具特色而又富有艺术感的新石器，其中包括有肩石斧、有段石锛、有肩有段石锛和半月形石刀等。

有段石锛，是石锛中的一个特殊类型。它与普通石锛一样，单面刃，呈扁平长方形或梯形，但因其背部偏上有横脊、凹槽或台阶，将锛分成上下两部分，上部为装柄部分，故一般称其为"有段石锛"。有肩石器，也称双肩石器，其中以石锛居多，并有少量的斧和铲。有肩石器的特征是，器形宽扁，上部有双肩，以肩为界，分为上、下两部分，上部为装柄部分，所以我们称之为"有肩石器"。

有肩有段石器是中国南方地区较为普遍的一类石器，广东、广西、云南、香港等省区都有分布，这类器型出现的也较早，早在河姆渡文化和马家浜文化的早期阶段便已经出现了有段石锛。云南地区新石器早期遗存少有发现，且研究较少，这类石器出现的最早时间尚不确定。现发现的有肩有段石器以澜沧江流域的忙怀遗址和滇池地区的江川头咀山遗址较为有代表性。

忙怀遗址的石器类型比较单纯，以有肩石斧为主，石器制作较为原始，均为砾石直接打下石片，再于两侧敲出缺口而成。多数石斧一面保持原来的卵石面，另一面为破裂面。也有部分为第二次打下的石片。刃部一般都有使用痕迹。忙怀遗址的有肩石斧共分为三式：I 式器身扁薄而成靴形，长柄，弧刃或平刃，肩部一侧起棱；II 式器身呈钺形，弧刃居多，少数作月牙状，刃部厚钝；III 式器身呈长条形，平刃居多，弧刃较少[1]（图 4-39）。

---

[1]　云南省博物馆文物工作队：《云南云县忙怀新石器时代遗址调查》，载《考古》，1977（03）。

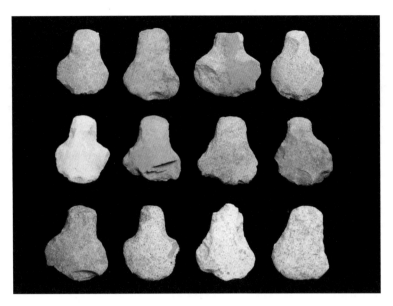

图 4-39：临沧昔归遗址出土的忙怀型有肩有段石斧（康利宏拍摄）

　　1961 年 1 月，云南省博物馆在江川星云湖周围调查时，发现了包括头咀山在内的新石器时代遗址三处，在头咀山遗址采集到有肩有段石锛一件、有段石锛两件，这在过去的滇池地区是极为少见的。在此遗址采集的一件有肩有段石锛，用灰绿色砂石精细磨制而成，器身扁平，正面平直偏刃，背面上段断面呈长方形，中部右边有一道装柄系绳的浅沟痕迹，往下微微隆起，两侧肩部凸出，弧刃。这件有肩有段石锛与海南岛陵水坡遗址出土的石锛较为近似。两件有段石锛，一件是用黑色角页岩规整磨制而成，器身正面平直偏刃，背面上段断面呈半圆形，中部隆起，下段渐宽，刃面呈方形。另一件为灰色火成岩，器身略作长方形，正面平直偏刃，中部两侧打有两个缺口，背面上段两侧无棱角，有一道捆绑的痕迹，中部微微隆起，刃面近方形。[1]

　　可以看出，忙怀遗址的有肩有段石器还延续着旧石器的打制技术，器型较为粗糙。而江川头咀山遗址的制作工艺则更为先进，石器均为磨制而成，外形

————————

[1]　葛季芳：《云南发现的有段石锛》，载《考古》，1978（01）。

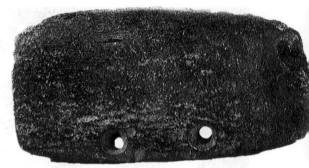

图 4-40：宾川白羊村遗址出土的穿孔石刀
（宾川县文物管理所提供）

图 4-41：昭通鲁甸马厂出土的长方形穿孔石刀
（昭通市文物保护与考古研究所提供）

规整，且几件器物颜色不一，当时的人类似乎已在石料的颜色上开始加以选择。

半月形石刀在云南地区的分布也较为普遍，在洱海地区的白羊村遗址、大理海东银梭岛遗址和金沙江流域的大墩子遗址中均有发现。

宾川白羊村遗址中的半月形石刀均为新月形，用石片磨制而成，器身扁薄。多将石面凸出部分打出锋刃，并稍加磨制而成，形成凹背弧刃的半月形石刀。石刀的背部均有钻孔，双孔多而单孔少，钻孔为两面对穿[1]（图 4-40）。元谋大墩子遗址的半月形石刀呈新月形，器身扁薄。刃在弓背或弦上。大多将石面凹陷部分打出锋刃，并稍加磨制而成。双孔多而单孔少，均两面对穿[2]。大理银梭岛一期出土半月形石刀数量较多。石刀通体磨光。其中 T24 的 47 层第 8 件石料为灰黑色页岩。凹背弧刃，背部有双孔，两端上翘。鲁甸马厂中出土的半月形石刀与洱海地区出土的石刀颇为相似，但石器器型为弧背，自凹处磨刃[3]（图 4-41）。

从上述极具特点的石器及其制作工艺中可看出，云南地区新石器时代的人除了对工具实用性的要求之外，也开始注重器物的美观，如模仿月亮缺蚀的半

① 阚勇：《云南宾川白羊村遗址》，载《考古学报》，1981（03）。

② 阚勇：《元谋大墩子新石器时代遗址》，载《考古学报》，1977（01）。

③ 闵锐、万娇：《云南大理市海东银梭岛遗址发掘简报》，载《考古》，2009（08）。

月形石刀，均在刀背钻有小孔，系于手上，这种设计使得石刀具有实用性，在使用过程中舒适而省力，在外形上又很美观。而忙怀、头咀山两个遗址中的有肩有段石器有一个技艺逐渐完善、器型逐渐规整的过程。此外江川头咀山的不同颜色石器如果是加以选择的结果，那是否说明当时人们已对于色彩、外观开始有了追求。

二、新石器时代的陶器造型及纹饰艺术

陶器的产生是人类从旧石器进入新石器的标志之一，当人们开始利用随处可见的黏土为原料，并将它加工成一种形态性质如此不同的工具时，土与火的艺术便也出现了。

（一）制作艺术

新石器时代陶器的制法有手制与轮制。手制又包括泥条盘筑法、模型法和直接捏塑法。泥条盘筑法即将陶土搓成泥条，再将泥条螺旋盘成想要的器型，最后再用手或制陶工具将陶坯表面修理平滑；模型法是一种较为原始的制陶工艺，先用草、竹、藤等做成器物的模型，再将陶土涂抹于模具表面烧制，经过烧制，由竹草编制而成的模具会被烧尽，只留下陶器；直接捏制法是将陶土直接捏成型，不需经过其他的步骤，因直接捏制成较大的器型，器物容易破裂，所以这种工艺更适合制造小型陶器。

轮制法是一种较为进步的制陶工艺，分为慢轮和快轮。轮制法是将陶土置放于轮上，用手脚或机械带动轮子而制造陶器的方法。轮制法制成的陶器器皿厚薄比较均匀，器身上常常也会留下平行线纹。云南新石器时代晚期的晋宁石寨山贝丘遗址中大多数陶器使用此技艺制成，口沿可看出有慢轮修饰的痕迹。这种制陶工艺一直延续到近现代时期。

（二）造型艺术

云南新石器时代陶器造型的特点是对大自然中植物、动物乃至人类的模仿。陶器器型对于植物的模仿较为典型的例子是葫芦，葫芦是起源于东南亚至云南

的一种野生植物。我国古人对葫芦早有认识，许多地区都有葫芦形的器物或饰物，葫芦内空，做成器物实用性很强，又因多子，在人存活率低的史前社会有着好的寓意，备受史前人类的崇拜与喜爱。云南新石器时代鲁甸马厂遗址中发现的一件"陶勺形器"其实就是对葫芦的模仿。它用黑陶制成，形状酷似葫芦，在葫芦状的半球体上挖一个圆孔。[①]鲁甸马厂这件"陶勺形器"既是崇拜物也是陶器造型艺术品。在人类早期艺术活动中，存在大量原始宗教因素，对于这一点，云南新石器文化中有许多个案可以证明。

　　陶器造型对动物的模仿，基本都是对生活中动物的映射。云南通海海东村出土的器物多带流，器型多设计成类似动物的形状，如鸭嘴形壶、鸭嘴形圈底罐、鸟形罐、鸡形罐、鸟形有肩壶、鸭嘴形杯等都属于该遗址的代表性陶器[②]（图4-42）。

　　元谋大墩子新石器时代遗址中出土了一件精美的鸡形陶壶，这件鸡形壶为夹砂灰陶所制，长12.6厘米，高12厘米。整件陶塑艺术品的形状似一只蹲踞的鸡，陶壶的口沿两侧贴塑有泥钉，应是代表鸡头部与眼睛；尾部与背部有三行乳钉，壶身通体用点线纹来加以装饰，代表鸡的羽毛（图4-43）。鸡形壶制

图4-42：海东遗址出土的鸡形、鸟形陶器（王溢拍摄）

---

① 崔玉珍：《鲁甸马厂遗址的调查》，载《贵州社会科学》，1980（01）。

② 何金龙：《通海县海东村贝丘遗址》，见《中国考古学年鉴》，北京：文物出版社，1991；云南省文物考古研究所等编：《通海海东贝丘遗址发掘报告》，载《云南文物》，1999（2）。

图 4-43：元谋大墩子
遗址出土的鸡形陶壶
（邢毅拍摄）

作精巧，造型新颖，又兼具实用性，可谓是一件艺术品^①[①]。

这些仿动物造型的陶器应是古代人类对现实生活中野生动物或饲养家禽细致观察的结果。不论是大墩子遗址中较为写实的器型，还是海东村遗址出土器物表现出的抽象化的动物形态，都是人类开始有意识地描绘周围世界的体现，极富艺术性又极具生活情趣。

陶器造型对人体部位的模仿一部分是来源于远古时期食人的习俗，云南旧石器时代晚期智人马鹿洞人的 4 具头骨化石中，一具较完整的头骨在"额骨左右颞鳞处，距断边约一厘米处有两个对称的人工钻孔。采用对钻形式，左右孔基本位于头骨中心位置，看起来是有意加工而成，从颅底敲开，取食脑髓后再加工为盛器，为了更适于提放而钻有孔，以便穿绳提送"[②]。到了新石器时期文明逐渐开化，部分地区已不再过茹毛饮血的生活，但这种利用人身体部位作为器物的习惯似乎在陶器上延续了下来，云南地区新石器时代遗址中发现了很多圜底器，就酷似人类的头盖骨。

① 阚勇：《元谋大墩子新石器时代遗址》，载《考古学报》，1977（01）。
② 云南省博物馆：《云南人类起源与史前文化》，昆明：云南人民出版社，1991，第237页。

（三）装饰艺术

云南新石器时代至今尚未发现我国西北地区那样精美绚烂的彩陶，迄今为止，只发现有红陶、黑陶、灰陶、褐陶等单色陶。但从侧面也可以看出新石器时代人们已经掌握了控制空气对陶器的氧化还原，来改变陶器的颜色。

除了颜色方面，云南新石器时代陶器的纹饰也十分丰富，大致可分为几何纹、绳纹、动物纹、植物纹、刻画符号及乳钉纹等几种类型。

几何形纹饰是点和线的组合，通过线条不同的排列组合组成不同的图案，大多数器物都是使用这种纹饰，如滇池地区、宾川白羊村、元谋大墩子等遗址出土陶器上的方格纹、斜线纹、波浪纹、人字纹、斜十字纹、三角线、平行线纹、菱形纹等。几何形纹饰开始可能是由于陶拍上的简单横纹印在了陶器上，后来人们学习到了这种方法，将美丽的纹饰置于陶拍或石拍上，通过拍打修整陶坯，得到美丽的纹饰。元谋大墩子遗址就发现过石质印模，印横上的纹饰是方格纹[1]。

绳纹和篮纹在云南新石器时代陶器上普遍存在。绳纹和篮纹的出现应与模制法有关，竹草所制的模具虽被烧尽，但会留下竹草编织的痕迹。后来虽逐渐不再使用模制法，但人们也会在陶拍上缠绕绳子进行拍打，使之留下美丽的绳纹。这种方法在云南的一些少数民族地区沿用至今。

植物纹饰在白羊村遗址的陶器上有见草叶纹、稻壳印痕（图4-44）。元谋大墩子陶器上的稻叶纹和滇西北维西陶器上的树叶叶脉纹也是典型的植物纹。动物纹饰在云南较少发现，耿马南碧桥陶器上有发现鱼纹、蛇纹、贝纹[2]。刻划符号在滇西大理马龙峰下马龙遗址陶器中多见，这种刻划符号一共有24种，每件器物上只有一个，未见重复，多在器之颈部、肩部或腹部的外表[3]，与其他花纹有很大区别。

---

[1] 刘旭：《元谋大墩子遗址的发掘》，见云南省文物考古研究所编：《探寻历史足迹，保护文化遗产——纪念云南省文物考古研究所成立五十年》，第57页。

[2] 云南省博物馆文物工作队：《南碧桥新石器时代洞穴遗址》，载《云南文物》，1984年12月，16期。

[3] 吴金鼎：《云南苍洱境考古报告》，四川南溪李庄，1942。

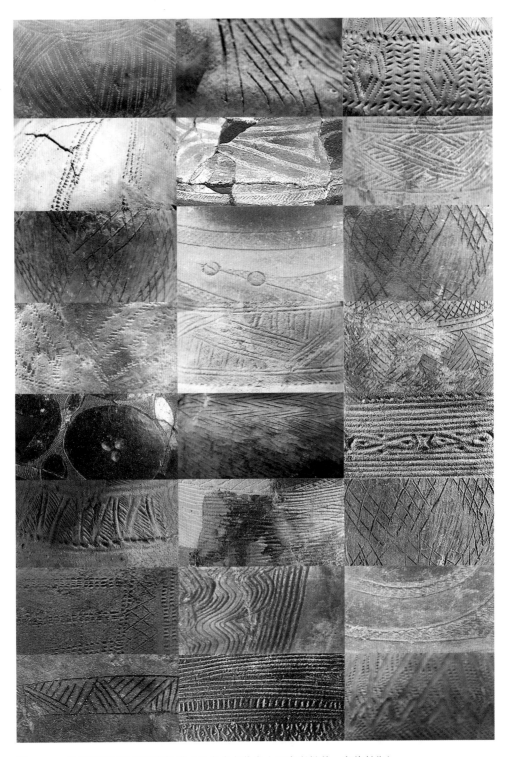

图 4-44：云南新石器时代陶器纹饰（云南省文物考古研究所提供，宋鸽制作）

三、新石器时代的装饰艺术

远在旧石器时代，人类就已经开始使用树叶或皮毛来抵御寒冷，到了旧石器晚期就已经不满足于基本的需求，开始使用装饰物。例如山顶洞人使用动物牙齿、鸵鸟蛋碎片制成项链来装饰颈部。

进入新石器时代后，随着纺织技术的发明，人们开始织麻制衣，并且愈来愈重视装饰自己的身体。云南新石器时代的人体装饰品材料更加丰富，包括动物的骨骼、牙齿、蚌壳、石头等。

元谋大墩子出土了许多石质饰品，如7件青灰色石制锹形饰品，保存完好，通体磨光，制作较精良。有6件中央穿椭圆形小孔。大理石制的"布币"形饰品1件，通体磨光，制作精细，顶端中间穿孔。菱形饰品1件，灰绿色石制，通体磨光，腰部较宽，中央穿孔。石环1件，残存一半，磨制较精，环面平齐光滑，断面圆形。石镯1件，残存一半，制作较精美，表面斑点，内侧略凹[1]。

此外，在大墩子遗址里还出土有1件骨镯和1件骨坠，骨镯系14片兽骨磨制拼合而成，表面平滑，十分精美（图4-45、4-46）[2]。

图4-45：大墩子遗址出土的骨镯（邢毅拍摄）

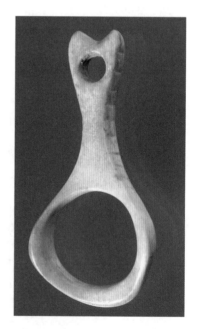

图4-46：大墩子遗址出土的骨坠（邢毅拍摄）

---

① 阚勇：《元谋大墩子新石器时代遗址》，载《考古学报》，1977（01）。

② 阚勇：《元谋大墩子新石器时代遗址》，载《考古学报》，1977（01）。

图 4-47：耿马石佛洞出土的海贝形石饰品（宋鸽拍摄）

在耿马石佛洞遗址中出土了 1 枚石"海贝"，"海贝"用白色大理石精制而成（图4-47），形态逼真，类似的海贝并不产于本地而是出自印度洋，当时是作为装饰品来使用或者作为货币来流通[1]，说明云南与南亚次大陆的文化交流很早便存在了。

宾川白羊村遗址出土的牙饰品，用兽牙精心磨制而成，制作颇为精巧，兽牙的根部还钻有一个小孔，这与北京山顶洞人的有孔牙饰很相似[2]。

剑川海门口一期出土骨饰件 1 件，由动物骨骼制成，磨制光滑。两端平齐有锋，一侧内弧，另一侧外弧，一端有钻痕[3]。

从出土的装饰品器物来看，当时的装饰物材质、种类都非常丰富。可装饰的部位也多样，包括颈部、耳部、手部、足部等部位，足见古代人类对于美的追求。

第六节　新石器时代的战争

云南地区新石器时代已初步形成聚落，通过不同地区发现的相同文化因素可以看出，聚落之间存在联系，但山高谷深的地势又使得聚落之间的关系并不那么紧密，所以在云南地区新石器时代聚落与聚落之间的冲突与战争也是时有发

---

① 刘旭、戴宗品：《3 000年前的穴居生活：耿马石佛洞遗址》，载《中国文化遗产》，2008（6）。
② 阚勇：《云南宾川白羊村遗址》，载《考古学报》，1981（03）。
③ 闵锐：《云南剑川县海门口遗址第三次发掘》，载《考古》，2009（08）。

生。从遗址中发现的武器及人骨保存状况可以证明战争的存在（图4-48～4-50）。

新石器时代遗址中出土的石质、骨质器物，很多都可以用作武器，其中较为可能被当作武器使用过的有箭镞、石球与弹丸。

大墩子遗址出土了磨制石镞172件，只有少数保存完好。器型共分六式。I式器身扁薄、细长，平面柳叶形，锋扁尖，刃部锋利，铤端较宽，个别腰部穿孔，穿孔前先在两面琢槽，然后钻通。II式形似I式，仅铤部宽而起脊。III式器身扁薄，平面呈长条三角形，刃缘稍钝；锋较尖，镶部平齐。IV式形似I式，仅铤端有凹口。V式器身宽而薄，平面呈等腰三角形，锋稍钝，刃缘锋利，个别腰部穿孔，均两面磨槽，再行钻通。VI式形似V式，仅铤端有凹口。出土石球1件，保存完好，用天然砂石磨成，制作较精良，表面光滑，摔击痕清晰。

图4-48：耿马石佛洞出土的石球（宋鸽拍摄）

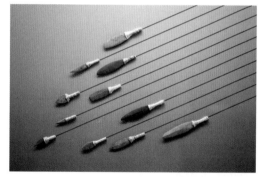

图4-49：永平新光遗址出土的石箭镞（宋鸽拍摄）

图4-50：宾川白羊村遗址出土的石箭镞（宋鸽拍摄）

出土弹丸 4 颗，保存完好，均用天然小圆石磨成 [1]。

　　这些器物中除了石镞，其他的工具被作为武器使用只是一种推测，并没确凿的证据证明它们在战争中使用。但战争在新石器时代的云南地区确确实实是存在的，这在墓葬中可窥得一二。

　　以元谋大墩子遗址为例，母子合葬墓（M9），母子均仰身直肢。成人的右手、右腿被砍断，臀部发现石镞一枚。小孩位于成人右侧，右手伸直，左手横放胸前，下肢微屈，且置于成人躯体之上。

　　一座侧身葬（M8），骨架稍靠坑西侧，左腿伸直，右腿屈于左腿之下。双手前拱，似捆缚状。胸、腹部位发现石镞十余枚（其中完整的八枚）。经初步鉴定，死者为女性。

　　仰身直肢葬 6 座，头向不一，面多向上，下肢垂直并拢或稍向外张，上肢多垂直放于身侧，个别左手或右手捂面。M3 坑壁平整，人骨架下肢外张而紧靠坑壁两侧，缺左上肢。胸、腹部位发现石镞 12 枚，右颧骨与尾椎骨处各射入石镞一枚。经初步鉴定，墓主系男性。M4 人骨架的胸、腹部位亦有石镞十余枚，胸部、腿部各压大石一块。仰身屈肢葬 2 座，以 M7 为例，骨架左下肢屈于胸、腹部位，缺右下肢，左手捂面，右手横放胸前，胸部、臀部发现石镞十余枚 [2]。

　　遗址共发现 20 座墓葬，除 2 座被打破、扰动过的墓葬，其余 18 座中有 12 座都为凶死，如上述几座墓葬的描述，在凶死的墓葬中发现的人骨都遭受了不同程度的伤害，如肢体折断或身体部位发现箭镞。从确认的人骨性别来看，墓葬中男女的数量相仿，甚至还有小孩，说明当时战争的残酷，不仅是参战的男性战死，可能还存在攻打进聚落内的情况。除此之外，许多墓葬内的人骨呈现出捆绑的姿势，推测为战俘。值得注意的是，M18 内一具少年的骨架没有发现受伤的痕迹，只有捆绑痕迹，还配有随葬品，不应是战俘，是否与祭祀相关还不得而知，还有待于对骨骼进一步研究分析。

① 阚勇：《元谋大墩子新石器时代遗址》，载《考古学报》，1977（01）。

② 阚勇：《元谋大墩子新石器时代遗址》，载《考古学报》，1977（01）。

第七节　新石器时代的原始崇拜

　　新石器时代人群已经开始进行更深层次的思考与联想了，在自然面前十分脆弱而渺小的人类会想要寻求一些办法改变现状，规避一些不好的事或是祈求一些希望发生的事。于是人类幻想出鬼神灵魂等观念，来寄托这种愿望。这就是最初的原始崇拜与信仰。

一、新石器时代的自然崇拜

　　史前人类对于自然界的了解很有限，不明白太阳为什么会出现又消失，不明白风雨雷电是如何形成的，所以自然而然的，就会认为这些现象都是有造物主在操控的神秘力量，从而将这些自然界的事物及现象作为崇拜的对象。

　　云南新石器时代陶器造型的特点是对大自然中植物、动物乃至人类的模仿。例如葫芦是起源于东南亚、我国云南的一种野生植物，我国古人对葫芦早有认识，《诗经》说："绵绵瓜瓞，民之初生。"关于人类生于葫芦的古老传说，不仅保留在汉族典籍文献中，还保留在许多少数民族的传说中。在云南新石器时代鲁甸马厂遗址中发现的一件"陶勺形器"其实就是对葫芦的模仿。勺形器为泥质灰陶所制，部分呈褐色似一葫芦勺，下端作空心圆球状体，往上逐渐收缩为实心圆柄，柄端穿通一小孔，可以系绳，球状体之口沿有划线纹十道，顶端有回形纹三条，用途不详（图 4-51）[①]。彝族至今仍有长者在胸前悬挂葫芦并称葫芦是彝族的"祖公"。因此可以说，鲁甸马厂这件"陶勺形器"既是崇拜物也是陶器造型艺术品。在人类早期的艺术活动中，存在大量原始宗教的因素，对于这一点，云南新石器文化中有许多的个案可以证明。

　　在耿马石佛洞遗址出土的遗物中有一种多棱六角星形石杖头（图 4-52）。

[①] 云南省博物馆文物工作队：《云南昭通马厂和闸心场遗址调查简报》，载《考古》，1962（10）。

图4-51：鲁甸马厂出土的陶勺（邢毅拍摄）

图4-52：耿马石佛洞出土的星型石器（吉学平拍摄）

石杖头由玄武岩所制成，中间部分有圆形钻孔，周缘分为三层，各层均有六个尖齿，上下交错排列，中层的尖齿长于其他两层，整体器型对称，孔内加工磨制得规整光滑，尖齿却十分锋利[①]。这种石器在云南地区非常罕见，但这类权杖头在整个中国并非首次发现。

目前中国发现最早的权杖头是甘肃西和县宁家庄的彩陶权杖头。彩陶权杖头系宁家庄村民取土时采集所得，泥质红陶，内空，陶胎为橙黄色，其上绘黑彩。彩陶权杖头呈扁圆球体，似两个高低不等而口径相同的圆底钵相对合成，接缝在内部清晰可见，上下正中各有一个圆孔，上小下大，呈对穿状[②]。通过对它的器型和彩绘纹饰的分析，研究者认为这应当是一件表现意识形态的遗物，是一件原始宗教崇拜的信仰物。这件彩陶权杖头的年代大约在距今5 500~5 000年之间。在年代大致相仿的秦安大地湾遗址也出土过一件汉白玉的权杖头。李水城认为权杖头应是从西方传来的器物类型，并具有一定的传播路线，即沿着近东—中亚—中国西北—长城沿线这一大致相近的经济文化带进行传播扩散。

① 刘旭、戴宗品：《3 000年前的穴居生活：耿马石佛洞遗址》，载《中国文化遗产》，2008（06）。
② 王彦俊：《甘肃西和县宁家庄发现彩陶权杖头》，载《考古》，1995（02）。

早在公元前 9 500~8 800 年前，安纳托利亚高原就有石权杖头的出现。在两河流域及埃及等地也发现有大量权杖头，年代要早于中国出土的权杖头，因此认为中国的权杖头应来源于近东地区。[①]

二、新石器时代的生殖崇拜

史前居民要面临各种各样的考验，温饱、野兽袭击、战争与疾病等问题对史前居民来说都是很大威胁。成年人尚且如此，脆弱的婴孩更是一不小心就会夭折。婴儿早夭在史前社会是常见的事，这从各个遗址中清理出的婴儿墓葬就可以看出。但社会的发展需要劳动力，于是便有了生殖崇拜。人们希望增加人口，却不了解人类产生的过程，只得将这种崇拜投射到生活中所见动植物的果实或人类的生殖器官上，将这些东西作为崇拜对象，祈求多子。

首先人们看到自然界的植物动物，如葫芦或者青蛙，它们都有一个共同点就是多子。于是这些动植物就被当作崇拜对象，做成器物，刻成纹饰。

其次是人类自身，看到人的生育过程，便将人的器官作为崇拜对象，祈求多子。仿人性器官做成的生殖崇拜器物在云南也有发现。

云南省博物馆黄德荣等同志前往怒江团山窝调查，采获过陶祖残片 2 件，加上之前发现的 6 件，共 8 件。当时在云南尚属首见，在全国也不多见 [②]。

8 件陶祖的形制特征都有一个共同的基本形式：圆头、锥形、大平底。基本完整 1 件，横向断失一端者 3 件，纵向裂失大部者 3 件，横向断失一端又斜向破落一边者 1 件。均为夹砂红陶所制，火候颇高，质地坚硬，内胎均有窑烤所致之焦红色。8 件均为手工捏塑，其中 5 件虽经平滑器通体或局部抹光，但仍遗有较多的捏捺痕迹，有 3 件之粗长比例和形态比较逼真，另 5 件硕大短粗或因大部失落难窥全貌，3 件底面有浅淡的烟灰色，1 件底面有浓重的熏黑色，

① 李水城：《赤峰及周边地区考古所见权杖头及潜在意义》，见《赤峰市人民政府·第五届红山文化高峰论坛论文集》，赤峰市人民政府：《赤峰学院学报（汉文哲学社会科学版）》，2010，第13~18页。
② 耿德铭：《施甸陶祖和古代男性崇拜》，载《四川文物》，1990（03）。

图 4-53：元谋大墩子遗址 9 号
灰坑出土了巨形石祖（邢毅拍摄）

2 件的底面有纹饰。8 件陶祖不同的具体形制可分为三种样式：第一种，圆头微粗之曲茎面陶祖；第二种，圆头长锥形直茎面陶祖；第三种，圆头短粗形直茎面陶祖。推测团山窝遗址的年代当稍晚于白羊村，稍早于剑川海门口遗址[1]。

元谋大墩子遗址九号灰坑发现一 "石祖" 形巨石，高 54 厘米，直径 32 厘米（图 4-53），坑内及坑外周边发现大量兽骨[2]。这可能与生殖崇拜有关。

古代人类社会都普遍存在过男女生殖器的崇拜，这种崇拜物的物质形体随着生产力水平的提高和原始宗教迷信的发展而经历了一定的演变序列。团山窝的发现对研究怒江流域和西南地区新石器时代晚期的人类思想及社会形态都具有重要价值。

第八节　云南与周边地区的文化交流

云南地处云贵高原，山高谷深，看似较为闭塞，形成了较为有地方特色的

① 耿德铭：《施甸陶祖和古代男性崇拜》，载《四川文物》，1990（3）。
② 刘旭：《元谋大墩子遗址的发掘》，见云南省文物考古研究所编：《探寻历史足迹，保护文化遗产——纪念云南省文物考古研究所成立五十年》，第58页。

文化，实际上从发现的新石器时代材料来看，云南地区与周边地区的文化交流
十分密切。各个地区的文化除了对自身文化的继承与发展之外，还受到了大量
来自相邻区域或者周边地区的影响。云南地区也处于北方地区、长江流域、珠
江流域、东南亚大陆的交汇地带，受到周边各个地区的文化影响均很明显，这
样使得各个区域文化呈现出既有共通之处又有明显差异的特征。

　　云南地区的新石器文化受北方地区的影响应最大。首先，从粟黍等旱作农
业在云南地区的种植来看，在云南地区新石器中晚期时，便已经与北方黄河流
域有了文化交流和传播。

　　关于旱作农业的传播，普遍认为是经由川藏地区进入云南，这点在文化因
素上也有体现。滇池地区发现的器物器型纹饰都与滇西地区、川西及藏东有相
似之处。从器物纹饰上看，戳印、压印、刻划的水波纹、锯齿纹、方格纹、席
纹、乳钉纹、曲折纹、菱格纹、横人字纹、弦纹、篦点纹、叶脉纹以及附加堆
纹等均在滇西地区新石器文化中出现。宽流和假圈足特征的器物在滇西区、川
西南区都有发现，高领罐、折沿深腹罐、鼓腹圜底釜、小平底罐、直口直腹杯、
鼓腹圜底钵等与滇西地区同类器物形制基本一致，川西南区也有部分类似的器
物。滇西地区有早于滇池地区前段和中段的遗存，所以文化因素的传播方向应
为由滇西传向滇池地区，而再往前追溯应来自川西、藏东高原一带。

　　彩绘陶器与以茂县营盘山为代表的川西高原新石器时代文化相似，花口高
领曲腹小平底罐与昌都卡若遗址的这类罐极为相似，小口长颈鼓腹罐也继承了
卡若遗址同类器的特点，但底部大部分是圜底而不是平底，这应该与时代的早
晚不同有关，因为较卡若遗址晚的拉萨曲贡遗址所出土的陶罐也极少见平底而
多为圜底和小圈足。虽然曲贡遗址远在青藏高原腹地，但也为卡若文化的直接
后继者，尖底罐在曲贡遗址有发现。

　　1959年曾在怒江与澜沧江之间的福贡县境内采集到10件与在云南忙怀遗
址发现的同类型有肩石斧。此外，四川安羌江北岸的斗胆村与沙溪村亦发现过
这类石器，曾被称为"有柄的石锄"。忙怀石器与雅安石器有着相似之处，同时
忙怀遗址的有肩石斧与川西、滇西及广西一带出土的铜器器形有相似之处，忙

怀的有肩石斧也与剑川海门口、祥云大波那木椁铜棺墓中出土的铜锥相似。忙怀的有肩石斧则与江川李家山、广西恭城以及湘西等地出土之靴形铜钺接近①。这些石斧与铜器器型如此相近，似乎说明忙怀石器与周围的文化因素存在传播的关系。

云南地区新石器文化也受东南方向文化的影响，有从岭南传播而来的，也有可能来自更远的江浙、福建、广东东部一带的文化因素。在云南元谋大墩子遗址中出土了一件精美的鸡形壶，在海东村遗址中也出土有一件鸡形壶，在云南地区也属少有。葛季芳、苏迎堂认为大墩子遗址的鸡形壶是从东南地区经岭南传播而来的。②而海东村的鸡形壶形制与大墩子相似，且距离岭南更近，所以也极为有可能是来自岭南地区的文化因素。

云南地区也存在同黄河流域的文化交流，李昆声先生曾对云南与黄河流域新石器时代文化的关系作过对比，在文中提到云南地区与黄河流域地区在半地穴式建筑、瓮棺葬、圜底钵、尖底瓶、刻划符号、半月形穿孔石刀等方面的相似性，并由此提出了滇西北、洱海和金沙江中游地区新石器时代文化是黄河中、上游地区古代部族向西南迁徙并与当地土著文化不断交流、融合而产生的③。长江流域降雨较多，一般都为地面建筑或干栏式建筑，基本不见半地穴式建筑。黄河上游新石器时代晚期的仰韶文化距今 6 000~5 000 年，从那时半地穴式房屋、瓮棺葬等文化因素就已经出现了。在云南元谋大墩子、永平新光、永仁菜园子等遗址中也发现有圆形和方形半地穴式房屋，这在受黄河上游文化影响的卡若文化中有发现。因此可以认为，这类文化因素是由北向南经川藏地区传播而来。

除了与中原地区的联系之外，云南地区的文化与东南亚地区的文化也有着许多相似之处。首先从地理位置来看，云南高原毗邻东南亚，几条河流也发源或流经云南，流向东南亚。所以二者之间的关系是非常密切的，文化交流自然会不

① 云南省博物馆文物工作队：《云南云县忙怀新石器时代遗址调查》，载《考古》，1977（03）。
② 葛季芳、苏迎堂：《印纹禽尊的踪迹》，载《文物》，1981（11）。
③ 李昆声：《论云南与黄河流域新石器时代文化的关系》，载《史前研究》，1985（01）。

可避免。从两地考古学文化的对比研究中也可以发现文化交流的证据。但云南地区并非文化的起源地，如同之前谈到的中原地区与云南文化的相似性，云南的文化是在自身的文化基础上糅合吸收了大量其他地区的文化而形成的，再加上它得天独厚的地理位置，使它担负起了文化传播的中间桥梁作用。

按照童恩正先生的观点来看，云南的确有很多文化因素与东南亚的考古发现有相似之处，关系密切，但仔细再去全面了解更多的文化时，就会发现东南亚与我国相同的文化因素表现得最为集中的地方并不在云南，而是在四川。东南亚的粟米种植、岩葬、船棺葬、石棺葬、大石遗迹、青铜器和其他手工制品都可以看出四川古代文化对东南亚大陆的影响，而云贵高原正是传播这些文化因素的重要通道。[①]

云南新石器时代文化与东南亚新石器时代文化发生关系的考古证据大多是处于距今 4 000 年以后。云南地区发现的新石器时代遗址大多数也处于这一时期前后。

有段石锛、有肩石斧以及有肩有段石器是岭南和东南沿海地区新石器时代北越先民的代表性工具，从这些常用的石制工具来看，它们与越南新石器时代的冯原文化和下龙文化有很多的相似之处[②]。除此之外，在菲律宾也有发现这类器型的石制品，且制作变得更加成熟，分段明显，被称作高级型[③]。

有肩石斧发源于中国广东的西樵山文化。"有段石锛，是一种特殊形式的石锛。按段部及剖面特征，可分为隆脊形、弧背形、台阶形、凹槽形和有肩形五种形式。其发展过程，可分为始发期、鼎盛期和衰退期三个阶段。始发期以隆脊形和弧背形锛为代表，仅发现于长江下游的河姆渡文化和马家浜文化。其年代约在公元前 5 000 至公元前 4 000 年。"[④]越南东北部海岸的下龙文化以有肩

---

① 童恩正：《试谈古代四川与东南亚文明的关系》，载《文物》，1983（9）。
② 吴春明：《红河下游史前史与骆越文化的发展》，见《越文化实勘研究论文集（二）》，北京：科学出版社，2008。
③ 吴春明：《菲律宾史前文化与华南的关系》，载《考古》，2008（9）。
④ 吴锦吉：《中国东南民族考古文选》，香港：中文大学中国考古艺术研究中心，2007。

有段石锛为主。在下龙市博物馆内，陈列着大量的有肩石斧、有段石锛和有肩有段石锛。所以李昆声教授认为在越南北方地区的新石器时代晚期文化受中国华南地区和云南省的影响是显而易见的。林惠祥先生也认为应是如此，有肩石斧、有段石锛应是最早由中国南部地区传播至菲律宾、中国台湾，而后再传播至太平洋地区，因为这符合时间上的顺序，又符合器物从初级阶段到融合各地文化后复杂阶段的发展规律[①]。这一观点已获中国考古界多数学者认同。东南亚地区的有肩石斧、有段石锛和有肩有段石锛是受中国东南沿海、华南和云贵高原新石器文化影响而产生的。尤其是下龙文化中的典型器物——有肩有段石锛，乃是把有肩石斧和有段石锛合二为一的新器型，很可能是在云南新石器时代文化影响下产生的。

两地流行的器物组合也十分相似，主要以圜底器、平底器和圈足器为主，其中，圜底和平底罐、钵，平底杯，圈足罐、壶、杯等陶器造型都较简单。这些文化内涵和越南新石器时代文化所一直传承的以石斧、石锛和有肩石斧为主要的生产工具，以圜底釜、罐以及圈足盘、豆、壶为主要生活用具的文化特征有十分密切的关系。

综上所述，云南地区新石器文化受到了来自周边各个地区的影响，这也造就了它独特却又丰富多彩的文化面貌。

第九节　青铜文明的开端

与中原地区不同，云南地区新石器时代延续较晚，以我们设定的下限来看，存在与早期青铜时代有交集的时间段，有的学者也将新石器时代与青铜时代的过渡阶段称为铜石并用时代，但这种过渡阶段并没有完全固定的时间段，不好

[①] 林惠祥：《中国东南区新石器文化特征之一：有段石锛》，载《考古学报》，1958（3）。

界定，所以本章仍将距今 3 200 年以前出土过青铜器的遗址算作新石器时代遗址。从这些新石器时代与早期青铜文化的过渡阶段遗址中，可以窥见青铜器在云南地区起源与发展的历程，也正是以此为开端，为随后而来的云南"古国"时代奠定了良好的基础。

　　云南早期青铜时代的开始，普遍认为是以云南省剑川县海门口遗址为代表。剑川海门口遗址于 1957 年进行了第一次清理，当时该遗址被定为新石器时代，因为遗址内有铜器，简报发表时，著名考古学家夏鼐先生将其改定为铜石并用时代。1979 年，对海门口出土的 11 件铜器进行了化学成分分析，发现有锡青铜、铅青铜，因而改定为青铜时代初期。1978 年，海门口遗址进行第二次发掘。之后根据 ^{14}C 测年及出土青铜器，有人认为遗址年代当属西汉时期，有人认为应为春秋时期，这两种意见均是在第一、二次清理发掘没有地层关系或地层被扰乱情况下得出的，尤其是铜器，既没有科学的地层依据，也没有同类器物可资比较，难以作出科学判断，结论错误也在所难免。2008 年，剑川海门口遗址进行了第三次大规模的考古发掘，发掘揭露面积 1 395 平方米，在遗址的层位序列、遗存内涵、聚落形态等方面均取得突破性成果。李伯谦先生指出："剑川海门口遗址是一处从新石器时代晚期直至青铜时代的大型水滨木构干栏式建筑遗址。出土的铜器，以确切的地层关系证明该遗址为云贵高原最早的青铜时代遗址，滇西地区是云贵高原青铜文化和青铜冶铸技术的重要起源地之一。"在此前后，如云南大理银梭岛等，以准确的层位关系说明，剑川海门口遗址并不是云南青铜器发现较早的孤证[①]。

　　剑川海门口第三次发掘第二期年代大约为距今 3 800~3 200 年，应属于新石器时代晚期至新石器时代与青铜时代过渡阶段。铜器在本期稍晚地层中出现，出土有刀、铃、锥、鱼钩、钺、手镯等。铃 1 件，拱形钮，椭圆形口，铃舌挂在钮下的一横柱上，器身上有数个小孔。刀 1 件，短把，刃口锋利，刃身较薄。锥 1 件，身呈四棱形，向前渐收成尖锋，尖锋利，头端有少许磨痕，铸造成型。

---

① 李昆声、闵锐：《云南早期青铜时代研究》，载《思想战线》，2011，37（04）。

图 4-54：剑川海门口出土的陶范
（宋鸽拍摄）

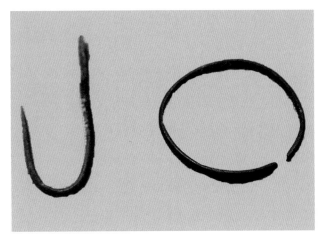

图 4-55：剑川海门口出土的青铜鱼钩和青铜手镯（宋鸽拍摄）

图 4-56：剑川海门口出土的青铜器（宋鸽拍摄）

凿 1 件，条形，断面呈长方形，刃钝，一端残，器身有锻打痕[1]（图 4-54~4-56）。

大理银梭岛第二期绝对年代为距今 3 500~3 100 年，报告中提及在该期也出土有青铜器，但未见详细介绍[2]。

在龙陵大花石遗址中，T6、T11、T19 的第三层中均出土铜制品，而且很明确是未经扰乱的。第三层在简报里被定为新石器时代，除此之外还发现了 3

---

① 闵锐：《云南剑川县海门口遗址第三次发掘》，载《考古》，2009（08）。
② 闵锐、万娇：《云南大理市海东银梭岛遗址发掘简报》，载《考古》，2009（08）。

件范，均残，用砂岩制成。T17③：
106 为黄色砂岩所制，一面琢刻出浅
槽，槽形似一钺（斧）；槽所在一面残
留有黑色物质；器体经过较细致的修
整，大致成一方形；槽仅深约 0.2 厘
米，估计当有另一石范与其扣合使用。
T18③：18 为黄红色砂岩所制，一面
琢刻出弧形凹槽，槽面颜色呈灰黑色，
所铸器形不明；另一面修整为弧形；
从整个形制来看可能为单范；残长 7.2
厘米、宽约 5 厘米，凹槽最深处约 0.4
厘米。①

图 4-57：通海兴义二期出土的箭镞石范
（朱忠华拍摄）

　　在通海兴义二期遗存发现有相当
数量的孔雀石、炼渣、石范（图 4-57）、青铜器，说明当时人已经开始采铜、
冶铜，生产青铜器，该遗存年代上属于新石器时代与青铜时代过渡时期。遗存
的发现将滇中地区开始冶炼青铜器的上限提前至商时期②。

　　从出土的早期青铜器可以看出，青铜器最早在距今 3 500~3 200 年左右出
现于云南，但是云南地区早期青铜的制作技艺从一出现就已经较为成熟了，所
以云南地区青铜器及制铜工艺很有可能为这一时间段从外传入的。正因为青铜
冶炼技术的完善与成熟，才造就了后来云南璀璨的青铜文明。

① 杨帆、万杨：《云南省龙陵县大花石遗址发掘简报》，载《四川文物》，2011（02）。
② 朱忠华：《热点跟踪——兴义遗址田野考古发掘工作结束》，载云南考古公众号，2016。

第五章

岩画艺术

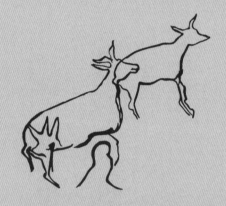

第一节　概述

艺术行为是现代人区别于古老型智人（早期智人）的主要特征之一，研究表明，人类艺术行为起源于旧石器时代中期，旧石器时代晚期已广泛分布于欧、亚、非大陆。南非距今 7 万 ~6 万年前的地层中出土岩石上用赭石颜料绘制的网格图形是迄今发现的最早的彩绘。西班牙和印度尼西亚发现的距今 4 万年前的洞穴岩壁画已显示出高超的动物形象描绘水平。世界上几乎所有的氏族社会都会创作艺术作品，尤其是岩画。他们将自己的视觉输出通过各种各样的图像记录下来，这些图像分布在各大洲 120 多个国家的数以千计的地区。据统计，超过 70% 的岩画创作于狩猎—采集时期，而剩下的不到 30% 则产生于游牧和农耕时期。岩画是史前人类交流的"文字"形式，它记录了古代人群的集体记忆和普遍的概念化进程[①]。

地处我国西南的云南省是地球上生物多样性和民族多样性最丰富的地区之一，是欧亚大陆早期现代人迁徙的南线走廊带。狩猎—采集人群活跃在该区域的历史悠久，距今 170 万年前的元谋人时代就已开始，一直到距今 5 000 年左右。云南南部亚热带季风气候为先民提供了丰富的生活资源，混合经济的生产模式应运而生，延续时间较长；全新世中、晚期以来该地区成为民族起源和迁徙的重要通道，也是早期旱作农业从北向南和稻作农业从东向西扩散的重要地区。人类活动留下了丰富的文化遗迹，包括岩画遗存。

岩画是了解人类童年时期精神生活和生业模式的窗口。云南史前岩画内容

---

① ［意］埃马努埃尔·阿纳蒂著，张晓霞、张博文、郭晓云、张亚莎译：《世界岩画——原始语言》，银川：宁夏人民出版社，2017。

丰富，形式多样，以风格不同的彩绘为主，也有凿刻、凹穴等，年代跨度长，内容丰富，体现不同区域、不同时代的人群特征。岩画题材涵盖狩猎、采集、定居、耕作、畜养、巫术等，时代最早可达旧石器时代晚期。

云南岩画以其古老性和多样性在我国岩画"家族"中占有重要地位，是我国南方系统岩画的主要代表之一。据统计，自 1957 年至今，云南省境内已在 12 个州市发现岩画 4 000 余处，岩画总量大，分布较多且较为密集。云南岩画大致分布在云南金沙江（长江）、澜沧江、红河、怒江、南盘江（珠江）五大水系流经的地域。目前，拥有沧源岩画、大王岩岩画、金沙江岩画 3 处全国重点文物保护单位；它克岩画、苍山岩画 2 处省级重点文物保护单位。云南岩画类型丰富，包括彩绘、凿刻、手印、凹穴等，几乎涵盖了世界岩画的所有已知类型，主要分布于岩厦和浅洞，以及独立的巨石上。

金沙江流域已发现的岩画绝大部分内容为狩猎—采集人群风格，其写实的绘画风格不同于中国其他地区岩画，而与欧洲旧石器时代马格德林时期洞穴岩画风格相似，且这种写实主义风格的岩画也在非洲、欧洲、东南亚等地区发现。金沙江岩画所在平台地表采集到的旧石器工具，以及画面中出现 8 000 年前就已在云南灭绝的动物——貘[1]，可将金沙江岩画的最早的年代追溯到旧石器时代。丰富多样的发现，为研究这一区域古代民族的迁移、演进及与东南亚地区早期现代人文化交流提供了重要证据。

澜沧江流域岩画以沧源岩画为代表，目前发现的沧源岩画群主要分布在沧源佤族自治县境内的勐省镇、勐来乡、糯良乡、勐角乡区域内，小黑江及其支流勐董河、永安河流域河谷地带的山崖石壁上，为喀斯特岩溶地貌区，岩画点大都分布在山腰的岩厦或洞穴中，海拔 1 000~2 500 米之间。可辨认的图形内容以饰羽、饰角、饰尾、饰耳乃至有羽翼的人物为主，这些内容占全部图像的大约 74%；另外，还绘有牛、猴、熊、象、野猪、鸟、犬、羊等动物；树房、干

---

[1] Paul S.C. Taçon，Maxime Aubert，Li Gang，Yang Decong，Liu Hong，Sally K，MayStewart，Ji Xueping，Darren Curnoe，Andy I.R Herries：*Naturalism*，*Nature and Questions of Style in Jinsha RiverRock Art*，*Northwest Yunnan*，*China*，*Cambridge Archaeological Journal*，20（1），67-86.

栏式建筑、村寨、太阳、月亮、树木、云朵、山、路、弓弩、长矛、盾、飞丸及一些符号；所表现的内容有狩猎、战争、祭祀、巢居、迁徙、丧葬、歌舞、杂耍等。据前人研究，岩画的绘制是以赤铁矿粉调和动物血液，用手或羽毛、植物纤维绘制在崖壁上[①]。1981 年，云南省博物馆对沧源岩画第 3 地点覆盖画面的钟乳石进行取样，经中国科学院古脊椎动物与古人类研究所测得内层 ^{14}C 年代数据为距今 3 030±70 年，外层为距今 2 300±70 年，岩画应早于钟乳石内层的年代。1984 年，史普南等对岩画第 5 地点画面提取的 216 颗硅藻和孢粉分析，其组合年代相当于全新世，估计年代距今 2 500~3 500 年。[②]

怒江流域目前已知的十余处岩画，多分布在怒江两岸山势险峻的高黎贡山和怒山山脉中段的山崖及岩洞中，皆大致位于海拔 2 000 多米的岩壁上，图像较大，主要为人物和动植物，绘画风格符号化程度较高。目前还未开展过绝对年代的断代研究工作。

红河流域岩画有元江它克岩画、假莫拉岩画、西畴狮子山岩画、麻栗坡大王崖岩画等，以麻栗坡大王崖岩画为代表。红河流域的岩画与金沙江、澜沧江和怒江流域岩画不同，主要以蛙或蛙形人、蜥蜴或蛇为主要图像。根据图像内容判断，时代最早的为新石器时代岩画，时代最晚的为晚期铁器时代岩画，绝对年代断代研究工作还未开展。

云南境内的珠江流域共发现岩画点十余处，岩画主要分两种制作技法：彩绘与凿刻。彩绘岩画又有图像和文字两种。有文字的岩画应该与彝族或彝语支民族有直接关系。主要的图像内容有云朵、树木、飞鸟、佩剑人物、骑马人物等，由此推断该区域岩画年代较晚。

---

① 汪宁生：《云南沧源崖画的发现与研究》，北京：文物出版社，1985。
② 吴学明：《石佛洞新石器文化与沧源岩画关系探索》，载《云南文物》，1989（25），第43页。

第二节　狩猎—采集人群岩画

一、自然与人文环境

　　金沙江是长江的上游，长江江源水系汇成通天河后，从巴塘河口至四川宜宾岷江河口称为金沙江。金沙江流经云南高原西北部、四川西南山地，全长 2 316 千米，流域面积 34 万平方千米。金沙江流域行政区包括：青海省玉树藏族自治州东部部分地区，西藏自治区昌都市东部的江达、贡觉、芒康三县，四川省甘孜藏族自治州、凉山彝族自治州、攀枝花市以及宜宾市的大部分地区，云南省迪庆藏族自治州、丽江市以及大理白族自治州、楚雄彝族自治州、昆明市和昭通市的大部分地区。

　　从云南省玉龙纳西族自治县石鼓镇至四川省新市镇为金沙江中段，全长约 1 220 千米，金沙江至石鼓附近突然转向东北，形成奇特的"U"形大弯道，被称为"万里长江第一湾"。石鼓以下，江面渐窄，至左岸支流硕多岗河口桥头镇，往东北不远即进入举世闻名的虎跳峡。虎跳峡上峡口与下峡口相距仅 16 千米，落差达 220 米，平均坡度降达 13.8‰，是金沙江落差最集中的河段。峡中水面宽处 60 米，窄处仅 30 米，相传曾有猛虎在此跃江而过，故名虎跳石，虎跳峡也由此得名。峡谷右岸为海拔 5 596 米的玉龙雪山，左岸为海拔 5 396 米的哈巴雪山，两山终年积雪不化。峡内江面不足海拔 1 800 米，峰谷间高差达 3 000 余米。峡中谷坡陡峭，悬崖壁立，呈幼年期"V"形峡谷地貌。本文所要涉及的云南金沙江岩画大多位于该区域（图 5-1）。

　　金沙江流域包括青藏高原东部和横断山脉区，向南至滇北高原，向东至四川盆地西南边缘的广阔地区，南北跨纬度 9 度以上。地形极为复杂，众多高山深谷相间并列，峰谷高差可达 1 000~3 000 米。因此，流域内气候不仅时空变化大，而且垂直差异十分显著。流域大气环流形势，冬半年（横断山脉区北段为 10 月至次年 5 月，其余地区为 11 月至次年 4 月）主要受西风带气流影响，

图 5-1：金沙江中段区域自然环境（吴沄拍摄）

被青藏高原分成南北两支的西风急流，其南支经过云贵高原，带来大陆性的晴朗干燥天气；而流域东北部受昆明静止锋和西南气流影响，阴湿多雨。夏半年（6~9 月或 5~10 月）西风带北撤，则受海洋性西南季风和东南季风的影响，带来丰沛的降水，并由流域东南向西北逐趋减少。

　　金沙江岩画点地处青藏高原东南缘的川滇藏交界处，在民族学中称为"藏彝走廊"，或称"民族走廊"，自古以来就是藏缅语系诸民族由北南下，壮侗语系、苗瑶语系和孟高棉语系各族由南北上的重要通道和文化融合交汇场所，以藏语支和彝语支的民族为主。金沙江流域的初始民族为氐羌族系，其后裔即今藏缅语系的各民族。古代氐、羌往往并称，最初原为一族群，后逐渐分化。早在商代，羌人的活动已有记载，后逐渐由西北地区西迁、南下，经过长期的发展，逐渐演变为今日藏缅语系中各民族。金沙江流域居民的民族成分，除汉族外，青海玉树藏族自治州、西藏昌都市、四川甘孜藏族自治州和木里藏族自治县、云南迪庆藏族自治州主要是藏族，以及一部分彝族和少数纳西族；四川凉山彝族自治州、云南楚雄彝族自治州和宁蒗彝族自治县，主要是彝族；四川攀枝花市和宜宾市、云南昆明市和昭通市亦主要是彝族；云南丽江地区主要是纳西族、彝族；云南大理白族自治州主要是白族、彝族、纳西族。金沙江流域居民的民族成分，现今除了汉族以外，主要是藏族、彝族、纳西族、白族等少数民族，在古代当汉族尚未大量进入时，这些地区是以这些少数民族的先民为主[①]。

历史上的藏族形成于公元 7 世纪的吐蕃时代，那时的川滇藏交界处与西藏东部居住着各个羌族部落，其中较大的有东女、哥邻、白狗、南水、弱水、悉懂、清远、咄坝等，号称"西山八国"，当吐蕃实力扩展到今川滇藏交界处与西藏东部时，逐渐与当地羌族部落融合，并发展为现在金沙江流域的藏族。该地区彝族的形成也与羌族有关，汉初，今四川南部安宁河流域的羌族先民与今云南西部居住的昆明夷，都是彝族先民部落，大约在同一时期，今川滇黔接合部的金沙江流域居住着武、乍、布、默、糯、恒等六个彝族先民部落，多以游牧为主，元代以来一直称"罗罗"，后来逐渐演变为今天的彝族。

金沙江流域的藏缅语系的民族还有纳西族、白族等，都是从古羌人中分化而来。金沙江流域除藏缅语系的诸民族外，还有濮越系的民族（即今壮侗语系诸民族）与三苗系的民族（即今苗瑶语系诸民族）杂居其间。汉族在秦汉时就有一部分迁入金沙江流域，此后各时代均有迁入，尤其是明清两代军屯、民屯、移民为该流域的汉族构成奠定了基础。该地区迄今是 16 个民族的聚居地，是世界上罕见的多民族、多语言、多种宗教信仰和风俗习惯并存的地区[②]。由于独特的地理环境及民族文化分布，2003 年"三江并流"地区被联合国教科文组织列入"世界自然遗产名录"。

---

① 李绍明：《金沙江文化简论》，载《中华文化论坛》，2002（04），第9-13页。
② 李绍明：《四川各民族历史与现状的民族学研究》，见《巴蜀文化论集》，成都：四川民族出版社，1999，第125-130页。

二、发现与研究简史

金沙江流域最初发现的岩画点是位于香格里拉市三坝乡的渣日岩画。1988年，当地猎人和树宝发现了花吉足、喇嘛足古、尼可见、白云湾等4处岩画点，并报告给当地文化管理部门。1988年底，罗华春在渣日村附近发现了硝厂洛岩画点。兰文亮、和尚礼也于同年在三坝乡发现几处岩画点并报告了发现情况。1990年，香格里拉市的木圣土村附近又发现岩画。金沙江岩画最初发现时，岩画都以当地村名命名，对岩画的描述和记录都比较简单，从此金沙江岩画开始为外界所知。

20世纪90年代为金沙江岩画大量发现的时期。1991年7月，丽江学者和力民在位于丽江县大具乡的虎跳峡江边发现岩画点。1992年8月底，王福宝在虎跳峡下游的丽江宝山乡发现夯桑柯明柯岩画点。同年，杨志坚、王志泓考察了夯桑柯律柯岩画点。1992年，和力民独自在金沙江江畔的丽江县境内发现并初步考察了10处岩画点。1994年他带领"东京都日本中日友好协会云南民族文化视察团"到虎跳峡考察岩画时，又发现一处面积不大的岩画点。1994年5月14日，和力民自费独自在宁蒗县金棉乡考察发现10处岩画点。1995年和1999年，和力民又先后在宁蒗县翠玉乡发现10多处岩画点（后因资料遗失没有详细发表，只在《云南日报》简要报道）。1995年4月，和力民带领彭飞、董宏伟在丽江县鸣音乡东联行政村调查时发现本驰里岩画点，在宁蒗县发现犹恩茂安柯岩画点、犹恩茂鲁美柯岩画点。1997年鲍江、和品正在香格里拉市洛吉乡木圣土村附近发现腰岩、仙人洞和必子岩布3处新的岩画点。1998年李钢、张跃华又在洛吉乡孔家坪发现凿刻岩画点。1999年6月，和力民、和继全考察了渣日村周围的花吉孜、廖家罗考、昂畏威坦、硝厂居安肯、松魅丫口5处岩画点（由于民族语言发音音译，相同岩画点在调查时记录的名称会有所不同，下文中岩画点名称以第三次全国文物普查记录为准）。1999年7月，和力民又独自考察了木圣土村附近6处岩画点。这一时期当地学者发现了大量岩画点，和力民把这一区域发现的岩画称为"金沙江岩画"[①]。

2000 年后，金沙江岩画继续发现并开始为岩画学者了解和研究。2001 年 4 月 28 日，陈登宇、王福宝在玉龙县宝山乡发现太子关岩画。2001 年 11 月，和力民在玉龙县宝山乡发现夯桑柯明柯爽治岩画点、拉里曼岩画点、其洛岩画点和补美洛岩画点。2004 年，陈登宇在古城区金山乡树底村与大东乡交接的金沙江边发现力作巴涅斯朴古岩画点。 2005 年底，吉学平等人在楚雄永仁县白马乡的金沙江边发现灰坝手印岩画点。2006 年初，李钢、何桂华、陈树珍等人在迪庆州第二次文物普查野外调查时在洛吉乡发现干海子和马鹿塘 2 处岩画点，在三坝乡发现川卡若、洛曼罗、岩卡纳、岩拉巴卡、岩房、花吉足等 8 处岩画点。2008 年 5 月，云南省文物考古研究所与迪庆州文物管理所进行金沙江梨园电站文物调查时，在三坝乡大坪子母足吉发现 2 处岩画点。2009 年 12 月底，在德钦县羊拉乡发现 1 处凿刻岩画点。2012 年初，丽江永胜县东山乡又发现岜啰岩画。在这期间，国外学者开始加入到金沙江岩画的考察与研究工作中，开始用国际通行的方法记录岩画。随着 2008~2012 年第三次全国文物普查期间在香格里拉市、玉龙县、宁蒗县、永胜县等地的新发现，金沙江岩画分布范围进一步扩大[②]。2014~2016 年，在云南省社科基金和本书经费的支持下，本书作者再赴宁蒗县和永胜县，将金沙江梨园电站蓄水后，对未淹没可到达的 14 处岩画点进行了现场调查，又新发现几个岩画点，丰富了目前金沙江岩画已有资料记录。

三、岩画分布

云南省境内的金沙江岩画主要分布在迪庆藏族自治州香格里拉市的三坝乡、洛吉乡、上江乡和金江镇，德钦县的羊拉乡，丽江市玉龙县的大具乡、奉科乡、

---

① 和力民：《金沙江岩画发现的历程》，见《历史源流与民族文化——"三江并流地区考古暨民族关系研究学术研讨会"论文集》，昆明：云南大学出版社，2011，第112-122页。

② 和力民：《金沙江岩画发现的历程》，见《历史源流与民族文化——"三江并流地区考古暨民族关系研究学术研究研讨会"论文集》，第112-122页。

宝山乡、鸣音乡，古城区的大东乡和宁蒗县的翠玉乡、金棉乡等金沙江流域和支流两岸，尤其以虎跳峡经三江口到洪门的"n"字形区域最为密集[1]。另外，云南省楚雄州永仁县、丽江市永胜县的金沙江及其支流沿岸也有零星分布。

1. 香格里拉市

香格里拉市洛吉乡岩画多位于洛吉河边，其下游与无量河会合后入金沙江。洛吉河流域的金沙江岩画也称为"洛吉岩画"，洛吉河流域岩画的发现始于1990年，多数画面较清楚，少数画面已漫漶不清。

岩布洛岩画：岩布洛岩画点分上下两个岩厦。左下方的岩厦，岩画分布在距离地面1米的岩石上，岩厦面积约为14.82平方米，岩画内容从左到右的分布顺序依次是：紫红色鹿头；两只红色野山羊重合，应是公山羊叠压于母山羊之上交配的画面，而且绘出了山羊的侧面及背面形态；橘红色貘或者猪形的动物，身体已不完整，只有头部（图5-2）；深紫红色野驴头以及红色岩羊。上方的岩厦右侧岩面上绘有岩画，岩面较为平整，其中，以一只橘红色的熊形动物形象最为醒目[2]。

花岩岩画：花岩由于岩石颜色斑驳、岩面凹凸不平，所以被当地人称为花岩。这个岩画点的图形较小，分布分散且岩厦较宽。花岩岩画内容从左到右的分布顺序依次是：深紫红色太阳；暗紫红色实心山羊；深红色岩羊；暗红色猪，周围还有红色覆盖；紫红色山羊头；紫色鹿头；暗紫红色猪；深紫色鹿，旁边有两个深紫色小点。在高于岩厦约有5米的上部岩壁洞中，绘有一只巨大的朱红色野猪，一根矛或箭镞一样的工具插在野猪的背上，野猪俨然在奔跑中。一个深紫色的山羊头在野猪的上方[3]。至今当地村民依然可以猎到野猪，据说野猪的形态也正像岩画上描绘的那样：红色的毛整齐地分布于野猪全身（图5-3）。

---

[1] 李钢：《探寻滇西北史前先民的岩壁史迹——金沙江岩画的考察及其保护思考》，载《岩画研究》，2006（4），第49-51页。

[2] 吴沄：《金沙江岩画洛吉岩画点调查记录及初步研究》，载《云南地理环境研究》，2012（4），第50-51页。

[3] 吴沄：《金沙江岩画洛吉岩画点调查记录及初步研究》，载《云南地理环境研究》，2012（4），第50-51页。

图 5-2：岩布洛发现"貘"形动物岩画（吴沄拍摄）

图 5-3：花岩岩画（吴沄拍摄）

图 5-4：以天然岩石形状作为牛身的腰岩岩画（吴沄拍摄）

腰岩岩画：腰岩岩画画面分为具有多重叠压关系的鹿和牛的形象；红色的鹿和黄色的鹿头，还有深紫红色叠压其上；一个牛头形象的紫色轮廓覆盖在红色线条上，这是腰岩岩画点最重要的发现，牛头上有一个天然小洞正好在牛眼睛的位置，牛的身体是整块凸起的岩壁，头部正是画在一块突起的酷似牛头的岩壁上。最后还有红色山羊头和深紫色线条、一个红色小鹿形象轮廓[1]（图 5-4）。

必子岩布岩画：必子岩布岩画点位于香格里拉市洛吉乡洛吉村木胜土村民小组的洛吉河边，高出江面约 200 米。共计岩画数为一处 7 组，内容为野牛、野羊、野猪、蛇等；技法为描绘（图 5-5）。

雷打牛包岩画：该岩画点规模较大，从洞内两侧岩壁上零星散见的赭红色线条看，洞内两壁可绘制处全都绘过岩画。多数画面已脱落，画面大多漫漶不清，东北壁岩画因日晒风化和雨水洗刷，岩层表面脱落，线条被红色钙华覆盖，

---

① 吴沄：《金沙江岩画洛吉岩画点调查记录及初步研究》，载《云南地理环境研究》，2012（4），第50-51页。

图 5-5：必子岩布岩画中羊的图案（吴沄拍摄）

几乎看不清完整的图像。就目前可辨析的线条斑迹看，东北壁岩画内容，从依稀可辨的线条分析，从左到右可分为三组：第一组可见一头野牛的轮廓和上面一只残缺的牛角；第二组绘一头大型的野牛，牛角、牛耳和背脊线还依稀可见；第三组绘一只獐子和一只岩羊，图像都不很大；另有一些浅黄色的笔画，不可辨识。还有三组用赭红色颜料和土黄色颜料绘制互相交织的大型动物图形。由于被火烟熏黑覆盖，许多岩画已经看不清。可见的岩画，左右分为两组：第一组用赭红色绘一只额头空出，没有耳、角的肥壮动物；第二组，用赭红色绘一只朝右的獐子，其上有用红黄色绘的岩羊头，周围有一些动物的耳角，形体残缺，均不可辨识。

香格里拉市三坝乡历史上也是东巴文化兴盛的地方，后来随着人口的外迁，东巴文化影响已逐渐减少。三坝乡渣日村附近的金沙江岩画也被称为"渣日岩画"，"渣日"系纳西语，意为"泥泞之路"。三坝乡是最早发现金沙江岩画的地方，也是岩画点最集中的地方。

花吉足岩画一号：花吉足岩画一号点分上下两层，上层有两个岩画区，第一区在左面岩洞前，画面上用黑色颜料绘有形似"十""工""丰"的符号。画面右下部用红色颜料绘有一对动物耳朵，似獐子。在第一区的右下方，有一个很大的岩洞，洞高十多米，即第二区。第二区岩画分为四个组：第一组可辨认出四只左右重叠的野生动物图像，其中有一头野牛和一头獐子；第二组大部分图像不清楚，仅有一个线条绘得很细的动物图，应是野牛；第三组绘有獐子、独角岩羊等五只动物；第四组绘有结对而行的三只岩羊，一只不知名的动物和一只鹿，另外还有一头野牛和一只盘羊，画面颜色暗淡。下层第三区在下台的石面的大岩洞处，很多图像被岩浆长期侵蚀而显得漫漶不清，可辨的动物是三只獐子，图像较大，可图像都很不清楚。

花吉足岩画二号：岩画共计两处四组，内容为野生动物、符号；技法为描绘，多数画面被钙华覆盖，画面漫漶不清（图 5-6）。

川卡若岩画：川卡若岩画点岩画共计一处十组，内容为鹿、麂子、野羊；技法为描绘，红色颜料绘制，多数画面较清晰。

图 5-6：花吉足岩画二号点（刘宏拍摄）

图 5-7：白云湾岩画（吴沄拍摄）

白云湾岩画：白云湾岩画点岩画共计一处五组，内容为鹿、猴子、野牛、野羊、符号等，有红黄两种颜色；技法为描绘，多数画面较清晰，少数被钙华覆盖（图 5-7）。

姆足吉岩画一号：姆足吉岩画一号点岩画共计一处六组，内容为鹿、野牛、獐子、野羊；技法为描绘，红色颜料绘制，画面清晰。

姆足吉岩画二号：姆足吉岩画二号点岩画共计一处两组，内容为野牛、不明动物，土黄色矿物颜料描绘；技法为描绘，画面较清晰。

硝厂洛岩画：岩画共计一处三组，内容为野生动物、符号，红色颜料描绘；技法为描绘，多数画面被钙华覆盖，只见部分线条。

岩拉巴吉岩画：岩画共计一处一组，内容为鹿；技法为描绘。

岩卡纳岩画：岩画共计一处二组，内容为麂子、不明线条；技法为描绘。

喇嘛足古岩画：岩画共计一处一组，内容为獐子、野绵羊、岩羊等；岩画全是用红色颜料绘制，技法为描绘，而且笔画很细，画面线条粗细均匀，画风清丽。这处岩画面积不大，画面又以从左往右倾斜的石缝为界，分为两组。左组低，右组高。左组最上面有一个动物的头部，疑是狗头。其下绘有几只野生动物，有獐子五只、野绵羊一只、岩羊一只，另两只头部残缺。这组动物的头部分左右向，后躯几乎互相叠压在一起（图5-8）。

尼可见岩画：岩画共计一处六组，内容为野羊、鹿、熊、野马、图案；技法为描绘，颜色为红白黄三种颜色，多数画面较清楚。

香格里拉市上江乡岩画所处的福库村位于乡政府驻地以南，为汉族、傈僳族、白族、藏族等居民居住区，茶马古道空心树段经过岩画旁，历史上是内地进入藏区的必经之路。岩画点地处金沙江畔的三级台地上，为冲积平原，下方多民居村落，村落旁为梯田台地。

木彩习岩画：木彩习岩画分别刻于木彩习桥边的两块岩石上，南侧岩石东部刻有一带角的动物，图像长6厘米、高4厘米；其他图案多为多条线和小密点。该岩画点图案因日晒雨淋，已模糊不清。

图5-8：喇嘛足古岩画（吴沄拍摄）

图 5-9：关门山岩画（左、右）（陈淑珍提供）

　　香格里拉市金江镇为汉、傈僳、纳西、白等民族聚居区，仅发现一处岩画：关门山岩画。关门山岩画其主体岩体直角超过 90 度，且底部大面积凹陷。正因这样的地形避免了风吹雨淋，该处岩画得以长期保留下来。岩画点离江面约 4 000 米，共计岩画为一处四组，内容为人物、麂子、符号、曲线图案。技法为描绘，多数画面已漫漶不清。经仔细考察，可以辨别图案的岩画共有八幅，图形都是动物形象和一些几何符号。"手印线条"等几幅似用动物血液写意涂绘——把五指摊开盖上去，与图形吻合（图 5-9）。

2. 玉龙县

　　宝山乡位于玉龙县东北部。南邻大具乡、鸣音镇，北接奉科乡，东与宁蒗县翠玉乡隔江相望，西与香格里拉市三坝乡隔江相望。为高山、河谷地形，有纳西、汉、白、傈僳、彝族、普米族居住。宝山自然村坐落在一块大石岩上，四周地势险峻，仅有两道出入口，是天然城堡，故有"宝山石头城"之称，为全国重点文物保护单位。该地区自明代设立宝山州以来一直是宝山的主要交通要道，居民以纳西、普米族为主。

　　古美科王家岩科岩画：岩画分布面积很大，动物很多，有野羊、野牛等野生动物，多数画面已不清晰，为红色颜料绘制。该岩画所处区域交通闭塞，四面陡坡峭壁（图 5-10）。

　　夯桑柯律柯岩画："夯桑柯"在纳西语中意为"淘金沙的地方"，岩画点高出江面300米，夯桑柯律柯位于中部，自东至西有6个洞穴状岩厦，岩画在东端两个洞内，一洞画岩羊；另一洞画两野牛，均用红色颜料绘成，保存状况良好（图5-11）。

　　太子关岩画：岩画面积约7.5平方米，高3米，岩画内容以长5~20厘米的大量小型动物为主，由于常年雨水侵蚀，岩画被石灰岩浆腐蚀，大部分都残缺模糊难以辨认。

　　拉里满岩画：岩画面积约18平方米，图像内容为野猪、人物、麂子、野羊等。

　　古美柯岩画：岩画位于一个小岩洞内，高出江面700米，洞宽7.25米、高4.12米、深4.48米。分别绘于两个嵌在岩厦内的石面上，岩画主要内容是野生动物，多数画面已不清晰。

　　鲁它斜拉可岩画：岩画岩厦宽66米、高4.4米，有三处独立小图形，岩画内容有岩羊、麂子、獐子、野牛和手印等，图像基本清楚。

　　树补丁岩画：岩画位于接近山顶的一处岩壁下，朝向正南，大部分被1厘

图5-10：古美科王家岩科岩画
（和四奇提供）

图5-11：夯桑柯律柯岩画（和四奇拍摄）

米厚的钟乳石覆盖，只有一小块基本清楚，有野猪、鹿、猎人等形象。画法以线绘为主，线条简约，形象生动，绘画颜色为红色。

图 5-12：本丁葛岩画（和四奇拍摄）

本丁葛岩画：岩画 1、2 号点在同一岩洞内，属于一个整体洞，坐东朝西，洞口岩画绘于洞口左侧岩壁，可分 6 组：其一画 5 个动物，其二画一中箭的母野牛及黑麂子，其三画一只母麂子望着飞来的石头，其四画面模糊不清，其五画一持弓箭者站在动物前，其六画两个獐子重叠（图 5-12）。

洛美满岩画：岩画面积约 1 平方米，岩画内容主要是野牛和线条，多数画面已不清晰。

住古岩画：岩画所在岩洞处在金沙江峡谷中，江两岸山高谷深，悬崖绝壁，半山腰皆有坡地，山洞下有羊肠小道通向江面。岩洞内岩画形成一个统一整体，岩画较明显的有三处，第一处内容为熊，线条细密，生动形象；第二处画面分为多层，有明显的熊的形象，线条简略，有箭形符号，线条无法明辨；第三处，牛形，画面叠交，牛前肢处有特殊符号。

齐顾岩科岩画：齐顾岩科岩画分别位于同一岩厦的洞口上台壁和洞内，属于两个独立整体。岩画分布面积约 340 平方米，岩厦高 20.7 米、宽 33.1 米，洞进深 9 米。

夯桑柯蒙柯岩画：夯桑柯蒙柯岩画动物线条简约，形象生动，绘画颜色为红色。

夯桑柯律明岩画：内容有麂子、岩羊、盘羊、山驴、野牛等大量野生动物

图 5-13：夯桑柯律明岩画（和四奇拍摄）

和两处人物形象，大小在 5~20 厘米间，画法以线绘为主，线条简约，形象生动，绘画颜色为红色（图 5-13）。

鸣音乡妥良初岩画：岩画包括妥良初娄布敖空、妥良初本驰里、妥良初同尺嗷嘎三处，总面积约 40 平方米，岩画区域高 4 米、宽 10 米，岩画图形是一只大野牛，内有野猪、野羊、鹿等小动物（图 5-14）。

鸣音乡圈羊洞岩画：岩画大部分内容被烟灰覆盖，仅在洞口一石壁上保存有面积为 4.3 平方米的岩画，约有 5 个图案，但都已模糊不清，局部还可以分辨

图 5-14：妥良初岩画（和四奇拍摄）

图 5-15：圈羊洞岩画（和四奇拍摄）　　　图 5-16：高粱地岩画（和四奇拍摄）

出一只岩羊和几根线条（图 5-15）。

鸣音乡高粱地岩画：高粱地岩画位于鸣音乡洪门村委会北 15 000 米处接近山顶的一处岩壁下，朝向正南。有野猪、鹿、野牛、盘羊、猴子等形象，线条简约，形象生动，以红色颜料绘制为主，也有黑色和黄色（图 5-16）。

万人洞岩画：万人洞岩画所处山体山崖陡峭，多为石壁。分布在 3 个岩洞里，为 3 个点：1 号点岩洞离金沙江面 130 多米，整个洞分布面积很大，洞内有岩画点多处，地下有一个压住岩面线条的文化层；2 号点岩洞位于 1 号点上，洞口向西，在整个洞岩面上发现岩画点多处；3 号点位于 1 号点上面 200 米处山路旁，在洞岩画面上发现两个岩画块。岩画位于山上岩洞内，因年代久远，加之岩洞作为放羊人做饭的地方，烟熏使岩画线条模糊，岩画需仔细辨认才能发现（图 5-17）。2008 年，吉学平、李钢调查时在洞内地表发现盘状刮削器，推测该洞穴堆积可能存在旧石器时代人类活动遗迹。

3. 宁蒗县

翠玉乡达图乌勒岩画：岩画原来距离江面约有 30 米，岩画面朝金沙江，

图 5-17：万人洞岩画（吴沄拍摄）

绘在一块大石头下面，岩画所用颜料为赤色铁矿或氧化铁矿加动物血配置成的朱红色。岩画题材主要是野生动物，并排的有 3 只鹿和 1 只熊，有一只挡在前面，每只鹿身长 80 厘米左右，基本都是用线条勾勒，描绘局部特征，伴有一些抽象的符号（图 5-18）。由于阿海电站建设，此处岩画点已被淹没。

翠玉乡乌独子洛玛岩画：该处岩画风化破碎严重，表面覆盖有泥浆，多数图像不能辨认，少数可辨认为大型的鹿、鼠以及一

图 5-18：达图乌勒岩画（和四奇拍摄）

些符号状线条，与虎跳峡的情况相似。

翠玉乡阿嘎洛玛岩画：该岩画点在变质灰岩节理裂隙之间的断面上绘制，图像共有三个，分为二组，上组为一大型野牛头，下组为两只岩羊，完整羊身是被箭射中的形象。

翠玉乡阿者黑岩画：该岩画点内容较为丰富，多为岩羊图案，有多重叠压关系，且发现有绿色颜料绘制的图案叠压于其他图像上。

翠玉乡阿达洛玛岩画：岩画点共分三组，第一组为向北行走的人形图像，第二组为一大型鹿，颜料为白色，胸部有一红黄色箭头，灰白色大型鹿头叠压在红色线条之上，但红色颜料较为破碎，难以辨认图像内容。

金棉乡阿者克莱岩画：红色彩绘，保存较好，图像丰富，整个岩画点可分为上、中、下 3 区，岩厦宽 4 米，长 50 米。该岩画点图像多为鹿、岩羊、山羊、狗及线条所组成，共分为 10 组，有多重叠压关系，该岩画点最具特色的一处图像为红色岩羊图案，岩羊眼睛为天然岩壁凹洞，凹洞直径约 1.5 厘米，在调查时，对覆盖在岩画上的碳酸盐进行了取样，正在进行釉系断代工作。

金棉乡艾玛渡岩画："艾玛渡"在当地摆依人语中意为"半截、无尾"之意。为红褐色彩绘岩画，该岩画点内容从西至东可分为 2 组，每组均为两头牛两两叠压关系，大部分画面已漫漶不清。

金棉乡查克玛岩画：该岩画点位于靠近河滩处有大量卵石的崖壁上，红褐色颜料彩绘，岩壁上颜料大部分已剥落，看不到清晰图案。

金棉乡洛龙板岩画：由于岩画所在岩壁下方平台已被金安桥水电站水库蓄水淹没，只能乘船观察，红色颜料绘制，图像较清晰的有鹿、岩羊及野猪。

金棉乡哇啦铺 1 号点：南部岩厦地面发现金属划刻痕迹，应晚于岩画年代，可将该岩画点分为南区及北区，北区为深红色岩羊图案，南区画面漫漶不清，当地人认为该图为渔网，由于岩壁表面剥落无法确认。

金棉乡哇啦铺 2 号点：该点位于公路下方绝壁，无法到达。

古城区力作巴涅斯朴古岩画：岩画位于金沙江边，高出江面约 100 米，岩画内容为野牛、符号、线条图案等，大多数画面尚可辨认。

4. 永胜县

关羊洞岩画：该岩画点四周为森林，岩画坐南面北，距地面 4 米左右，用白色颜料画成，岩画在岩石的立面上，有多幅，目前只有三幅岩画还比较清晰，为动物图像，岩画所在岩石东西长约 35 米、高约 10 米，岩画所在地距河东村委会 5 000 米左右。岩画受到人为破坏、自然腐蚀、风雨侵蚀等影响。

四、金沙江岩画的特征

迄今为止，云南金沙江岩画的最东端为楚雄彝族自治州永仁县永兴乡的灰坝岩画，最南端为丽江市永胜县东山乡岜啰岩画，最西和最北端为迪庆藏族自治州德钦县羊拉乡里农岩画。金沙江岩画大体有如下特征：

1. 金沙江岩画多发现于金沙江及其支流两岸的崖壁上；高出江面的直线距离在 20 米至 2 000 米之间，一般岩画点附近曾经是野兽频繁出没的地方，同时很多是狩猎的要道口[①]。

2. 在朝向上，金沙江岩画所在岩厦多面向开阔处；岩画点大都朝向江面方向，多绘在岩厦阴处或岩洞内壁及洞内的岩石上，岩画点前一般有能容十数人或数十人站立的开阔平台，可供作画者立足，这也可能与方便举行对岩画的集体祭祀活动有关，且接近水源地。

3. 作画颜色使用最多的是红色，红色又分为深浅不一的紫红和褐红。有不少岩画点的动物形象层层相叠，颜色深浅不一，甚至不同颜色的动物绘于一壁，可能是不同时期的不同作者在同一岩面上作画所致。此外，金沙江岩画还发现以黄、黑、白、绿等颜色描绘的情况。

4. 岩画内容多为写实主义的动物轮廓图案，部分图像显示出用不同颜色勾勒的痕迹，互相叠压；部分动物图像只绘出部分身体轮廓，形象生动。所描绘

---

① 李钢：《探寻滇西北史前先民的岩壁史迹——金沙江岩画的考察及其保护思考》，载《岩画研究》，2006（4），第52-53页。

动物以野羊、鹿、野猪、麂子、獐子、猴子、熊等为主。另外，少数岩画点还出现了疑似山驴、虎、貘、蛇和尚未确定的动物形象，画面绝大多数无统一布局。我国境内还未在其他地区发现此类风格的彩绘岩画。

5. 在 2011 年 11 月，云南省文物考古研究所与迪庆藏族自治州文物管理所联合调查时，在洛吉首次发现了利用天然岩石作为动物身体的一部分绘制有三维立体感岩画的例子，使金沙江岩画的内容不仅局限于二维平面上，同时也有了最原始的三维艺术创作。2016 年，本文作者在对宁蒗县金棉乡的岩画调查中再次发现利用天然岩石凹洞作为动物眼睛的情况。

五、分期与年代问题的探讨

目前，国际上通行两种主要方法对岩画的年代问题进行分析：一种是"考古学近似断代"（Archaeological minimum dating）[1]，即通过考古类型学分析来建立相对年代关系；另一种为"直接断代"（Direct dating of rock art）[2]，即利用现代科学手段采集岩画表面物质信息对岩画进行直接断代。

根据云南金沙江岩画的内容判断其相对年代大致可分为两个时期，即狩猎—采集时代和农耕时代，我们主要探讨狩猎—采集人群岩画年代，农耕时代岩画分析将在后面阐述。

狩猎—采集时代：根据目前发现的狩猎—采集时代岩画的内容多为野生动物及狩猎场景分析，金沙江岩画大部分内容应属于史前狩猎—采集人群所作，早于农耕时代岩画。金沙江岩画的绝大多数点，描绘的都是野生动物形象，在调查过的 50 多处近百幅画面中，90% 以上是野生动物，其中除野牛和鹿外，还有众多的野羊、野猪、麂子、獐子、猴子和尚未鉴定的野生动物。另外，少数岩画点还出

---

① Belzoni，G：*Narrative of the Operations and Recent Discoveries in the Pyramids*，Tombs and Excavation in Egypt and Nubia.Vol.1.London，1820.

② 汤惠生、张文华：《青海岩画——史前艺术中二元对立思维及其观念的研究》，北京：科学出版社，2001，第154页。

图 5-19：岩布洛发现 "貘" 形动物岩画（吴沄拍摄）

现了疑似野马、野驴、虎、熊等动物形象。在金沙江岩画的调查和研究过程中还在香格里拉洛吉乡洛吉河口岩布洛岩画点发现疑似地区性绝灭动物——貘。貘现生种只分布于马来半岛。根据云南保山塘子沟遗址的考古发现，云南地区的貘灭绝于至少8 000 年前，那么岩画的作画年代可能早于8 000 年[①]（图 5-19）。

根据对世界范围内人群创作岩画目的的分析，岩画多反映的是作画人群的日常生活、原始宗教，与其所赖以生存的经济模式息息相关，野生动物为史前狩猎—采集人群赖以生存的生活资料，由于与人类关系紧密，岩画所在地的野生动物就常常出现在画面中。除金沙江岩画外，澳大利亚卡卡杜国家公园中岩画多出现袋鼠形象；南非布须曼人的岩画中多出现非洲大角羚羊的图像等。

狩猎采集时代岩画初步分期：根据目前发现的云南金沙江流域狩猎—采集时代岩画内容和前人所作的欧洲旧石器洞穴岩画的分期特点，可将其初步分为两个不同时期：

第一期：

狩猎—采集人群早期岩画最显著的特点有：

1. 写实的大型动物形象；

2. 形象之间没有相互的联系；

3. 出现各种具有普遍性意义的抽象符号。

上述特征在西班牙阿尔塔米拉洞穴壁画中体现得最为鲜明[②]。截至 2013 年，科学家共对西班牙北部的 11 个洞穴进行了勘察，其中包括被联合国教科文组织

① Paul S.C. Taçon，Maxime Aubert，Li Gang，Yang Decong，Liu Hong，Sally K. May，Stewart，Ji Xueping，Darren Curnoe，Andy I.R. Herries：*Naturalism, Nature and Questions of Style in Jinsha RiverRock Art, Northwest Yunnan, China*，*Cambridge Archaeological Journal*，20（1），67-86.
② 陈兆复、邢琏：《世界岩画（欧美大洋洲卷）》，北京：文物出版社，2011，第19页。

列为世界文化遗产的阿尔塔米拉洞、埃尔—卡斯蒂略洞和蒂托—布斯蒂约洞。借助于铀的放射性衰变研究，科学家对壁画上面的微小钟乳石年代进行了测定，进而得出壁画的年代。在埃尔—卡斯蒂略洞墙壁上发现的手模和盘状图案是通过将颜料吹到墙上形成的，年代至少可追溯到 4.08 万年前。这是年代最为古老的欧洲洞穴壁画。此前的最古老洞穴壁画是在法国发现的，年代比埃尔—卡斯蒂略洞壁画晚了 1 万年。在阿尔塔米拉洞，科学家发现一个巨大的棒状图案，年代至少可追溯到 3.56 万年前。科学家此前认为这个洞穴在 2.56 万年前开始出现壁画。研究发现，当时的古人一次又一次来到这个洞穴，描绘大量壁画，这种绘画创作的历史超过 2 万年。西班牙成为世界上发现最早的彩绘洞穴岩画的地方。

金沙江岩画内容多为单线条描绘的动物部分身体形象，且动物之间没有相互的关系，根据云南金沙江流域文化的相对滞后性以及其与世界已经确定的旧石器时代彩绘岩画内容相比较，可以大致得出，金沙江岩画中大部分岩画的时代应属于狩猎—采集时代早期作品。其中，根据分类研究，岩画内容特征判断属于这一时期岩画内容的典型代表有：花吉足岩画、白云湾岩画、喇嘛足古岩画、腰岩岩画、花岩岩画、必子岩布岩画、岩布洛岩画、万人洞岩画、阿者黑岩画（图 5-20）、

图 5-20：阿者黑岩画（吴沄拍摄）

阿达洛玛岩画、阿嘎洛玛岩画、乌独子洛玛岩画等，可将这一区域类似岩画划分为云南金沙江岩画第一期中，可能与西班牙和印度尼西亚旧石器时代岩画的时代相当。

第二期：

这一时期的岩画主要特征有：

1. 有狩猎—采集人物形象出现在画面中；

2. 动物、人物、狩猎工具间有一定关联性，有围栏、弓箭等狩猎工具或行为出现；

3. 动物形象较为复杂，开始绘制动物皮毛；

4. 有生殖崇拜现象。

云南金沙江岩画在这一时期开始变得更加复杂化，画面内容更加丰富，应属于狩猎—采集时代晚期作品，对应于云南其他地区的新石器时代中期。其中，根据岩画内容特征判断属于这一时期岩画内容的典型代表为：夯桑柯律明岩画（图 5-21）、高粱地岩画等。可将这一区域类似岩画划分为云南金沙江岩画第二期。

图 5-21：夯桑柯律明岩画（和四奇拍摄）

图 5-22：白云湾岩画点釉系断代取样位置（刘宏拍摄）

2008 年澳大利亚著名岩画专家 Paul S.C. Taçon 教授带领其团队开始与中国学者合作研究金沙江岩画，进一步探讨了其与世界其他地区岩画的关系问题。同时，对香格里拉三坝乡白云湾岩画点颜料和覆盖在岩画上的钙华进行了 ^{14}C 和铀系断代（图 5-22）。

由断代数据结果可以得出铀系断代法所测样品共有 8 个，测得其最早年代（即钙板覆盖岩画的底部年代）为 11470 ± 305 年，最晚年代（即钙板覆盖岩画的上部年代）为 7170 ± 135 年。^{14}C 断代法所测样品共 5 个，测得其最早年代为 9380 ± 30 年，最晚年代为 4010 ± 30 年。这是目前为止中国境内有确切断代的彩绘岩画中年代最早的，但与东南亚和欧洲岩画测年数据对比，这一结果还有可能低估了金沙江岩画的总体年代，金沙江岩画的绝对年代还有待进一步研究。

六、作画工具

金沙江流域的彩绘岩画在历次实地调查中，都没有发现当时的作画工具，这需要未来的考古学调查作进一步工作。但从各地点画面上的图形线条、笔画特征及岩面周围情况，也可以做一些推测。据研究，云南沧源岩画部分图形应是画者用自己的手指所绘，北美印第安人、澳大利亚土著人以及云南的佤族人等也都有以手指作画的现象[①]；广西左江流域花山岩画图形普遍粗大，线条硕长粗犷匀称，每一幅图像的色块浓淡一致，主线条附近往往有弹溅出来的小点颜料，因此，运用"竹笔"和"羽毛笔"作画的可能性较大。此外，花山岩画中一些图形较小、线条较纤细的画像或一些大型图像的局部点缀及一些圆形图像，也不排除作画者以手指绘画的可能[②]。根据以上地区岩画的研究结果和所绘动物线条粗细及岩壁情况分析，金沙江流域岩画的彩绘动物，其线条相差不大，线条粗细正好与人类食指或中指宽度相同，较细的线条，手指少蘸颜料亦可完成，较粗的线条可用两指同时蘸取颜料所作。但也不排除金沙江岩画中一些细小部分或图案是由其他作画工具完成，例如利用周围生长的植物强韧的茎部所作。

调制颜料也需要相应工具，颜料调好后需要工具盛放。笔者在澳大利亚北部进行野外岩画考察时，常可以在岩画点附近的地面发现研磨坑，这种研磨坑既用于研磨食物也用于研磨岩画颜料（图 5-23）。但在金沙江流域尚未找到此类研磨坑，可能岩画创作者使用了可移动的研磨器和颜料盛放工具。

图 5-23：澳大利亚卡卡杜国家公园岩画点下的研磨坑（吴沄拍摄）

---

① 汪宁生：《云南沧源崖画的发现与研究》，北京：文物出版社，1985，第17-18页。
② 广西壮族自治区民族研究所编：《广西左江流域崖壁画考察与研究》，南宁：广西民族出版社，1987，第196-197页。

七、作画颜料

金沙江流域岩画使用最多的作画颜色是红色，红颜料可能是将金沙江两岸岩层中的红土和赤铁矿捣成粉末，但要将这种颜料涂在崖壁上而使之经久不掉，必须有某种胶合剂来混合。红色又分为深浅不一的紫红和褐红，可能也与使用不同种类的黏合剂相关。所以有学者认为：用动物血、油脂和皮调成胶，然后将

图 5-24：研磨使用过的赤铁矿颜料
（吴沄拍摄）

这种溶液与赤铁矿粉等颜料相混合用来作画，可以保持颜色经久不掉[1]，在金沙江流域，据采访当地居民，有些植物的胶液也可以达到同样的目的，其他岩画颜色的颜料也可能从矿物及动植物中提取而来。例如黄色颜料可能是由一种根茎可以碾磨出黄色汁液的藤蔓植物和黄色含铁矿石成分的岩石粉末调和而成的，白色颜料应是用岩石中的白垩质成分取得（图 5-24）。

金沙江岩画多使用红色的原因应与大部分地区的红色岩画相同：原始人类色彩概念的形成过程往往是和许多生存观念相联系的。因为色彩来源的对象本身就可能被原始人类认为具有某种意义，作为对象属性的色彩也就必然参与对这种意义的表现。因此色彩的象征性和表现力仿佛是与生俱来的[2]。史前社会红色是许多民族喜爱的颜色，因为它是血液的颜色，常用以代表生命、力量。红色也用以表现原始人的神灵崇拜和巫术祭祀，红色也被原始宗教赋予了宗教意义。在云南旧石器时代晚期的沧源农克硝洞遗址、保山塘子沟遗址和新石器时代晚期耿马石佛洞遗址中，都出土过红色的赤铁矿颜料。红色的赤铁矿象征血

---

① 汪宁生：《云南沧源崖画的发现与研究》，北京：文物出版社，1985，第15-16页。

② 张晓凌：《中国原始艺术精神》，重庆：重庆出版社，1996。

液，是希望死者在另一个世界中复活；笔者在澳大利亚考察期间，在土著人的一些墓穴里发现的人类头盖骨上也被涂上红色颜料，其原因可能也与中国旧石器时代在埋葬死者时用赤铁矿粉相似。

八、内容风格与社会功能

金沙江岩画的制作技法及内容丰富多样，包括颜料绘制、凿刻、手印等。其中绝大多数岩画描绘的都是野生动物形象，在已经调查过的数十处近百幅画面中，90% 以上是野生动物，其中除野牛和鹿外，还有大量的羊、野猪、麂子、獐子、猴子和尚未鉴定的野生动物。另外，少数岩画点还出现了疑似马、野驴、虎、熊、貘等动物形象。这种写实主义风格的彩绘岩画是由狩猎—采集人群用颜料绘制而成，这种风格广泛发现于非洲、欧洲及东南亚的一些地区，描绘野生动物形象也是先民原始信仰、精神崇拜的见证，与中国其他地区岩画风格迥异。金沙江岩画中的典型图像是写实主义风格的野生动物，这些野生动物往往是生活在当地并为岩画创作人群所狩猎的对象。岩画绘画线条流畅、形象生动，很多地点岩画内容相互叠压，一些动物只绘出身体的部分特征。同时，也出现部分狩猎场景的岩画，一些动物身上着有箭镞。虽然也有零星抽象符号及农耕内容的岩画在金沙江流域出现，但写实主义动物风格的岩画在金沙江流域岩画内容中仍占主要地位，这样的岩画风格在中国境内是首次发现，奠定了金沙江岩画在中国岩画遗产中的特殊地位。

2011 年 11 月，云南省文物考古研究所与澳大利亚格里菲斯大学联合测岩画年代时，还在腰岩首次发现金沙江岩画二维与三维的艺术形式同时出现描绘同一只牛的现象（上文中提到的腰岩岩画中用岩石表现出牛的身体，只绘出牛的头部），表明先民已经开始有在立体空间中创作的意识，同时也将自我意识进一步融入自然载体中，岩画的象征和精神意义更加得以体现（图 5-25）。岩画与天然地形结合表达的意义往往比较特别。在国外有古代民族把人形绘在有天然凹洞的岩壁上，凹洞的位置正好与生殖器重合，具有生殖崇拜的寓意；在中

图 5-25：洛吉乡腰岩岩画点利用表面突起的岩
石绘制野牛（吴沄提供）

图 5-26：羊拉凿刻岩画
（李钢拍摄）

国也有些民族认为在岩洞里有另一个世界或者自己的祖先就来自岩洞[1]。古人利
用天然岩石形状作画的例子，丰富了金沙江岩画的内涵。

羊拉和孔家坪凿刻岩画也同时在这一区域出现，丰富了金沙江岩画的多样
性（图 5-26）。新发现于德钦县境东北部的羊拉乡里农村民小组的凿刻岩画与
中国西北部青海省所发现的动物题材凿刻岩画风格、画面布局极其相似。这是
新石器时代以来氐羌族从西北地区南下"文化艺术传播"的又一例证。

2005 年，金沙江流域的楚雄彝族自治州的永仁灰坝发现了手印岩画。世界
多数岩画学者认为手印岩画年代较早，多数属于旧石器时代。手印岩画在相当
长一段时期内广泛存在于世界各大洲，体现的是早期人类一种精神心理共性及
自我认同，使金沙江岩画又具备了普遍意义。手印的动机和意图包括游戏、占
有标记、签名或是出于一种自我表现的热情等[2]。中国岩画学家张亚莎认为，手

[1] 吴沄：《金沙江岩画洛吉岩画点调查记录与初步研究》，载《云南地理环境研究》，24（4），第
50-52页。

[2] 高火编著：《欧洲史前艺术》，石家庄：河北教育出版社，2003，第75页。

印在某种意义上也是"人"的象征，人的主体意识通过手印岩画来反映。随后，手印的意义逐渐衍生为人的群体性与社会性的展现、生存与繁衍过程与祖先灵魂的交流等，手印表达的是人类对自身的认知[1]。

九、关于狩猎—采集岩画社会功能的讨论

更新世晚期到全新世早期的人类狩猎—采集生产活动是当时最主要的生产方式，它不仅关乎物质生产，同时与原始社会人群的社会关系、思想精神紧密相关。越来越多的研究证明，我们需要用思想和精神象征意义等因素来作为理解人类行为的前提。岩画作为人类精神层面的遗存，为我们提供了大量史前狩猎—采集时代的信息。这类岩画通常描绘与人类同时共存的野生动物、狩猎场景等内容，它帮助我们从自然环境、社会关系、生业模式、艺术风格等多角度立体地理解有文字记录以前人类生活的世界。

史前艺术是人类艺术形成期的一种特殊早期类型，它的创作动机和功能与现代意义上的艺术有所不同。史前社会的生存环境决定了史前艺术从属于人类基本活动的特征，岩画作为原始的审美艺术，本只是巫术礼仪的表现形态，不可能离开它们独立存在，唯有如此才能解释史前人类何以把绘画带入自己生存的曲折阴暗的洞穴或能遮风挡雨的岩厦内[2]。不同种类的狩猎工具是在所处环境的限制条件下产生的，通过研究狩猎—采集者所绘在岩画上的狩猎工具，就可以帮助我们研究当时的环境、动植物甚至社会关系等诸多问题。例如，在澳大利亚本土居民年代较早的岩画中常常会发现一种名叫"Boomerang"的狩猎工具，"Boomerang"的中文译名为"回飞镖"。狩猎者发现猎物并将回飞镖投掷出去，打中猎物后，回飞镖又回到主人手中。其实这种回飞镖广泛用于气候变化之前的澳大利亚大陆，由于当时气候较现在更为干燥炎热，人类居住的环境多

① 张亚莎：《手印岩画刍议》，见《"原始符号与意象思维——中非岩画互动"学术研讨会会议报告》，2012。

② 高火编著：《欧洲史前艺术》，石家庄：河北教育出版社，2003，第134-140页。

为广阔的草原地区，回飞镖可以在开阔的地区发挥效用。由于气候变化，澳大利亚北部很多原本开阔的草原变成了森林，回飞镖就不能再发挥作用，它在后期创作的岩画中出现次数也急剧下降（图5-27）。

　　对于此类风格岩画图画位置的选择在某种意义上是缺乏统一性的，通过采访金沙江流域当地猎人，他们大多认为岩画点周边更容易出现野生动物，所以我们假设：猎人在他认为有魔力的地方画出动物，以借助神奇力量确保捕捉到猎物，所以此类岩画具有一定的超自然的神力。1900年，著名的人类学家斯宾塞（B. Spencer）和吉伦（J. Gillen）在他们关于澳大利亚中部的民族学调查研究著作中提到阿龙塔人为了确保狩猎的成功而举行的巫术仪式中，就包括动物岩画的绘制活动。1923年在法国南部的蒙特斯潘（Montespan）洞穴中发现许多泥塑的动物形象，其中一个是无头的熊，熊的前爪之间有一个真熊的头骨，熊身上较为光滑，有磨光痕迹。有人推测原来其上可能覆盖以真熊皮，熊身上还有30个圆形小洞，被认为是狩猎巫术仪式中所受的刀剑创伤，所以也可认为这些绘有动物及狩猎场景的岩画是举行巫术活动的场地[1]（图5-28）。

图5-27：澳大利亚昆士兰州北部岩画，回飞镖与手印（吴沄拍摄）

---

[1] 汤惠生、张文华：《青海岩画——史前艺术中二元对立思维及其观念的研究》，北京：科学出版社，2001，第201页。

图例： ◯ 淡黄色
　　　 ● 深紫色
　　　 ▬ 双轮廓黑色线条

图 5-28：腰岩岩画大量的动物轮廓上叠压有密集的点，可能与巫术有关（吴沄描绘）

　　金沙江流域少数民族一直保持着牛崇拜的传统，这种利用部落所崇拜的动物举行祭祀活动的行为在狩猎—采集时代也较为普遍。陈兆复认为金沙江岩画的一些内容应与牛崇拜有关。

　　岩画也可能具有某种教育意义，利用多年来绘制的岩画使后来的猎人更加了解自己的猎物，如澳大利亚岩画中大量的 X 射线风格岩画，将动物的外形和内脏一起表现出来，我们甚至可以根据岩画上的动物来细致区别生活在周边的鱼、蜥蜴、袋鼠、龟、鳄鱼、鸟的种类。20 世纪 70 年代后，美国哈佛大学塞克勒博物馆学者马沙克认为旧石器时代晚期的人们已掌握了一定的天文知识，能利用观察到的季节变化和动植物在不同季节中的特征来表现岩画，如法国拉斯科岩洞岩画中被称为"中国马"的形象，身体上半部覆以毛饰，而下半部则无纹饰，这说明此时正处于马的换毛季节。口述历史调查时得知，在金沙江流域地区至今仍有猎人根据岩画所处位置和所绘动物寻找猎物。

十、云南金沙江岩画与同类岩画的比较

虽然金沙江岩画的绘画风格在中国目前所发现的岩画中较为特殊，但将其放在国际化的大背景下讨论，它就具有其存在的原因和普遍规律。

1993年意大利岩画学者阿纳蒂在《世界岩画——原始语言》一书中把世界各地岩画分为四个阶段：早期猎人、晚期猎人、牧人经济和混合经济，然后再从主题、联系、风格、技术和位置等方面逐一归纳，在解释岩画时，他提出句法论（Syntax），即把岩画作为一种原始语言和句子来看，从而找出岩画所要表达的意思。原始岩画句法由象形图形、会意图形和心理图形三种基本要素构成。象形图形指我们能加以确认的真实的或想象的物体、人物和动物形象；会意图形是一种带有重复性和综合性的图形，即看上去类似某种动物、人类和其他形象如性器官、圆圈、圆点、线条等，重复和某种组合的规律性意味着某种定形概念；心理图形指那种无法辨识的象征性的图像，或是情绪或感觉的表达[①]。金沙江岩画所表达的写实主义动物图像正处于阿纳蒂描述的象形图形阶段，即人类较为原始的精神意识表达阶段，就如欧洲旧石器时代洞穴岩画的表现手法一样。根据步日耶的研究，欧洲岩洞艺术有两个繁荣期：第一个时期从公元前30 000年到公元前20 000年，即所谓帕里戈—奥瑞纳时期；第二个时期从公元前20 000年到公元前11 000年，即所谓索鲁特—马格德林时期。并且，绘制和刻制的方法是按照各自的模式独立发展的。帕里戈—奥瑞纳时期的作画方法比较简单，局部动物形象较多，以全侧面角度为主，兽蹄、兽角则多以正面角度表现。大部分动物形象能用一笔勾勒出轮廓，线条很少重复。索鲁特—马格德林时期的画面形象完整，色彩更加丰富，体现出作画技法的提高[②]。根据欧洲较为成熟的

---

① 汤惠生、张文华：《青海岩画——史前艺术中二元对立思维及其观念的研究》，北京：科学出版社，2001，第209页。

② 高火编著：《欧洲史前艺术》，第84-85页。

图 5-29：Tambun 的岩洞的岩画[1]

岩画研究分类，金沙江岩画既包含了帕里戈—奥瑞纳时期的岩画风格，又存在索鲁特—马格德林时期的岩画风格，这种狩猎—采集岩画作品年代跨度较大，体现了旧石器时代和新石器时代早、中期的岩画风格。

通过国外一些岩画学者在东南亚、南亚地区的野外工作、岩画调查和更广泛区域的对比研究，这一地区的岩画在形式风格上具有同样相似之处。在马来西亚、缅甸、柬埔寨、印度尼西亚、泰国[2]、印度等东南亚、南亚国家也有类似的写实主义风格的狩猎—采集岩画。

这种狩猎采集岩画在一定区域内并不是广泛大量的存在，研究发现金沙江流域狩猎—采集岩画在风格、形式和题材上不同于中国其他任何地区的岩画，而 Tambun（"Tambun" 为马来西亚一地名）岩洞的岩画也不像马来西亚半岛的其他岩画（图 5-29）。在过去的几千年里产生的早期印度尼西亚的岩画（苏拉威西），也不同于周围地区的岩画。有趣的是，所有这些亚洲早期岩画都与西欧早期的狩猎—采集岩画相似，它们是否与早期的欧洲艺术存在直接联系，或是欧洲旧石器时代艺术传统的一种在全球的传播，又或是一个普遍的早期现代人的文化实践活动中所经历的趋同阶段，有待进一步研究。

① TAÇON，P.S.C.& N.H.TAN.2012.：*Recent rock art research in Southeast Asia and southern China* In Rock art news of the world 4，eds.P.Bahn & N.Franklin.Oxford：Oxbow Books，207-214.

② Knuth，E.The Oracle at Tambun：*Malay and Thai Cave Painting Compared.Malay in History*，1962，8（1），2-10.

我们或许可以从金沙江岩画中找到晚更新世至全新世以来人群迁徙的线索，两种可能的解释：第一，早在数千年乃至数万年前，人们就以某种特殊的方式，跨越千山万水进行交流；第二，可能是人类文明发展到某一阶段，我们的部分祖先虽然没有交流，但共同选择了写实主义的岩画艺术形式，出现趋同的效果。[①]旧石器时代是否也存在着艺术模式的传播问题，可以从两方面去考虑：第一个是进行现代民族学调查，观察现有的原始艺术现象，如爱斯基摩人的社会，在那里似乎没有什么媒介来传播艺术模式，但即使相隔万里，他们仍有共同的造型传统；第二个方面涉及史前考古学，如果仔细分析史前图画的形态，不难发现，不仅不同岩画点的画风各不相同，即使是同一岩画点的两个相邻的画面也绝少出自同一人之手。在狩猎—采集时代，可能也有造型基本的共同性和实践上的地区性之别。

岩画内容伴随着世界从更新世结束到早全新世中期的全球变暖以及农业的出现而改变，这种变化在距今4 000多年前的东南亚、南亚大陆上开始。在此之后狩猎—采集岩画可能在一段时间内反映了与农业文化并存的内容。与此同时，南非和澳大利亚北部所发现的狩猎—采集人群所作的写实主义风格的野生动物的岩画，证明早期的狩猎—采集生活是世界岩画艺术关键的一个部分。金沙江流域岩画的发现为世界狩猎—采集岩画研究弥补了时空上的空白。写实主义传统较其他地区持续时间长，可能反映了狩猎—采集人群与其他农耕社区在不同地区和不同时期具有一定的持久共存性。同时还有更广泛的证据来自南非和澳大利亚北部，写实主义的野生动物描绘占有重要地位，这也是世界大多数地区早期和晚期狩猎—采集岩画的普遍现象。

东南亚不同地区、欧洲和其他地区描绘写实主义动物与手印共存的现存最古老的岩画越来越受到关注。在整个中国西南金沙江流域、东南亚甚至澳大利亚北部，都可以发现岩画创作和天然岩石形状存在某种关系，这与欧洲许多地

---

① 吴沄：《金沙江岩画洛吉岩画点调查记录及初步研究》，载《云南地理环境研究》，第24卷，第4期，第50-52页。

区的情况相同，尤其是法国的肖维岩洞。大量资料表明人类有共同的岩画设计思维，写实主义岩画作品不仅仅存在于一个民族。在未来研究写实主义动物绘画风格的岩画中，中国西南、东南亚地区的自然岩石形状与岩画相结合的传统需要放在更大的背景下加以描述，其他的一些岩画绘画方式例如喷印等在东南亚地区可能存在了数千年。近几年来的岩画科学断代进展也确定了东南亚岩画的古老性，一些岩画绘制于更新世晚期。东南亚旧石器时代岩画的发现为研究东亚岩画的起源、传播、多样性和人群迁移提供了全新的信息。

第三节　混合经济时代岩画

云南南部属于亚热带、热带季风气候，雨量充沛，森林茂密，动植物资源丰富，大小山脉交错纵横，大量的石灰岩洞和岩厦能为古人类提供遮风避雨，成为举行聚集活动的场所。同时，这个地区矿物颜料丰富，多裸露于地表，为先民提供了优质的岩画创作条件，先民生活于大小岩厦和洞穴中，在山林中获取生活资料，进行狩猎—采集、农耕、驯养动物等活动，故将这一阶段称为混合经济时代。这一时期的岩画遗存以沧源岩画为代表。

一、沧源岩画

1. 概述

沧源岩画是我国迄今发现的较为古老的岩画之一，题材内容丰富，涵盖了人群生产、生活、宗教等多个方面，采用红色赭石颜料，用单色涂抹的技法，岩画风格自然、生动、朴实，在中国现已发现的岩画中，内容、形式、风格独树一帜，具有较高的历史、科学价值和独特的艺术审美价值。沧源岩画对研究我国西南地区古代建筑史、种植史、畜牧史、狩猎史、原始宗教史、艺术史等社会经济、精神生活发展史提供了重要的信息。对研究我国西南地区古代民族的社会组织、宗教信仰、文化艺术等具有重要意义，是中华民族宝贵的文化遗产之一。

沧源岩画分布于滇西南地区澜沧江流域。澜沧江源于青藏高原，是横断山区主要的南北向河流，从云南出境后称为湄公河，流经东南亚多个国家后入海，素有"东方多瑙河"之称，其河谷地带土壤肥沃，气候适宜，为早期人类的生存与发展提供了理想条件。同时南北向的河谷为早期人类的迁徙以及文化传播提供了便利通道，这一地区自古以来又是来自西北氐羌族群与东南族群迁移交汇的通道，其古代文化具有多样性、复杂性的特征。沧源岩画对研究我国西南地区及毗邻的东南亚国家古代民族历史、宗教和文化艺术史提供了重要的人类精神遗存资料。

2. 沧源岩画分布

目前发现的沧源岩画群主要分布在沧源佤族自治县境内的勐省镇、勐来乡、糯良乡、勐角乡区域内；小黑江及其支流勐董河、永安河流域河谷地带的山崖石壁上，为喀斯特岩溶地貌，岩画点都在山坡上，海拔1 000~2 500米之间（图5-30、5-31）。岩画点前大多有能容二三十人站立的岩厦平台，方便举行祭祀活动。可辨认的图形内容以饰羽、饰角、饰尾、饰耳的人物为主，占全部图像的74%；另外，还绘有牛、猴、熊、象、野猪、鸟、犬、羊等动物，树房、干栏式建筑、村寨、太阳、月亮、树木、云朵、山、路、弓弩、长矛、盾、飞丸及一些图纹符号，所表现的内容有狩猎、战争、祭祀、巢居、迁徙、丧葬、歌舞等活动。据汪宁生先生研究，岩画的绘制是以赤铁粉调动物血液，用手或羽毛、植物纤维绘制在崖壁上[①]。

3. 周边与沧源岩画大致同期的考古学文化

澜沧江流域远古文化遗存丰富，沧源农克硝洞及镇康淌河洞遗址的考古调查证明，在距今四万年前的旧石器时代中晚期，就有人类在这个区域繁衍生息。

---

① 汪宁生：《云南沧源崖画的发现与研究》，北京：文物出版社，1985，第3页。

图 5-30：岩画分布区勐董河谷航拍（吴沄提供）

图 5-31：口述历史访问对象——岩画所在地佤族老人（吴沄提供）

新石器时代晚期至青铜时代早期，该区域人类活动频繁，有种植业、驯养业、石器制作和陶器制作业、手工业，文化艺术繁荣，已开始使用青铜用具。沧源岩画的创作年代大体上处于这个时期，周边代表性遗址有下以几个：

耿马石佛洞遗址：位于耿马县东南部，小黑江北岸半山腰的石灰岩溶洞穴内，洞口高出江面约 80 米。石佛洞遗址出土的唯一一件青铜器残件，表面清晰可见青铜锈斑和气孔，平面形状推测为铜斧，故其主要遗存属于早期青铜时代，但所使用的工具仍然以石器、骨器、角器等为主，出土石器以磨制为主，仅见少量打制石器，这些石器多为生产工具，其次为渔猎工具、生活用品、装饰品和礼器等，有学者认为最具特色的星形石器可能与某种宗教或信仰崇拜有关。陶器是石佛洞遗址出土数量最多的遗物，陶质以夹砂黑褐陶为主，其次为灰褐、褐、红褐陶。泥质陶较少，常见有黑褐、灰褐、褐、红褐等。陶器制法以手制为主，个别为慢轮修整；纹饰手法以压印、刻划、戳印、锥刺为主，常见纹饰种类有绳纹、弦纹、附加堆纹、水波纹、网纹、草叶纹及几种纹饰组合而成的复合纹饰。遗迹现象有建筑遗迹、灰坑、墓葬等，建筑遗迹有干栏式建筑和地面建筑。石佛洞文化遗存内涵丰富，具有鲜明的区域和时代特征。石器、陶器制作技术发达，生业模式以稻作农业、旱作农业和渔猎并存。年代大致在距今3 500~3 000 年，其中距今3 400~3 200 年是它最发达的时期[①]（图5-32）。

　　石佛洞遗址的地层堆积中多有发现大量赤铁矿粉末和赭红色颜料，这些颜料和赤铁矿粉末杂乱集中于几个区域内，同时出土的还有一些石磨盘、磨棒、研磨器、砾石、石斧表面和陶片内壁，常发现有赭红色颜料的残留（图5-33），这些颜料并非刻意涂抹于器物表面或陶器之内。一些陶器内的赤铁矿粉可能为加工、研磨颜料或盛放颜料的残迹。2003 年发掘时，石佛洞遗址出土了一件长约5.1 厘米、直径约1.5~2.1 厘米的椭圆形赭石颜料，与附近的沧源岩画所用颜料成分大体一致[②]。石佛洞发现的部分陶器体现了其居民高超的装饰艺术水平，主要表现在陶器的复合纹饰上，这些纹饰以刻划、锥刺和戳印的变形鸟纹、几

图5-32：航拍小黑江两岸石佛洞遗址与岩画点的关系（吴沄提供）

---

① 云南省文物考古研究所、中国社会科学院考古研究所等编著：《耿马石佛洞》，第304-320页。
② 云南省文物考古研究所、中国社会科学院考古研究所等编著：《耿马石佛洞》，第379-382页。

图 5-33：耿马石佛洞 T25 ④ D 层出土颜料[1]

何纹、圆圈纹、弧线纹饰为主，以器物圆形口部为中心，环绕中心的均匀排列或对称分布经过磨光处理的器物肩部。同时，石佛洞居民也极其注重人体装饰，该遗址出土了骨牌饰、骨手镯、骨耳玦、穿孔牙饰等随身饰品，与岩画上的人体装饰相呼应。这些考古学证据表明石佛洞居民有尚红习俗，对于红色颜料的使用相当广泛，并且具有较高的艺术创作及欣赏水平。同时石佛洞遗址与沧源岩画年代大致接近，石佛洞人群中是否有沧源岩画的创作者还需要进一步的考古学研究。

耿马档帕遗址：该遗址位于耿马傣族佤族自治县贺派乡崩弄村档帕三组以北 400 米处山崖岩厦下，山崖呈东西走向，岩厦前有一半圆形平台，面积约有 300 平方米，经试掘出土磨制石器、绳纹陶片等新石器时代的遗物。该遗址时代也可能为新石器时代晚期至青铜时代早期。

此外，澜沧江干流及支流的二级台地上也发现与石佛洞遗址文化面貌相近的遗存如红土坡遗址、南碧桥遗址、南京章村遗址、小芒光岩画点、牧场洞穴遗址、芒卡遗址、沧源丁来遗址、壤得来遗址和洋得海遗址，双江县下帕谢村遗址和殷家坟遗址，镇康县淌河洞遗址等都发现与石佛洞遗址文化面貌相近的遗存。2018~2019 年，受国家文物局委托，笔者对沧源岩画及相关遗址进行了全面调查，又新发现多处可能与岩画同时期的考古遗址，新的发现正在研究中。

4. 发现与研究简史

1965 年，云南省历史研究所汪宁生先生和本地佤族干部在进行民族调查

---

[1] 云南省文物考古研究所、中国社会科学院考古研究所等编著：《耿马石佛洞》，2010。

时，与当地佤族群众闲谈了解到，当地佤族、傣族群众有去一个叫"帕典姆"，意为"有画的崖"的地方祭拜岩画的习俗，于是汪宁生先生对帕典姆进行了田野调查，并对沧源岩画的其他 5 个点进行了调查纪录，这是沧源岩画首次发现。1965 年 12 月 8 日，《人民日报》对此进行了报道。1978 年 7 月和 1982 年 2 月，汪宁生先生又两次对沧源岩画进行调查，记录了另外 4 个岩画点。这三次调查，前后延续 17 年之久，为沧源岩画的研究打下了坚实的基础①。

由于临沧地质地貌及气候情况复杂，交通落后，岩画调查工作进行得缓慢而艰难，此后半个世纪，省、市、县各级文物部门曾多次组织对沧源岩画进行调查，又发现了数处岩画点。

沧源岩画综合性研究方面的专著，首推汪宁生先生的《云南沧源崖画的发现与研究》。该著共有七章，对调查记录岩画的方法作了介绍和总结；对沧源岩画的一般特征从分布和保存情况、颜色、画具、技法和风格四个方面作了归纳；对已发现的 10 个点的岩画逐一进行记录分析；关于沧源岩画的作画目的和社会作用，作者认为大量画面及图形均与宗教信仰有关，其中又可分为模拟巫术、祈求丰产、崇拜神祇、重要仪式、重大事件的记录和神话传说的记载等。关于沧源岩画的年代、分期和族属，作者从考古资料、文献记载及与周围地区岩画的联系三个方面进行比较研究，慎重提出了一家之言。陈兆复著的《中国岩画发现史》（上海人民出版社，1991）列出专门章节，阐述了沧源岩画的概况、年代、族属和艺术特征等问题。2016 年，马娟主编《临沧岩画》，收录了临沧市包括沧源岩画在内的已发现岩画的图片。

其他综合性研究方面的论文主要有：1983 年汪宁生先生在《文物》第二期上发表了沧源岩画调查报告，并于 1984 年发表《Rock Paintings in Yunnan, China》于国际岩画期刊《Rock Art Research》，首次用英文向全世界学者介绍了沧源岩画；周星发表《沧源岩画村落图新探》（《云南社会科学》，1986 年第 2 期）；木基元《云南沧源崖画及其研究概述》（《四川文物》1993 年第 6 期）；苏

---

① 汪宁生：《云南沧源崖画的发现与研究》，北京：文物出版社，1985，第3页。

和平《云南沧源崖画探析》(《西南民族学院学报·哲学社会科学版》2002 年第 12 期);杨兴吉《沧源摩崖壁画造型观念略谈》(《民族艺术》1995 年第 3 期);吴永昌《沧源崖画综说》(《民族艺术研究》2003 年增刊);吉学平、邱开卫等《云南沧源洞穴岩画的首次发现》(《岩画学论丛》2014 年)。综合性研究方面的文章还有李公《丰富多彩的云南沧源崖画》(《读书》,1996 年第 11 期)和《沧源岩画》(《中国民族博览》,1997 年第 1 期)等;吴学明《石佛洞新石器文化与沧源崖画关系探索》(《云南文物》,1989 年总第 25 期);邱钟仑《也谈沧源岩画的年代和族属》(《云南民族大学学报·哲学社会科学版》1995 年第 1 期);曾亚兰《云南沧源岩画与石器遗址》(《四川文物》1997 年第 5 期);杨宝康《论云南沧源崖画的年代》(《楚雄师范学院学报》2002 年第 5 期)等。

沧源岩画 1 号点位于勐来乡民良村民委员会以东 2 500 米"贡让不得"山处,此地原名"帕典姆"(意为画崖),西 1 000 米为岩画寨。山崖呈南北走向,崖壁高数十米,岩画坐东朝西,崖前有一块长 11 米、宽 6.6 米的平台,岩画被竹林遮蔽。有画崖壁较平滑,呈门形,全长约 30 米,最宽点 5 米,有画面积约为 60 平方米。图像集中且清晰,仅有下部的少部分图像被钟乳石覆盖,整个点自左至右被分为 6 个区,共有图像 200 余个。画面内容多为舞蹈、狩猎、杂要等(图 5-34~5-36)。

沧源岩画 2 号点位于勐来乡丁来村民委员会东北面 900 米的公帮热山崖上,北距永安村民委员会 5 000 米。山崖呈东西走向,崖面坐西北朝东南,整个点从西向北被分为 2 个小区,有岩画壁长 25 米,画面约 75 平方米,有图像 100 余个。画面内容为村落图。沧源岩画 2 号点画面保存较为完好的是岩画内凹、上有凸石遮盖的中间部分,其他的图像有部分被钙华所污损。 画面从西向北被分为 2 个小区,有图像 100 余个(图 5-37)。

图 5-34：岩画 1 号点正立面三维扫描点（吴沄提供）

图 5-35：沧源岩画 1 号点的遮檐栈道（吴沄提供）

图 5-36：沧源岩画一号点局部画面（吴沄拍摄）

图 5-37：沧源岩画 2 号点局部画面（吴沄拍摄）　　图 5-38：沧源岩画 3 号点局部（吴沄拍摄）　　图 5-39：沧源岩画 4 号点局部（吴沄拍摄）

沧源岩画 3 号位于勐省镇满坎村民委员会以南 4 300 米的让不达索山处，该地属山地地貌，海拔 1 660 米，岩画以赤铁矿为颜料绘制于内倾的石灰岩崖面上，山崖呈南北走向，岩画面西，崖前有一条长 8 米、宽 3.5 米的平地，村公路从下经过。画面主要集中在一块较为平滑的崖面上，画面面积为 8.4 平方米，内容主要是鸟形人图，反映了一定的宗教观念（图 5-38）。

沧源岩画 4 号点位于勐省镇满坎村民委员会以南 5 000 米公拨山山腰处，岩画以赤铁矿颜料绘制于内倾或垂直的石灰岩崖面上，海拔 1500 米，山崖呈南北走向，崖面向东，崖前有一块长 12.6 米、宽 6 米的空地。画面面积约 16.8 平方米，有图像 70 余个，画面从左至右划分为 2 个区，内容丰富，主要有人物、舟船、房屋等，作画的意图和功能具有明显的记事性质（图 5-39）。

沧源岩画 5 号点位于勐省镇满坎村民委员会西南让索山让哨山崖处，北距满坎新寨 10 000 米，南距满坎小寨 7 000 米，属山地地貌类型，海拔 1 780 米，

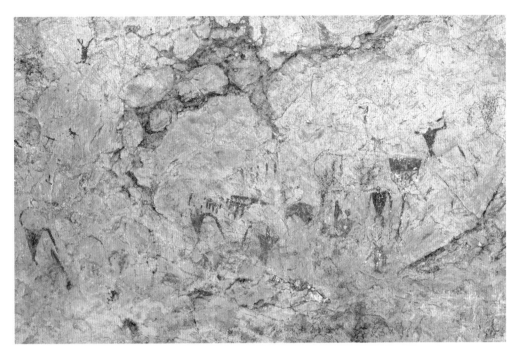

图 5-40：沧源岩画 5 号点局部（吴沄拍摄）

山崖呈南北走向，崖面向西，有画崖壁长 15 米，崖前平地宽 6 米，崖壁下有一块凸起的崖石，高约 15 米。崖面凹凸不平，崖内蕴含赤铁矿（作者在该处调查时也在崖缝中采集到赤铁矿石），故崖面呈红色。画面约 45 平方米，在此点西北方向约 60 米处，有一块高约 1.4 米、宽 0.8 米的崖石，上绘有人像一组，此点分为 6 个小区画面，主要内容有人物、动物以及富有特色的巢居、手印等（图 5-40）。

　　沧源岩画 6 号点位于勐省镇满坎村民委员会东南面让咱山壤典姆山崖处，东距勐省大桥 6 000 米，属山地地貌类型，海拔 1 380 米，山崖呈东西走向，崖前有一块长 10 米、宽 5.8 米的平地，图像集中在光滑的崖壁上，图形较为密集，有一部分已被侵蚀损坏，画面约 24 平方米，从东至西划分为 6 个小区，图像有300 余个，主要内容有战争、采集、狩猎等，图形较为密集，内容丰富，基本能辨认，有一部分已被侵蚀损坏（图 5-41）。

图 5-41：沧源岩画 6 号点局部（吴沄拍摄）

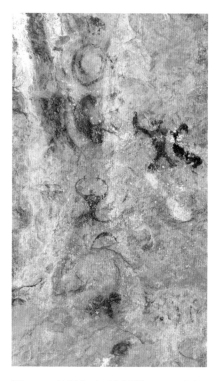

图 5-42：沧源岩画 7 号点局部（吴沄拍摄）

沧源岩画 7 号点位于勐省镇和平村民委员会驻地北面 4 700 米的让得来山崖上，海拔 1 000 米。山崖坐东朝西南，向北约 3 000 米处是小黑江和临沧至耿马公路，画壁长约 25 米，崖前有 24 平方米的一块平地，画面面积约有 80 平方米，共有图像 100 余个，从东向南划分为 8 个区，主要图形有集体舞蹈、狩猎、羽人、太阳人等图形，作画的意图和功能具有明显的记事性质，因遭受雨水冲刷及风吹日晒等自然因素的影响和一些人为破坏，导致画面日渐模糊。笔者在此处调查时，曾采集到磨光石斧（图 5-42）。

沧源岩画 8 号点位于勐省镇和平村民委员会驻地北面 5 300 米的让得来山崖上，下方有一个洞穴，称"牧场洞穴"，海拔 1 260 米，崖面坐东北朝西南。画面可看出 10 人站立于一条波状图形上，头带牛角头饰，面积约 1.2 平方米，下端距地面 5 米。崖前植物低矮，岩画暴露在阳光下，图像可辨但模糊不清晰（图 5-43）。

　　沧源岩画 9 号点位于勐来乡丁来村民委员会南面 1 900 米的让同脑山崖上，地处山地地貌勐来峡谷北段，山崖呈南北走向，崖面向东南，有一片小栗木树林围绕，崖角东面是耿沧公路，南面是溶洞，西面是岩厦，北面山崖将勐来峡谷阻断。崖前有一块长 8 米、宽 6.5 米的平台。画面从左至右可分为两个区，内容为狩猎人群及动物，其中有两人像在叉捕一条粗壮的大蛇（图 5-44）。

　　沧源岩画 10 号点位于勐省镇芒阳村民委员会北面 1 200 米公来山山崖处，海拔 1 600 米，崖面坐西朝东，距勐沧公路 2 000 米。崖前有一块 30 平方米的

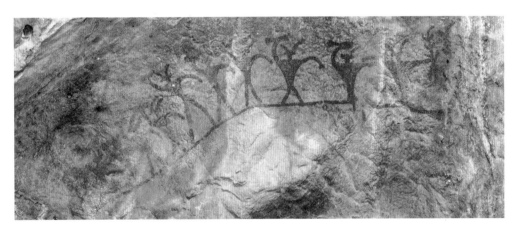

图 5-43：沧源岩画 8 号点局部（吴沄拍摄）

图 5-44：沧源岩画 9 号点局部（吴沄拍摄）

图 5-45：沧源岩画 10 号
点局部画面（吴沄拍摄）

图 5-46：沧源岩画 11 号点局部
（吴沄拍摄）

图 5-47：沧源岩画
12 号点局部（吴沄
拍摄）

平地，崖石因含赤铁矿而成红色，其表面凹凸不平，有画崖壁长约 10 米，图像
面积约 20 平方米，画面可分为两个小区，第一小区图像模糊，第二个小区的 8
个人物图像分别在崖壁洞内，图像较清晰。两区清晰图像共有 10 个，其余已模
糊不清（图 5-45）。

　　沧源岩画 11 号点位于勐来乡丁来村民委员会驻地东北面约 1 000 米的公帮热
山崖上，海拔 1 520 米，山崖呈东西走向，崖面坐西北朝东南，东面是沧源岩画
2 号点，北面是沧源岩画 12 号点，南面是丁来寨，前面为耕地。崖脚为较平的宽
2 米、长 7 米的平台，有画壁面积 5 平方米，共有 13 个图像，内容主要有动物、
人物等，画面颜色较鲜艳，其作画年代应较晚（图 5-46）。

　　沧源岩画 12 号点位于勐来乡永安村委会以南 3 000 米永冷寨大山处，正东
2 000 米为耿沧公路，该地属山地地貌，海拔 1 500 米，山崖呈东西走向，崖面
向南，南面是一大片雷响田。岩画面积约 40 平方米，图像有 6 个，画面内容主

要是杂耍图形，但其绘画风格与其他沧源岩画不同，较为粗犷（图 5-47）。

沧源岩画 13 号点位于勐来乡丁来村民委员会以南 5 000 米班考大山塘安山崖处，正北 200 米为落水洞，正面 250 米为耿沧公路，山崖呈南北走向，崖面向西北，海拔 1 232 米，东面是山崖，南边有一片新种植的西南桦树林，山崖四周树木茂盛，岩画下方有一平台，平台高于勐董河 30 米。有画面积约 18 平方米，图像有 5 个，画面模糊不清，整个画面从北向南分为两个区，主要内容是动物、人物等，该岩画所在平台于 2014 年雨季完全垮塌，不复存在（图 5-48）。

沧源岩画 14 号点位于糯良乡翁不老村民委员会以东 2 000 米贡更让山山崖处，东距 314 国道勐沧公路 50 米，山崖呈南北走向，山崖面东，有画面积约 12 平方米，崖前有一块平台，图形有 7 个，岩画离地面 2.6 米，岩画从南向北分

图 5-48：沧源岩画 13 号点所在岩厦远眺（吴沄拍摄）

图 5-49：沧源岩画 14 号点局部
（吴沄拍摄）

图 5-50：沧源岩画 15 号点局部
（谢红梅提供）

为 4 个区，内容主要有人物、动物等，画面反映了一定的宗教观念，具有一定的记事性质（图 5-49）。

　　沧源岩画 15 号点位于勐省镇和平村民委员会第一村民小组西面 3 000 米的大白塔山岩羊铺山崖处，东距勐省大桥 6 000 米，南距岩画 6 号点 500 米。岩画所处位置山崖险峻，需攀登 18 米高的悬崖方可到达平台，平台约 2 平方米，平台上方的岩壁略呈厦状，崖面坐西朝北，整块崖壁约 30 平方米，有画面积约 3.5 平方米，岩画从东向西分为 3 个区，图形主要有人物、动物等，其中身着羽饰的人物最为突出（图 5-50）。

　　沧源岩画 16 号点立新溶洞岩画位于澜沧江的三级支流小干河南岸，距离立新村约 500 米，距离县城约 6 000 米，也是距离县城最近的一处岩画点。溶洞洞口高约 11 米，宽 30 米，洞最深处可达 300 米。岩画位于西支洞洞口的东、西两壁，画面面积约为 34.65 平方米，共有图形 113 个。内容有人物、动物、山水、太阳和植物，其中人物有舞蹈、巫师、羽人等形象，此点的作画年代待考（图 5-51-1、5-51-2）。

图 5-51-1：沧源崖画第 16 号点东壁图像描绘（吉学平制作）

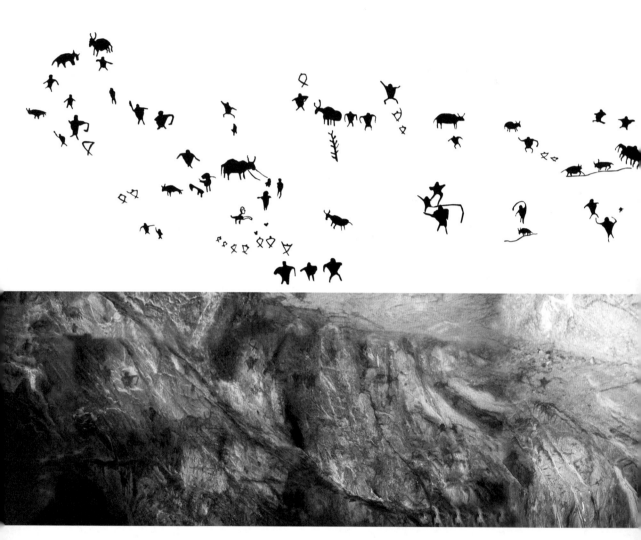

图 5-51-2：立新溶洞崖画西壁图像描绘（吉学平制作）

图 5-52：沧源岩画 17 号点局部（吴沄提供）

沧源岩画 17 号点位于勐省镇芒阳村西北，直线距离约 800 米的农缅山崖，距离 10 号点直线距离约 600 米。海拔 1 767 米。岩画所在平台地势险峻，为一处狩猎岩画，画面约 1 平方米，共有人物图像 5 个，其中一个较大的人物手持弓箭位于 4 个双手高举的较小人物上方（图 5-52）。

5. 沧源岩画作画颜料及工具

人类自古以来钟爱红色，可能因为是血液的颜色，所以红色象征着生命、力量、强健以及生活的美好和欢乐。在沧源硝洞遗址 4 万年前的地层中发现的古人类遗物，表明该地区一直有使用红色颜料的传统。石佛洞遗址的地层堆积中多有发现大量赤铁矿粉末和赭红色颜料，这些颜料和赤铁矿粉末杂乱集中于几个区域内，同时在出土的一些石磨盘、磨棒、研磨器、砾石、石斧表面和陶片内壁，常发现有赭红色颜料的遗留，这些颜料并非刻意涂抹于器物表面或陶器之内，一些陶器内的赤铁矿粉可能为加工、研磨颜料或盛放颜料的残迹。2003 年石佛洞发掘出土椭圆形固体颜料。这些发现显示，石佛洞的主人可能与沧源岩画的作画人群有关。

沧源岩画都为红色颜料绘制，前人已对这种颜料的成分进行过分析，汪宁生先生研究认为是以赤铁矿捣成粉末后，作为液体胶质调和成颜料。沧源岩画图形大小相差不大，线条粗细亦大体一致，无论是人物或动物的四肢，或是其他物体，其线条宽度与一般人的食指或中指宽度相等，是用手指绘画的最好证明。即使需要大片着色的地方，画好轮廓后用手指多涂抹几次即可把颜料填上去；非常细的线条，手指少蘸颜料亦可画成。当然，也有一些例外，比如 5 号点的喷印手印，可以理解为作画工具为自己的整个手掌，除了手指外，一束稻草、一把树枝、几根羽毛都可做成临时的笔来完成作画者的创作。

　　6. 从沧源岩画画面分析作画时期的社会背景

　　沧源岩画内容丰富，其中涵盖了当时人们生产生活的各个方面，作为人类的精神遗存，一定是具有原始宗教性质、记事性质以及教育性质的。汪宁生先生在《云南沧源崖画的发现与研究》一书中已将其归纳为以下几点：

　　（1）模拟巫术的产物。人们可能相信在崖壁上画上围捉、刺中所要猎取的动物形象，将使未来的狩猎取得成功。在崖壁上画人倒地，寓意使敌人在未来的战争中死亡。

　　（2）祈求丰产仪式的遗留。这其实和全世界很多地方的岩画意义相似，不仅包含祈求狩猎动物数量的增加、饲养的牛羊数量的增加、庄稼的丰收，同时还包括祈求人类自己生殖繁盛。

　　（3）崇拜神圣的画像。许多学者认为原始宗教的雏形应为图腾崇拜，被崇拜的对象包括了自然界中的各种事物，可能是天、地、山、川、日、月、星辰、动植物，具有神力的人或物，或是抽象的神。一旦成为图腾就必须不断供奉、祭祀和崇拜。岩画自然成为神圣的载体。

　　（4）重要仪式的描绘。汪宁生先生认为沧源岩画中一些化装舞蹈的人形以及某些拉牛的画面，就是当时宗教活动的实况，在进行隆重的宗教仪式后需要把过程画下来，给鬼神"看"。

　　（5）重大事件的记录。无论是一次成功的狩猎，还是一次胜利的战争，这都是有必要记录下来给子孙瞻仰学习的，同时也起到了针对某一事物对后人的教育作用。

　　（6）记载神话传说。例如澳大利亚的岩画记录了传说时代的故事，而沧源岩画中的"太阳人"等形象就是当时部落中的传说人物，具有重要的宗教意义。[①]

　　岩画总体反映了云南澜沧江中下游流域新石器晚期至青铜时代早期物产丰

---

① 汪宁生：《云南沧源崖画的发现与研究》，北京：文物出版社，1985。

富、经济文化发达、文化交流频繁的画面。

7. 岩画的年代

1981 年云南省博物馆对沧源岩画第三地点覆盖画面的钟乳石进行取样，经中国科学院古脊椎动物与古人类研究所测得 ^{14}C 年代数据为内层距今 3 030 ± 70 年，外层距今 2 300 ± 70 年，岩画应早于钟乳石内层的年代。1984 年，史普南等对岩画第 5 地点画面提取的 216 颗硅藻和孢粉分析，其组合年代相当于全新世，距今 2 500~3 500 年。[①] 2018 年，云南省文物考古研究所与南京师范大学合作对沧源岩画现存的岩画点进行年代测试工作，取得了初步结果。

目前，根据沧源岩画主要画面内容及周边相关遗址的年代测定、出土遗物的分析研究断定，沧源岩画的相对作画年代应为云南新石器时代晚期至青铜时代早期。

8. 口述历史中的沧源岩画

一个地区或民族可以被讲述的角度是丰富且多变的，口述史也不例外。因为地区或民族的文化历史、生活变迁、社会生产等方面都与当地的自然地理环境有着密不可分的联系，抑或可以说它们恰恰是自然地理环境作用之后的体现，而人文风情则是整个地区或民族变迁史的整体呈现。岩画作画人群和现在居住于沧源地区的少数民族居民处于同样的自然环境中，虽然现在还不能确定岩画作画族属，但在岩画中所反映的文化特征是有延续性的（图 5-53）。

2018 年，笔者对沧源岩画进行口述历史调查时，当地佤族老人说："因为佤族没有文字，所以岩画的内容是佤族的先人关于如何生活、如何耕种的记录。"再如芒阳村"魔巴"钟子荣说："我们这里把岩画叫作'壤来'，就是'写字画画的地方'的意思。小时候娃娃满山跑，所以很多人是见过岩画的。回去问老人，老人也说不出太多，但是就叫我们小娃娃不要去碰，不要去破坏，会不好。"而勐来乡民良村虽然有着悠久的祭祀岩画的传统，以及当地过去还拥有"岩画布"，但是当地村民对岩画的了解相对其他村寨也并不很多。

---

① 吴学明：《石佛洞新石器文化与沧源岩画关系探索》，载《云南文物》，1989（25），第43页。

图 5-53：现代佤族的传统祈福仪式（吴沄拍摄）

　　关于沧源岩画是什么人留下来的，勐省镇满坎村赵新福形容："要说是什么人留下来的话，这里有种说法，说是'大个子'留下来的，这种'大个子'一顿可以吃三斤米，一步可以从这个山头走到另一个山头。"勐角乡翁丁村杨岩块说："我们觉得这些画是前人留下来的，所谓的'前人'并不是普通人，而是巨人，他们比普通人高大很多，走得远吃得多。"这样的描述自然只是传说故事，但从中也可发现一些端倪：沧源不少巴饶村寨村民之所以一方面认为作画者是佤族先民，而另一方面又将其描绘成巨人的形象，是否是因为当地并没有自古以来对岩画的来历进行描述的传承脉络？岩画所处的环境和内容在当地人看来又比较神秘，因此附会出了创作者是巨人的说法。

　　又有沧源县佤族传说岩画是第一次人类灭绝前留下的"遗言"。他们认为，现在生存的人类是"第二次人"，在这之前生活在世上的人叫"前世人"，即第一次诞生的人。"前世人"比现在的人类高大得多，后因毁尽世上生物，被洪水灭绝。灭绝前，他们在山崖上留下了"前世人"的历史，用形象的画面告诉后世人他们曾有过的生活，后世人由此学会了种种生存的知识。

还有人说，古时好多外族联合起来攻打佤族，大家惊恐不安。有个智慧的老者想出了好办法，把大象、豹子、野猪等凶猛动物的形象画在山崖上，敌人见了大为害怕，遂不战自退。岩画上的动物形象就是由此而来的。

传说佤族和傣族的始祖原是兄弟。有一次两人比赛种松树，议定先开花者为王，树种好后，傣族先祖利用睡觉时间偷了佤族先祖已开花的松树。这位佤族老祖先无可奈何，只有尊之为王，自己远离家乡。他一边流浪，一边在各处山崖上绘画，用画来教导佤族群众如何狩猎、耕种、练武，以及如何跳舞，大家要信奉太阳神，不干坏事，团结起来保卫自己，等等。

傣族和佤族都认为在1号点附近崖壁的后面住着仙人（"不卓"）。仙人出来，人们就能在崖壁上看见他们的形象；仙人回去"休息"，崖壁上就看不见了（岩画确因光线明暗或者温湿度的改变而或隐或现）。仙人可以赐福于人，故每逢过年，附近村寨的人要去祭祀。此外，遇有生病及失物，也要来拜求仙人"帮助"（图5-54）。

在2号点，丁来寨佤族传说崖壁后藏有"宝物"（一说是"金块"），画是"宝物"显灵所致。丁来寨佤族曾在该处挖掘，后因毫无所得而中止。至今2号点崖壁根部还有一洞，即当时挖掘的遗迹。

图5-54：在1号点祭拜的傣族老人（吴沄拍摄）

通过调查走访和查阅相关文献，沧源地区有关岩画的传说并不是很丰富的。而且上述传说本身表明，对当地各族群众来说，岩画是陌生的。到底谁画了岩画依然只存在于传说中，不像那些直至现代仍在继续岩画传统的地区（如澳大利亚及南非），对每个地点甚至每个图形，都可以讲出故事，岩画就是人们生活中的一个部分。本章作者在澳大利亚调查期间，曾了解到许多岩画点都为一个家庭拥有。这反映出沧源地区岩画绝不是近代所绘。而且现在的佤族居民在这个区域定居的时间远远短于岩画存在的时间，所以岩画到底是何种民族所作，还需要考古学证据进一步验证。

二、耿马岩画

从内容和风格看，耿马发现的岩画点与沧源岩画应属于同一时期，可算作沧源岩画群的一部分。

芒光岩画：位于四排山乡小芒光的"大岩房"（大岩房佤语称"邦拉"）。地处小黑江北岸半山腰，海拔 1 500 米。岩画所处大岩房右侧崖壁面东南，高约 10 米、宽约 20 米，呈厦状，能避风雨，崖下为宽约 7 米的泥质平地。画面宽约 10 米、高约 5 米，下端距地面 1.5 米。岩画图形较零散，自然损坏严重，残存各种图形约 30 个，可辨认的图形有人、牛、兽和手印等。手印分为阴阳二种，分别以手掌置于岩面喷洒颜料和用手掌蘸颜料按住岩画制作而成。描绘人物图形作"文"字形，动物作侧面剪影，以单线加平涂绘制（图 5-55）。

耿马档帕山岩画：位于耿马傣族佤族自治县贺派乡崩弄村档帕三组以北400 米处山崖岩厦下，山崖呈东西走向，岩厦前有一半圆形平台，面积约有 300

图 5-55：耿马芒光岩画
（吉学平拍摄）

图 5-56：档帕山岩画
（吴沄拍摄）

平方米。岩厦岩面上绘有动物、人物图案 11 个（图 5-56）。2019 年，笔者主持的沧源岩画及相关遗址调查中，对档帕遗址进行了试掘，发现了从旧石器时代到新石器时代的文化序列。

三、元江岩画

它克岩画：位于元江县城北 50 千米，它克村东北约 2 000 米处的酒壶山上。全长 19.5 米，高 3 米，平均高出地面 2 米，最高处离地面 15 米。据前期调查确认画幅中有可辨认图像 109 个，多为人物、动物和抽象符号，图像中人物最多，符号其次，动物最少。人物可分为女性、男性、蛙人（图 5-57）。女性人物多数以生殖崇拜为主体，用抽象写意手法绘制，形象威猛而神秘。男性多数涂成 "V" 字剪影形，四肢富于变化，形体比女性小，其中有一组狩猎舞蹈图极为生动（图 5-58）。蛙人身体有 2~5 条纵纹，各种神态跃然壁上，可能是被崇拜的蛙神。岩画均为红褐色，颜料可能是用血和赤铁矿调和而成，也不是同一时期的作品。岩画下有两级平台，似为原始人群进行宗教祭祀的场所。岩画的绝对年代测试目前尚未开展。与其他农耕时代岩画比较，它克岩画中没

图 5-57：它克岩画中的蛙人（吴沄拍摄）

图 5-58：它克岩画中的舞人（吴沄拍摄）

图 5-59：假莫拉岩画局部
（吴沄拍摄）

有出现牛耕、村寨等图像，说明它克岩画可能较为原始。

假莫拉岩画：位于元江县青龙厂镇它克村委会假莫拉村，村西北约 3 000 米的大黑山腰上。岩画坐西向东，长 7.2 米，宽 3.45 米，能辨识图形有 24 个，主要包括人物、手掌纹、菱形纹等。采用赭红色颜料直接绘制在岩体表面。经对假莫拉岩画和它克岩画的初步对比研究，两者反映内容、图案形象、表现手法等方面基本相同，可推断两处岩画作画年代基本一致（图 5-59）。

四、永德岩画

斋公寺岩画：位于永德县永康镇送吐村委会西北 2 000 米处斋公寺。岩画所在地是一个巨大的塔形独立岩体，高 20 余米。岩画绘于该石东壁中部，离地表 2 米。其画面上下高 1.5 米，左右宽 2.5 米，面积为 3.75 平方米。保留图案有"猎犬逐鹿""猎人骑马张弓""渔者牧羊垂钓"等 25 幅。画面个体大者直径 0.3 米，小者仅 0.03 米。绘画采用红、白两种颜色，形象生动（图 5-60）。

五、德钦岩画

云南西北也有与南部地区不一样的混合经济，应该是受到中国西北部游牧民族影响，属于游牧混合型经济，也留下了与西北岩画风格类似的遗存。

里农岩画：德钦县羊拉乡地处德钦县境东北部，里农岩画共计两处三组，为磨刻在岩石上的岩羊、鹿等图案，画面清晰（图 5-61）。

图 5-60：斋公寺岩画局部 [1]

图 5-61：羊拉里农岩画（李钢拍摄）

---

[1] 马娟主编：《临沧岩画》，昆明：云南美术出版社，2016，第132页。

第四节　手印岩画

手印岩画在世界范围内广泛分布，截至 2018 年，在云南境内发现有四处不同风格的手印岩画遗存。

一、文山清水沟手印岩画

文山清水沟岩画发现较晚，系 2017 年初在进行文山市小龙墓地考古调勘工作中开展墓地周边环境调查时发现。2019 年 2 月 17 日 ~18 日云南省文物考古研究所、文山州文物管理所再次对该岩画进行了详细测量、拍照、无人机航拍，并对岩画点周围进行了实地踏查。

岩画位于文山市德厚镇大龙村清水沟村民何清光家房后岩厦凹壁处，海拔1 509 米。岩厦坐东北向西南，方向为 225°，高约 44.4 米、宽约 85 米，前有一半圆形平台，宽 55 米、深 17 米。周边地形为典型的喀斯特峰林地貌，山峦起伏，距该岩画点最近的水源约 500 米（图 5-62）。

根据岩画内容和数量分析可将岩画由西北向东南分为两个区，手印岩画均集中于第一区，可辨图像共 28 个。其中怀孕女性图像 1 个，高 100 厘米、宽 55厘米；手印图像 27 个，15 个为左手，9 个为右手，3 个分不清左右手，其中喷印 20 个，压印 7 个（图 5-63）。

这些手印是采用人手喷涂颜料的染色法制成，手印本身无色，手印周边则喷满颜料，从而勾勒出手的轮廓，称为"喷印"（Stencil）。另一种是采用手掌沾染色按印制成，手掌涂满颜料，在岩壁上印出手掌的轮廓，称为"压印"（Hand Print）。怀孕的妇女则是采用描绘手法，体现了先民对女性的生殖崇拜，该期岩画被叠压于最下层。

图 5-62：航拍清水沟岩画点环境（吴沄提供）

图 5-63：清水沟岩画第一区图像（吴沄描绘）

二、永仁灰坝手印岩画

灰坝岩画位于离永仁县永兴乡灰坝村委会 1 000 米的红星水库旁，金沙江的支流白马河中游北岸。岩画绘制于一青灰色石英岩巨石表面，是金沙江发现的最南端的岩画之一，也是金沙江流域首次发现手印岩画点，同时也是至今楚雄发现的唯一一处岩画遗存。

岩面上有人工粉糊的朱红色黏附物，从遗留的斑驳痕迹看，原来应是一幅巨型岩画，按遗留痕迹测量长 17 米、宽 3 米，幅面很大。由于在长期的日光暴晒和风雨侵蚀下，风化十分严重，大面积的岩画已经不同程度的剥离脱落，使岩画大面积被破坏，现存画面清晰的地方面积约为 2.24 平方米。在现存画面上，保存有 11 个紫红色的手印，制作方法属于"压印"，手掌的大小与现代人手掌大小相当。这些掌印有的呈指点状，有的呈放射状，有的相互叠加（图 5-64）。在这些手印的下方有一对正在舞蹈的人，一大一小似乎是一对男女，与沧源岩画中人的形象相似。灰坝岩画表层虽风化脱落严重，但图像仍然清晰可见，其中还有带状体和一些模糊的人形图案。

图 5-64：灰坝手印岩画
（吴沄拍摄）

三、沧源岩画第 5 号点中的手印岩画

沧源岩画 5 号点图像内容丰富，汪宁生先生在《云南沧源崖画的发现与研究》一书中将其从左至右划分为 5 区，在第 5 区中，即岩画的最右端，一个喷绘手印与人物、动物、树屋形象共存。此手印尺寸较大，从中指末端到手腕约为 23.6 厘米，应为一位成年男子之手。这只手印出现在这里可能标志着这个岩画点的所有权，也可能是岩画的作者留下的，亦有可能此两种身份为同一人所有（图 5-65）。

四、耿马芒光岩画中的手印岩画

耿马芒光岩画的手印分为压印和喷印两种，与沧源岩画 5 号点相似，手印和其他人物、动物形象共同绘制于岩壁上（图 5-66）。

图 5-65：沧源岩画 5 号点的手印图像（吴沄拍摄）

图 5-66：耿马芒光岩画中的手印图像
（吉学平拍摄）

五、手印岩画的全球意义

手印岩画在全世界范围内广泛发现，多集中于非洲北部和南部、欧洲、大洋洲、亚洲的印度及东南亚地区，目前发现的手印岩画出现的年代是从旧石器时代中晚期直到距今 1 000 年，时间跨度极长。目前最早的手印岩画是 2014 年发表于《自然》杂志的印度尼西亚苏拉威西群岛旧石器时代洞穴手印岩画，年代距今约 4 万年，相伴的岩画中也出现了人类的形象，还有一些只生活在这个岛屿上的野生有蹄目动物形象。随着我国岩画遗址的不断发现，手印岩画的数量也在逐渐增加，其中，赭色涂绘手印岩画的发现主要集中在两个地区：一是西北草原地带，主要在内蒙古西部与新疆北部[①]；二是西南长江流域，如滇西北、滇西南、黔中及鄂西等地，如湖北省巴东县天子岩岩画点，有 397 个手印压印；而贵州贞丰大红崖岩画点的手印图案多达上千个。

对手印岩画含义的解释非常丰富，意大利岩画学家阿纳蒂认为这些手印应该是青少年在进行成人礼的仪式时留下的。中央民族大学张亚莎将较常见的解释归纳为几点：（1）与原始狩猎巫术有关；（2）与原始仪式相关；（3）签到或"我在"的意思；（4）表示占有之意；（5）与祖先灵魂对话或是向祖先灵魂表示崇敬；（6）拥有某种神力或某种特殊地位的象征；（7）制作者的签名；（8）驱邪的手势；（9）战争胜利的象征；（10）妇女与儿童的手印；（11）女性特有符号；（12）求子符号；（13）自残或作为祭祀的"牺牲"；（14）魔法或魔术；（15）灵魂的象征。

手印作为人体的一个部分，却以部分代表整体，成为史前人类自身的象征符号。在原始艺术的表现形式中，常用"局部代替整体"的象征模式来描述事物，如金沙江岩画中，常出现只绘动物部分身体的情况。早期人类关注的两大基本问题，一为生存，由食物决定，岩画上常出现动物——狩猎或驯养对象、狩猎或农耕场景；二为繁衍，岩画上常出现生殖、人的生产符号，如以巨乳、

---

① 张亚莎：《手印岩画刍议》，见《岩画与史前文明》，北京：九州出版社，2010。

大腹、圆臀等极度夸张的女性特征裸体来表现生殖崇拜，欧洲旧石器时代晚期的母神圆雕，其形象就清晰地反映出雕塑的目的及心理诉求[1]。先民因为对繁育新生命的现象感到神秘和不可思议，也就产生了崇拜，为早期生殖崇拜的一种表现形式。而清水沟岩画在云南手印岩画中虽然发现最晚，但规模最大，数量最多，该岩画点初始时应是一处向女性生育之神请求子嗣的生殖崇拜地点，手印的数量可能代表多生子女之意。沧源岩画和耿马芒光岩画中的手印与人物、动物同时出现，亦可能是表示签名或占有之意。

第五节　抽象符号岩画

抽象符号风格的岩画在全世界范围内都有分布，在云南省境内发现区域也较广，金沙江流域、怒江流域、红河流域均有分布。

一、金沙江流域

香格里拉市洛曼罗岩画：岩画共计一处一组，内容为几何图案，红色颜料绘制；技法为描绘，部分岩画画面被钙华覆盖。

香格里拉市岩房岩画：岩画共计一处一组，内容为太阳图案；技法为描绘，画面较清晰。

玉龙县江口岩画：岩画分布于一个浅洞内，洞外也有发现，岩画面积约 60 平方米，线条简约，形象生动，绘画颜色为红色。

玉龙县鸣音乡格布差底高岩画：岩画底部由于放羊人烟火熏黑，难以辨认。2 米多高石台上有一个宽 2.36 米、高 2.1 米的黄色方格，内有一个粗大的人体形

---

[1] ［意］埃马努埃尔·阿纳蒂著，张晓霞等译：《世界岩画——原始语言》，银川：宁夏人民出版社，2017。

图 5-67：格布差底高岩画（和四奇拍摄）　　　图 5-68：妥吾庚空岩画（吴沄拍摄）

象，颜色有红色、白色、黄色、橘红色（图 5-67）。

宁蒗县妥吾庚空岩画：岩画绘在岩厦上部往里倾斜成阴的崖壁上，或岩洞附近的崖壁上。画面距离地面高低不一，高者距离地面 2 米，低处距离地面 1 米或靠地面。岩画点有可以容纳 30 人站立的平台，平台又距离地面有 2 米，岩画点像一个放好书的大书柜，所以当地人称这是"喇嘛放经书的地方"，又叫作"喇嘛妥吾庚空"岩画点，岩画所用颜料为赤铁矿或氧化铁矿加动物血配置成的朱红色和淡黄色。多数岩画系一次绘制完成，少数则有两次绘制的痕迹。岩画有凹处的地方其颜料是一层厚厚的矿石粉。岩画题材主要是符号或图形，岩石上画有一大部分大小不同的圆圈，红黄色相配，中间的圆心多为红色。大多数圆形以重圈最多，且无明显的构图，使用双色勾线，从画面整体来看像一幅夜晚的星月图，该点也发现水波纹符号和动物形象岩画（图 5-68）。

东山乡铜岩洞岩画：该岩画所在岩厦坐南面北，在河东河南岸 400 米高的山上，四周山上均为灌木林，因岩画所在地岩石向前凸出，下面可以避雨，经常有放牧的人在此避雨，有的岩画被人涂抹过。岩画距地面 2 米左右，主要集中在岩石的底部和立面，用土黄色的颜料画成，颜料疑为岩洞下所取土黄色矿

图 5-69：铜岩洞岩画中的抽象图案（吴沄拍摄）

物颜料。岩画所在面积约为 10 平方米，图像比较集中，有百余个（图 5-69）。

二、怒江流域

吴符岩画：位于福贡县匹河乡托坪村西南山坡吴符岩洞，吴符岩洞为石灰岩自然岩洞，洞穴坐西朝东。岩画图形可分为两组，第一组高 6 米、宽 6.5 米，离地面 1.8 米；第二组高 16 米、宽 11 米，距地面 3 米。共 12 个图案，图形为日月、山川、鸟兽、鱼虫等，都分布在洞口石壁上（图 5-70）。图画用线条勾勒，根据分析，绘画颜料是用赤铁矿粉和动物脂肪调和而成。当地人认为，洞壁上的岩画形象是给灵魂指示的象征图标。

腊斯底岩画：岩画位于福贡县匹河怒族乡，岩画绘于腊斯底村北面 1 000 米左右的山箐旁石灰岩壁上，岩壁长 80 米，高 15 米。岩画由两部分组成，第一部分有 6 个图案，第二部分有 20 个图案，岩画内容可分为动物与人物的组合类、符号类、人物与其他物体组合类、日月星辰类和动植物类五类。共由 26 个图案组成，岩画色彩呈黑色。根据分析，图画是用木炭和动物脂肪调制的颜料绘制而成的。

图 5-70：匹河吴符岩画（李秉涛拍摄，吉学平制作）

三、澜沧江流域

永康红岩岩画：位于临沧市永德县永康镇忙度村委会红岩村南约 500 米的红岩山崖，地处勐底坝东南山区，海拔 1 280 米。崖壁高约 30 米，宽约 100 米，面向东南，其中部有洞口呈桃形的溶洞一个，岩画绘于洞外东侧崖面，距地面高 2~3 米，最高处约 7 米。

图 5-71：永康红岩岩画（吉学平拍摄）

可辨图像计有人物、动物、同心圆、手印和方形图案共 50 余个，内容题材与生殖或山洞崇拜有关（图 5-71）。

四、红河流域

狮子山岩画：岩画位于文山壮族苗族自治州丘北县蚌谷乡，明显地分为上下两组。下层岩画离洞口地面约 5 米，画在四个内凹如神龛的光滑石面上，可辨图像从内向外依次有树和人、鱼、一手上指圆形物体（有人释为太阳）的人、鱼和树。造型奇特的树状图像即所谓的"人形化飞鸟"，抽象图案化程度很高（图 5-72）。

黑箐龙岩画：岩画位于文山壮族苗族自治州丘北县锦屏镇马头山村民委员会黑箐龙村，岩画有两处。其中一处位于溶洞外侧中部，离地面高 1.2 米。岩画画面高 0.85 米，宽 0.65 米。另一处画面的主体是树状图像，也有人识为身上有羽毛的鸟状飞行人（即所谓"形化飞鸟"），高、宽各约 0.3 米；画呈赭红色，笔调粗犷有力，刚健流畅，颇具欣赏价值。其主要图形与几十千米外的狮子岩

图 5-72：狮子山岩画（刘波提供）　　　图 5-73：黑箐龙岩画（刘波提供）

画极为相似，可能为同一人群所作（图 5-73）。

　　普格岩画：位于丘北县双龙营镇普格村西 3 000 米处的白石崖壁上。崖壁高约 30 米，朝西，距地面高约 7 米。岩画集中在崖壁中部一块凸起的石头后面，离地面高约 11 米，徒手不可攀援。岩画用红色颜料绘制，画面范围 50 平方米，可辨图像 24 个，模糊难辨的 10 个，最大图像高 2.2 米、宽 1 米。普格岩画以抽象图案为主，有似云雷纹图案及其组合图案 4 个及人物图像。最大图像为一菱形居中的云雷纹组合图案，高 1.9 米、宽 1.05 米。紧挨着这组图像的是一形似人物的云雷纹组合图案，高 1.65 米、宽 1.2 米。再往右是几个剥蚀不清的人物图像，手脚上卷，又似云纹，与主体图像相似（图 5-74）。

　　卡子岩画：位于砚山县阿猛镇倮基黑村委会卡子村西南约 2 000 米的大白岩崖壁上，大白岩因有数十米高的灰白崖壁而得名，岩画绘于大白岩石下侧的崖壁上，距地面高 3.5 米，朝东向南，岩画下有凸出的岩石，爬上岩石就可触及岩画。岩脚有约 40° 的坡地，距公路约 100 米。画面长 4.9 米、宽 1.8 米；图像有男性人物 2 个，太阳纹 1 个，方形图像数个，人物图像为平涂，其余图像为单线勾勒。岩画为赤红色，笔画清晰，色彩较为鲜亮，以方形图像和符号居多（图 5-75）。

图 5-74：普格岩画（吴沄拍摄）

图 5-75：卡子岩画（吴沄拍摄）

五、抽象符号岩画意义的讨论

世界范围内在原始艺术中出现过的各式各样的曲线、直线、水纹、漩涡纹、三角形、锯齿纹等符号，关于其起源问题至今仍是世界艺术史之谜。但抽象是具象的符号代表，创造抽象就是创造语言的世界，对"文字"的组织管理，其实就是一种对现实行动内容抽象后的词义整合和驾驭能力。李泽厚先生在《美的历程》中也谈及相关问题："例如，仰韶、马家窑的某些几何纹也是由动物形象的写实而逐渐变为抽象化、符号化的。正是一个由内容到形式的积淀过程，也是美作为'有意味的形式'的原始形成过程。即是说，在后世看来似乎只是'美观''装饰'而并无具体含义和内容的抽象几何纹样，其实创作时就有着非常重要的内容和含义，即具有严重的原始巫术礼仪的图腾含义。似乎是'纯'形式的几何纹样，对原始人们的感受却远不只是均衡对称的形式快感，而具有复杂的观念、想象的意义在内。巫术礼仪的图腾形象逐渐简化和抽象化成为纯形式的几何图案（符号），它的原始图腾含义不但没有消失，并且由于几何纹饰经常比动物形象更多的布满器身，这种含义反而更加强烈。可见，抽象几何纹饰并非某种形式美，而是抽象形式中有内容，感官感受中有观念，而这正是美和审美在对象和主体两方面的共同特点。这个共同特点便是积淀：内容积淀为形式，想象观念积淀为感受。这个由动物形象符号化演变为抽象几何纹的积淀过程，对艺术的审美意识史是一个非常关键的问题。"[1] 国际岩画考古学将这种抽象的图形称作"Pictographs"，即"象形文字、形符"，普遍认为这种抽象图形由多种颜色构成（图5-76~5-79），例如：最常见的红、橙、黄、棕、黑和白

图5-76：墨西哥漩涡纹凿刻岩画[2]

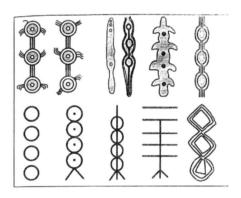

图5-77：象形符号：垂直系列几何图像，多为红、黑、白三色[3]

图5-78：象形符号：同心圆、放射圆、部分圆圈、圆形格[4]

① 李泽厚：《美的历程》，天津：天津社会科学院出版社，2001，第31-32页。

②③④ John Greer：*Lowland of South America*；*Handbook of Rock Art Reasearch*，2001，671-673.

图 5-79：象形符号：印记和花纹符号，世界范围内多出现①

等，往往涵盖较广泛的含义②，这种抽象的表意图像出现在岩壁、器皿、身体装饰、建筑等多种地方，据推测其持续时间在世界范围内文字出现之前涵盖了相当长的一段时间。

在宁蒗县妥吾庚空岩画发现的几何纹、波纹多色图像使金沙江岩画的内容从具象描绘发展到了抽象符号。妥吾庚空岩画中的几何纹将岩画创作者的精神、思想抽象化，是当时原始文化进步性的体现（图 5-80、5-81）。

在南非古老的布隆伯斯洞穴里，考古学家们从距今约 7.3 万年的旧石器时代中期地层堆积中找到了一块非常特殊的硅质砾岩，之所以说它特殊，是因为其上用赭石颜料描绘了网状抽象图形（图 5-82）。科学家们断言这幅画证实了

①② John Greer：*Lowland of South America*；*Handbook of Rock Art Reasearch*，2001，671-673.

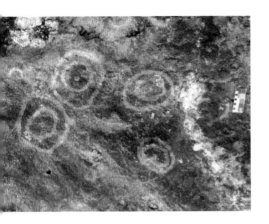

图 5-80：宁蒗妥吾庚空同心圆岩画
（吉学平拍摄）

图 5-81：宁蒗妥吾庚空波浪纹岩画（吴沄拍摄）

图 5-82：南非布隆伯斯洞穴遗址出土的编号为 L13 的"抽象画"
（引自：Christopher S. Henshilwood. et，2018）

南部非洲早期现代人具有利用不同技术在各种媒介上制作平面设计的抽象思维能力。说明至少早在 7 万年前现代人的祖先并不像很多人所想象的只有茹毛饮血的物质生活，那时的精神生活也并没有那么简单。

布隆伯斯洞穴遗址，位于开普敦以东约 300 千米的开普敦南部海岸，这里的考古发掘工作始于 1991 年，目前仍在继续。该遗址完整地保存了距今约 10 万 ~7.2 万年的旧石器时代中期的地层，在这一时期的地层中，考古学家们发现了具有文化标志性的骨锥和矛尖，因为这些骨制品上雕刻有平行和交错的线条。而在由纳萨里乌斯贝壳制成的珠子（迄今已发现 67 枚），以及刻有几何图案的打制石片中，迄今已有 8 件发现这种网纹设计雕刻，而在距今约 10.1 万 ~8.5 万年的地层中，考古学家们也发现了 10 块刻有几何图案的矿石，其中包括三个网状的图案。此外，在约 10.6 万年的地层中发现了一个原始工具包，该工具包由铁矿石、烧制过的海豹骨、木炭和相关的加工材料组成，用于制造储存在鲍鱼壳中的液体颜料。文中指出，这些发现补充了以往反映文化现代化和符号使用的证据，对我们对早期人类的行为和认知过程的理解又增加了一个维度。

　　这篇文章的发表证实了人类对抽象的符号、文字、几何图形和图像的崇拜与敬畏可以追溯到 7 万多年前。从留存至今的岩画和石刻雕像中我们发现，原始艺术家在观察自然、描写外部世界的时候，已经使用了夸张、写意等抽象画法，取得了彰显人（物）特点的效果。认知科学告诉我们，人在观察世界的时候并不只是用眼睛看，而是用视觉来感受。而视觉最主要的特点就是有所选择，它要选择自己感兴趣的东西来关注，并删去次要信息，抓住主要环节——这就是一个抽象过程。现藏于法国巴黎人类学博物馆中的旧石器时代用猛犸象牙制成的一座女性雕像，像高 14.7 厘米。这一尊雕像突出了女性肥硕的身躯、巨大的乳房和隆起的腹部，强调了母亲生殖繁衍的能力和特征，也体现了抽象艺术的表达魅力。美国知名考古学家罗伯特·L.凯利认为符号之所以重要，是因为文化的力量，意味着人类按照象征性建构的方式理解世界。就在距今约 20 万年至 5 万年之间，原始人类发生了一些变化，思维不断变得缜密，工具的实用性和多样性加强，出现了艺术品，这些物品被我们在古老的地层中一一发现，它们的每一个细节都反映了我们祖先对世界、对生活、对自己的审美思考。正因为有了这些思想的启蒙，人类文明才终于以惊人的速度发展至今。

第六节　农耕与驯养时期岩画

随着文明时代的到来，人类族群发明了文字来记录历史、传播文明，岩画作画人群逐渐减少，岩画传统因此在全球走向衰落。农耕文明开始后，云南由于文化的相对滞后性，一些少数民族先民在农耕时期依然在进行岩画创作。

一、农耕和驯养时期岩画

大王岩岩画：文山地区是云南稻作文化较早出现的地区之一，这里的大王岩岩画就应属于这一时期。

大王岩岩画位于文山壮族苗族自治州麻栗坡县麻栗镇南油村委会莱溪村民小组西北约 800 米处，岩画点岩壁面向正南，没有人工修凿的痕迹。岩壁总高为 20 多米，岩画距地面 3.5 米。图像使用了黑、红、白三种颜色绘制，现可见图像 24 个，其中人物 13 个，牛 2 头，其他动物 1 只，花蕾图案 8 个和用作装饰的几何纹等纹饰。画面主体部位绘制了两个长发、全身裸体、两脚分开、双手下垂、手腕朝外的人物。头部顶端有一水波云状纹饰，人物靠内侧双手各有一白色带状垂下，连接了下部分的人物、动物和图案符号等图像，构成了一幅完整的画面（图 5-83）。大王岩岩画 1983 年经云南岩画专家杨天佑多次调查考证，初

图 5-83：大王岩岩画（刘波提供）

步确定为新石器时代岩画作品。从画面及留下的遗痕推断，可能为新石器晚期至青铜时代的艺术作品。

图5-84：清水沟岩画描图（吴沄描绘）

清水沟岩画：文山清水沟岩画第二区共有图像54个，可辨图像共48个，无法辨清6个。可辨图像中有人物2个；动物26个（含黑色动物1个）；干栏式建筑8个；"圈栏"1个；太阳纹3个；村落图1幅，狩猎图1幅等（图5-84）。

清水沟岩画点中出现多处干栏式建筑图像，虽为同一建筑形式，但细部特征各不相同，体现绘画人群所在时代建筑艺术和社会功能的多样性，通过岩画中人与动物的关系可知动物开始成为人类驯养对象。此处岩画点已描绘出了早期百越族群的社会形态及精神世界。岩画中出现了太阳与农作物，表明岩画绘画人群已进入稳定的定居农耕时代。多次出现的太阳与农作物图像也表明了当时人们已十分关注农作物与气候的关系，农业生产已进入成熟阶段。

苴啰岩画：该岩画在原永胜县东山乡河东村委会（现已移民搬迁）金沙江边的悬崖上，呈长带状分布，内容以人物形象为主，展现了古人打猎、舞蹈、骑马等场景，还有茅草棚、栅栏等。壁画最集中处画幅高达5米，长约20米。另外，岩壁上还发现一些白色的手印。岩画由黄、白、红三色颜料画在石壁上，画面非常生动。由于岩洞遮风挡雨、人迹罕至，因此总体保存完好，极少有被村民用粉笔临摹的痕迹（图5-85）。

干海子岩画：该岩画点位于香格里拉市洛吉乡洛吉村孔家坪村民小组，离洛吉河约1 500米，岩画一处一组，内容为线条、符号；技法为凿刻，有4个图幅分布于路边的石块上，画面较清楚。

孔家坪岩画：该岩画点位于香格里拉市洛吉乡洛吉村孔家坪村民小组的孔

图 5-85：岂啰岩画（吴沄拍摄）

图 5-86：孔家坪岩画（吴沄拍摄）

家坪六社水沟上侧，距河边 1 000 多米。岩画分布在一块长 2.3 米、宽 1.07 米的红砂石上；内容为人物、植物、符号图像，为凿刻岩画（图 5-86）。

苍山岩画：该岩画点位于漾濞县苍山西镇金牛村东北方向约 3 000 米处点苍山半坡，老鹰岩下方一个椅形台地上的单体花岗岩巨石上。岩画主要绘在岩石正面的南半壁中下部，画面高 3.5 米、南北宽 5.2 米，分布着放牧、采集、狩猎、舞蹈、房屋等几组图像，涉及人物、动植物、房屋等内容。岩画图像生动，是研究当地社会发展史、民族史和古代绘画艺术的一份珍贵的实物资料，大理州境内迄今仅发现这一处，它填补了大理州境内岩画文物的空白（图 5-87）。

图 5-87：苍山岩画（吴沄拍摄）

图 5-88：石林岩画（吴沄拍摄）

石林岩画：该岩画点位于石林彝族自治县，石林世界地质公园李子园箐风景区环林路东南约 300 米处的丛林石灰岩壁上，其绘画表现形式抽象、风格奔放古朴，内容为人、物、星辰、符号及汉字等图像，体现了当地先民的原始崇拜、生产、生活、祭祀等场景。之前，据杨天佑先生考证后认为该处岩画早期图像为东汉前的文化遗存，中期图像与彝族原始宗教有关，晚期图像为后人所为，根据岩面上汉字"乾隆五十年（1785）正月三十日……"等内容判断，其最晚年代为距今 200 年左右（图 5-88）。

二、农耕岩画相对年代的讨论

云南不仅有现代野生稻的存在，而且有较早的关于野生稻的记载，《山海经·海内经》记载："西南黑水之间，有都广之野，后稷葬焉。爰有膏菽、膏稻、膏黍、膏稷，百谷自生，冬夏播琴。"黑水即今金沙江，流经今云南、四川两省的交界处，远在两千多年前，川滇一带"百谷自生"。《华阳国志·南中志》记载了西汉末期，云南昭通地区的"溉稻田"，同书的《先贤士女总赞》记载两汉交替时期，滇池地区已经"开造稻田"。《后汉书·西南夷列传》曰："造起陂池，开通灌溉，垦田二千余顷。"说明当时已有相当规模的水稻种植。种植水稻需要有较高的农业生产水平、水利设施等，这也进一步说明，云南种植野生稻的时间较悠久。云南很多地区的老农都能说出先前某某地方有"天生谷""鬼生谷"，即野生稻生长是有根据的[①]。目前，云南出土史前稻谷年代最早者在距今 4 600 年左右（剑川海门口遗址第⑨层地层采集到少量炭化稻）。华南的稻作文化传播的规律是从东向西传播。云南岩画中有一些主要内容是与植物、太阳、村寨有关的组合，这样的组合说明：（1）定居生活已经是较为固定的居住模式；（2）人类已经发现太阳与植物生长的关系，换言之，人类已经开始积累气候与农作物生长之间的经验，归纳规律。当然，农耕岩画之间也有细微的差别，从作画内容看，文山清水沟岩画画面中并没有出现犁耕内容，故此推断作画人群还没有使用耕牛，可能还处于较为粗放的农耕文明形态。

2012 年在丽江市永胜县东山乡新发现的岩画出现了犁耕及祭祀内容，本文作者也于 2017 年 12 月前往调查此处岩画，认为该岩画点所描绘的人群已进入农耕文明社会，而云南境内最早出现牛耕为东汉时期，所以该岩画年代应等于或晚于东汉时期。永胜东山岩画的发现使金沙江岩画的年代从狩猎—采集时代跨进了农耕时代。但由于金沙江流域历来人群结构复杂且迁移频繁，这两种岩画的作画人是否存在延续关系或它们是否是由不同族群在金沙江流域活动所创作的还有待进一步研究（图 5-89）。孔家坪所发现的岩画可能为金属凿刻，云南金属器出现的时间，铜器为剑川海门口第二期，距今 3 800 至 3 200 年，此种金属器硬度较大，可能为铁器，而铁器进入云南的时间为战国时期，所以该岩画年代应等于或晚于战国时期，也应属于农耕时代作品（图 5-90）。

---

① 李昆声主编：《云南考古学通论》，昆明：云南大学出版社，2019，第150页。

图 5-89：永胜东山岩画局部（犁耕图）　　　图 5-90：孔家坪凿刻岩画（吴沄拍摄）
（吴沄描绘）

　　岩画是云南史前文化的重要组成部分，无论是种类还是数量在全国都名列前茅，从岩画的时空分布可以看到云南岩画多样性与民族多样性密切关联，从中可以获得云南与中国西北、东南亚古代人群迁移和文化交流的重要线索。

　　随着文物普查工作和岩画专项调查工作的开展，云南岩画的发现数量逐年增加。本章并未完全道尽云南境内发现的所有岩画点，只是选取了具有代表性的点进行论述。有的岩画发现得早，已有较深入的研究，比如沧源岩画，也有的岩画发现较晚但时代较早，如金沙江岩画，显示其有巨大的研究潜力。上述几处主要的岩画分布区已在国际上发表了部分论文，成为国际岩画档案库的一部分[1]。新的岩画地点仍然在不断被发现和研究中。

---

① Yun Wu, Xiaomei Mou, Bo xiao, Xueping Ji: *Rock Art in Western China, Rock Art in East Asia——A Thematic Study*, 2019, 79-104.

参考文献

一、中文文献

（一）著作类

陈爱林、徐明：《解谜生命大爆发》，昆明：云南民族出版社，2018。

陈均远、周桂琴、朱茂炎、叶贵玉：《澄江生物群——寒武纪大爆发的见证》，台湾：台湾自然科学博物馆出版，1996。

陈均远：《动物世界的黎明》，南京：江苏科学技术出版社，2004。

陈良忠、罗惠麟、胡世学、蒋志文、尹济云、吴志亮、李峰、陈爱林：《云南东部早寒武世澄江动物群》，昆明：云南科技出版社，2002。

侯先光、Bergström J.、王海峰、冯向红、陈爱林：《澄江动物群——5.3亿年前的海洋动物》，昆明：云南科技出版社，1999。

舒德干等：《寒武大爆发时的人类远祖》，西安：西北大学出版社，2016。

中国地质学会编：《中国地质科学院地质研究所文集（9）》，1984。

朱敏：《有颌脊椎动物崛起的格局与古地理、古环境背景》，《第四届地球系统科学大会摘要集》，http//www.cess.org.cn。

中国古生物学会编：《中国古生物学会第28届学术年会论文摘要集》，昆明：云南科技出版社，2015。

李锦玲、金帆等：《畅游在两亿年前的海洋——华南三叠纪海生爬行动物类和环境巡礼》，北京：科学出版社，2009。

杨钟健：《杨钟健文集》，北京：科学出版社，1982。

杨钟健：《云南禄丰兽孔类新材料》，《古脊椎动物与古人类》，1974年，12（3），图版Ⅰ~Ⅳ。

董枝明著：《禄丰恐龙》，昆明：云南科技出版社，2003。

中国地质科学院地层古生物论文集编委会编：《地层古生物论文集（第七辑）》，北京：地质出版社，1978。

谢世忠、孙宝铟主编：《人类学研究——庆祝芮逸夫教授九秩华诞论文集》，台北：南天书局，1990。

和志强主编：《元谋古猿》，昆明：云南科技出版社，1997。

中国科学院古脊椎动物与古人类研究所编：《古人类论文集——纪念恩格斯〈劳动在从猿到人转变过程中的作用〉写作一百周年报告会论文汇编》，北京：科学出版社，1978。

刘武、吴秀杰、邢松、张银运：《中国古人类化石》，北京：科学出版社，2014。

刘东生主编：《黄土·第四纪地质·全球变化第二集（兼 1988—1989 年报）》，北京：科学出版社，1990。

吴汝康、吴新智、张森水主编：《中国远古人类》，北京：科学出版社，1989。

文集编委会主编：《"元谋人"发现三十周年纪念暨古人类国际学术研讨会文集》，昆明：云南科技出版社，1998。

中国地质科学院地层古生物论文集编委会编：《地层古生物论文集》，北京：地质出版社，1978。

邓涛、王原主编：《第八届中国古脊椎动物学学术年会论文集》，北京：海洋出版社，2001。

北京自然博物馆编：《北京自然博物馆研究报告》，北京：海洋出版社，1997。

钱芳、周国兴：《元谋盆地第四纪地质与古人类》，北京：科学出版社，1991。

中国科学院古脊椎动物与古人类研究所编：《参加第十三届第四纪大会论文选》，北京：北京科技出版社，1991。

宗冠福、陈万勇、黄学诗等：《横断山地区新生代哺乳动物及其生活环境》，北京：海洋出版社，1996。

夏武平、张荣祖主编：《灵长类研究与保护》，北京：中国林业出版社，1995。

祁国琴、董为主编：《蝴蝶古猿产地研究》，北京：科学出版社，2006。

云南省博物馆编：《云南人类起源与史前文化》，昆明：云南人民出版社，1991。

云南省博物馆编：《云南省博物馆建馆三十周年纪念文集》，昆明：云南教育出版社，1981。

徐庆华、陆庆五：《禄丰古猿：人科早期成员》，北京：科学出版社，2008。

钱方、周国兴等：《第 13 届国际第四纪研究联合会大会系列书——元谋第四纪地质与古人类》，北京：科学出版社，1991。

周国兴、张兴永主编:《元谋人——云南元谋古人类文化图文集》,昆明:云南人民出版社,1984。

周国兴主编:《北京人第一头盖骨发现六十周年论文集》,北京:北京科学技术出版社,1992。

《"元谋人"发现 40 周年纪念会暨古人类国际学术研讨会文集》编委会编:《"元谋人"发现 40 周年纪念会暨古人类国际学术研讨会文集》,昆明:云南科技出版社,2006。

杨德聪主编:《图说云南历史文化》,昆明:云南教育出版社,2008。

云南省文物考古研究所主编:《探寻历史足迹,保护文化遗产——纪念云南省文物考古研究所成立五十年》,昆明:云南教育出版社,2009。

张兴永主编:《保山史前考古》,昆明:云南科技出版社,1992。

董为主编:《第九届中国古脊椎动物学学术年会论文集》,北京:海洋出版社,2004。

蒋志文、侯先光、吉学平、冉永禄主编:《生命的历程》,昆明:云南科技出版社,2000。

中国文物报社编,曹兵武、李卫主编:《发现中国:2006 年 100 个重要考古新发现》,北京:学苑出版社,2007。

高星、石金鸣、冯兴无主编:《天道酬勤桃李香——贾兰坡院士百年诞辰纪念文集》,北京:科学出版社,2008。

李钢、和力民主编:《金沙江岩画发现与研究》,昆明:云南科技出版社,2017。

云南省文物考古研究所、怒江傈僳族自治州文物管理所、保山文物管理所、德宏傣族景颇族自治州文物管理所、临沧市文物管理所、普洱市文物管理所、西双版纳傣族自治州文物管理所编著:《云南省文物考古研究所田野考古报告第 20 号:云南西部边境地区考古调查报告》,上海:上海古籍出版社,2017。

汪宁生:《云南考古》,昆明:云南人民出版社,1980。

李昆声主编:《云南考古学通论》,昆明:云南大学出版社,2019。

四川联合大学西藏考古与历史文化研究中心、西藏自治区文物管理委员会:《西藏考古(第 1 辑)》,成都:四川大学出版社,1994。

中国考古学会编:《中国考古学年鉴》,北京:文物出版社,1991。

吴金鼎、曾昭燏、王介忱:《云南苍洱境考古报告》,四川南溪李庄,1942。

车越乔主编：《越文化实勘研究论文集（二）》，北京：科学出版社，2008。

吴绵吉：《中国东南民族考古文选》，香港：香港中文大学中国考古艺术研究中心，2007。

何耀华总主编，李昆声、钱成润主编：《云南通史第一卷》，北京：中国社会科学出版社，2011。

李钢主编：《踏寻雪域遗珍——迪庆藏族自治州第三次全国文物普查纪实》，昆明：云南科技出版社，2012。

李钢、李志农主编：《历史源流与民族文化——"三江并流地区考古暨民族关系研究学术研讨会"论文集》，昆明：云南大学出版社，2011。

云南省文物考古研究所、中国社会科学院考古研究所等编著：《耿马石佛洞》，北京：文物出版社，2010。

王邦秀主编：《2000 宁夏国际岩画研讨会文集》，银川：宁夏人民出版社，2001。

云南省博物馆主编：《云南省博物馆建馆三十五周年论文集（1951—1986）》，1986。

云南省文物考古研究所：《云南考古文集——庆祝云南省考古研究所成立十周年》，昆明：云南民族出版社，1998。

中国岩画研究中心、宁夏岩画研究中心主编：《岩画研究 2015：中国岩画青年论坛》，银川：宁夏人民出版社，2016。

张亚莎主编：《岩画学论丛（第 1 辑）》，北京：中央民族大学出版社，2014。

广东珠江文化研究会编：《岭南考古文集》（第 12 辑），香港：中国评论学术出版社，2013。

李昆声：《云南艺术史》，昆明：云南教育出版社，2011。

汪宁生：《民族考古学探索》，昆明：云南人民出版社，2008。

刘锡诚：《中国原始艺术》，上海：上海文艺出版社，1998。

林惠祥：《文化人类学》，北京：商务印书馆，2017。

张增祺：《中国西南民族考古》，昆明：云南人民出版社，1990。

汪宁生：《云南沧源崖画的发现与研究》，北京：文物出版社，1985。

岳邦湖等著：《岩画及墓葬壁画》，兰州：敦煌文艺出版社，2003。

陈兆复：《中国岩画发现史》，上海：上海人民出版社，1991。

宋耀良：《中国史前神格人面岩画》，上海：三联书店，1992。

盖山林：《中国岩画》，广州：广东旅游出版社，2004。

盖山林：《中国岩画学》，北京：书目文献出版社，1995。

陈兆复、邢琏：《外国岩画发现史》，上海：上海人民出版社，1993。

盖山林：《岩石上的历史图卷——中国岩画》上海：三联书店，1997。

西藏自治区文物管理委员会编：《西藏岩画艺术》，成都：四川人民出版社，1994。

户晓辉：《岩画与生殖巫术》，乌鲁木齐：新疆美术摄影出版社，1993。

王良范、罗晓明：《贵州岩画——描述与解读》，贵阳：贵州人民出版社，1997。

李洪甫：《太平洋岩画——人类最古老的民俗文化遗迹》，上海：上海文化出版社，1997。

盖山林编著，盖志浩绘图：《中国面具》，北京：北京图书馆出版社，1999。

盖山林：《世界岩画的文化阐释》，北京：北京图书馆出版社，2001。

汤惠生、张文华：《青海岩画——史前艺术中二元对立思维及其观念的研究》，北京：科学出版社，2001。

张亚莎：《西藏的岩画》，西宁：青海人民出版社，2006。

罗晓明、王良范：《山崖上的图像叙事——贵州古代岩画的文化释读》，贵阳：贵州人民出版社，2006。

龚田夫、张亚莎：《原始艺术》，北京：中央民族大学出版社，2006。

贾兰坡：《中国大陆上的远古居民》，天津：天津人民出版社，1978。

李泽厚：《美的历程》，天津：天津社会科学出版社，2008。

凌纯声：《中国边疆民族与环太平洋文化》，台湾：联经出版事业公司，1979。

朱狄：《信仰时代的文明——中西文化的趋同与差异》，武汉：武汉大学出版社，2008。

朱狄：《原始文化研究——对审美发生问题的思考》，北京：三联书店，1998。

束锡红、李祥石：《岩画与游牧文化》，上海：上海古籍出版社，2007。

高嵩、高原：《岩画中的文字和文字中的历史》，银川：宁夏人民出版社，2007。

吴甲才：《红山岩画》，呼伦贝尔：内蒙古文化出版社，2008。

周兴华：《解读岩画与文明探源——聚焦大麦地》，银川：宁夏人民出版社，2008。

刘五一编著：《具茨山岩画》，郑州：中州古籍出版社，2010。

杨超、刘五一主编：《岩画与史前文明——2010 岩画与史前文明国际学术研讨会论文集》，北京：九州出版社，2010。

陈兆复、邢琏：《世界岩画（欧美大洋洲卷）》，北京：文物出版社，2011。

覃圣敏：《骆越画魂：花山崖壁画之谜》，南宁：广西人民出版社，2009。

陈兆复：《中国岩画发现史》，上海：上海人民出版社，2009。

范琛：《作为区域文化遗产的沧源岩画研究》，北京：世界图书出版公司，2009。

陈兆复、邢琏：《世界岩画（亚非卷）》，北京：文物出版社，2010。

王良范、罗晓明：《中国岩画·贵州》，北京：中国国际广播出版社，2010。

傅道彬：《中国生殖崇拜文化论》，武汉：湖北人民出版社，1990。

裴文中：《旧石器时代之艺术》，上海：商务印书馆，1935。

苏秉琦主编，张忠培、严文明撰：《中国远古时代》，上海：上海人民出版社，2010。

高福进：《太阳崇拜与太阳神话——一种原始文化的世界性透视》，上海：上海人民出版社，2002。

汤惠生：《青藏高原古代文明》，西安：三秦出版社，2003。

马娟主编：《临沧岩画》，昆明：云南美术出版社，2016。

和仕勇主编：《丽江金沙江岩画图集》，昆明：云南人民出版社，2011。

邓启耀主编：《云南岩画艺术》，昆明：云南美术出版社、云南人民出版社、晨光出版社，2004。

云南民族学院民族研究所考古民族学研究室编：《民族考古译丛第一辑》，1979。

文山壮族苗族自治州文化局编，李昆声主编：《文山岩画》，昆明：云南人民出版社，2005。

李钢：《迪庆文化遗产保护与研究文集》，昆明：云南科技出版社，2011。

《中国美术分类全集》编委会编著：《中国岩画全集 4：西部岩画（一）》，沈阳：辽宁美术出版社，2006。

高火：《欧洲史前艺术史》，石家庄：河北教育出版社，2003。

中央民族学院少数民族文学艺术研究所编：《中国岩画的发现（油印本）》，1985。

李淼、刘方：《世界岩画资料图集》，北京：中国工人出版社，1992。

中国岩画研究中心编：《岩画（第一辑）》，北京：中央民族大学出版社，1995。

陈兆复：《中国岩画》，杭州：浙江摄影出版社，1989。

李仰松：《民族考古学论文集》，北京：科学出版社，1998。

宁克平编著，包青林绘图：《中国岩画艺术图式》，长沙：湖南美术出版社，1990。

广西壮族自治区民族研究所编：《广西左江流域崖壁画考察与研究》，南宁：广西民族出版社，1987。

金开诚主编，孙凌晨编著：《中国岩画》，长春：吉林文史出版社，2009。

广西少数民族社会历史调查组编：《花山崖壁画资料集》，南宁：广西民族出版社，1963。

杨炳忠、蓝锋杰、刘勇主编：《花山申遗论谭》，南宁：广西人民出版社，2010。

广西壮族自治区文化厅文物处、广西壮族自治区博物馆编，王克荣、邱钟仑、陈远璋著：《广西左江岩画》，北京：文物出版社，1988。

福建省考古博物馆学会编：《福建华安仙字潭摩崖石刻研究》，北京：中央民族学院出版社，1990。

盖山林：《盖山林文集》，哈尔滨：黑龙江教育出版社，1995。

陈弘法编译，巫新华主编：《亚欧草原岩画艺术论集》，北京：中国人民大学出版社，2005。

宁夏岩画研究中心编：《岩画研究 2007—2011》，银川：宁夏人民出版社，2011。

俞伟超：《古史的考古学探索》，北京：文物出版社，2002。

吕大吉、何耀华：《中国原始宗教资料丛编》，上海：上海人民出版社，1993。

刘强：《石质文物保护》，北京：科学出版社，2012。

钱方、周国兴等：《元谋盆地第四纪地质与古人类》，北京：科学出版，1991。

［英］保罗·G·巴恩著，郭小凌、叶梅斌译：《剑桥插图史前艺术史》，济南：山东画报出版社，2004。

［加拿大］尼古拉斯·戴维、［美］卡罗·克拉莫著，郭立新、姚崇新等译：《民族考古学实践》，长沙：岳麓书社，2009。

［法］埃马努埃尔·阿纳蒂著，刘建译：《艺术的起源》，北京：中国人民大学出版社，2007。

［英］爱德华·泰勒，连树声译：《原始文化：神话、哲学、宗教、语言、艺术和习俗发展之研究》，桂林：广西师范大学出版社，2005。

［美］弗朗兹·博厄斯著，金辉译：《原始艺术》，上海：上海文艺出版社，1989。

［英］罗伯特·莱顿著，李东晔、王红译：《艺术人类学》，桂林：广西师范大学，2009。

［澳］M.A.J.Williams、D.L.Dunkerley、P.De Deckker、A.P.Kershaw、T.J.Stokes 著，刘东生等编译：《第四纪环境》，北京：科学出版社，1997。

［美］克里斯·戈斯登，陈炳辉、陈星灿译：《走出黑暗——人类史前史探秘》，北京：外语教学与研究出版社，2015。

［意］埃马努埃尔·阿纳蒂著，张晓霞、张博文、郭晓云、张亚莎译：《世界岩画——原始语言》，银川：宁夏人民出版社，2017。

［美］唐娜·L·吉莱特、麦维斯·格里尔、米歇尔·H·海沃德、［墨］威廉·布林·墨里编，王永军、张傅城、孙源、张亚莎译：《岩画与神圣景观》，银川：宁夏人民出版社，2017。

［美］罗伯特·L.凯利著，徐坚译：《第五次开始——600 万年的人类历史如何预示我们的未来》，北京：中信出版集团，2018。

（二）期刊类

陈爱林、黄迪颖：《早寒武世原始脊椎动物云南虫鳃丝的发现》，《古生物学报》，2006.45（3）。

舒德干：《脊椎动物实证起源》，《科学通报》，2003.48（6）。

舒德干、陈苓：《最早脊椎动物的镶嵌演化》，《现代地质》，2000.14（3）。

舒德干：《寒武纪大爆发与动物树的成型》，《地球科学与环境学报》，2009.31（2）。

朱敏、刘玉海、贾连涛、盖志琨：《云南曲靖志留纪罗德洛世真盔甲鱼类一新属（英文）》，《古脊椎动物学报》，2012.50（01）。

朱幼安、朱敏：《全颌鱼重绘脊椎动物演化图谱》，《科学世界》，2013（12）。

朱幼安、朱敏：《古鱼展新脸：初始全颌鱼的发现》，《科学》，2013.65（06）。

卢静、朱幼安、朱敏：《我们的祖先从水里来——硬骨鱼类起源与早期演化》，《自然杂志》，2016.38（06）。

朱幼安、朱敏：《人类颌骨源何处——志留纪古鱼"王国"出新知》，《科学》，2017.69（01）。

宗冠福：《元谋盆地的新第三纪地层兼论"甘棠组"》，《地层学杂志》，1995，19（3）。

江能人、孙荣、梁其中等：《云南元谋盆地晚新生代地层和古生物》，《云南地质（增刊）》，1989。

李普、钱方等：《用古地磁方法对元谋人化石年代的初步研究》，《中国科学》，1976（6）。

朱幼安、朱敏：《人类的面孔如何从鱼形祖先演化而来？》，《科学通报》，2017.62（15）。

古脊椎动物与古人类研究所：《云南曲靖志留纪古鱼研究获新发现》，《江西饲料》，2017（02）。

赵文金、朱敏：《云南的早期脊椎动物化石研究》，《地球科学进展》，2003（06）。

赵文金、朱敏：《中国志留纪鱼化石及含鱼地层对比研究综述》，《地学前缘》，2014.21（02）。

王俊卿：《我国泥盆纪鱼类的分布、组合和性质》，《古脊椎动物学报》，1984（03）。

乐闲：《鱼类的时代——泥盆纪》，《海洋世界》，2016（05）。

赵文金：《中国早期脊椎动物研究与主要进展》，《化石》，2005（02）。

张国瑞：《对〈中国南方泥盆纪无颌类及鱼类化石〉一文中有关胴甲类化石描述的几点意见》，《古脊椎动物与古人类》，1979（01）。

朱幼安、朱敏：《大鱼之始——曲靖潇湘动物群中发现志留纪最大的脊椎动物》，《自然杂志》，2014.36（06）。

齐芳：《我国发现志留纪 1.2 米"巨"鱼》，《光明日报》，2014-06-13（001）。

郭相奇：《云南早期有颌类化石形态学研究新进展》，《云南地质》，2019.38（02）。

赵文金：《中国古生代中期盔甲鱼类及其古地理意义》，《古地理学报》，2005（03）。

杨群：《2016 年古生物学热点回眸》，《科技导报》，2017.35（01）。

朱敏等：《云南曲靖再次发现保存较完整的志留纪硬骨鱼》，《化石》，2017（03）。

刘升、赵文金：《一个绝灭的古鱼类类群——盾皮鱼类》，《生物学通报》，2015.50（09）。

张启跃、周长勇、吕涛、谢韬、楼雄英、刘伟、孙媛媛、江新胜：《云南罗平中三叠世安尼期生物群的发现及意义》，《地质论评》，2008.54（4）。

张启跃、胡世学（通讯作者）、周长勇、吕涛、白建科：《鲨类化石（节肢动物）

在中国的首次发现》,《自然科学进展》, 2009.19（10）。

张启跃、周长勇、吕涛、白建科：《云南罗平地区中三叠世龙鱼化石的发现》,《地质通报》, 2010.29（1）。

张启跃、胡世学、文芠、周长勇、谢韬、黄金元：《罗平生物群的发现与研究进展——据云南1∶5万罗平县等四幅区调和专题调查成果》,《中国地质调查》, 2015（2）。

文芠、张启跃、刘俊、胡世学、周长勇、黄金元、谢韬：《中三叠世安尼期罗平生物群海生爬行类研究新进展》,《地球学报》, 2015.36（4）。

杨钟健：《禄丰恐龙之初步研究》,《地质评论》, 1939.4（2）。

杨钟健：《禄丰恐龙化石发现之经过及其意义》,《科学》, 1939.23（11）。

杨钟健：《许氏禄丰龙之再造》,《地质评论》, 1940.5（6）。

杨钟健：《许氏禄丰龙之采修研装》,《中国地质调查所》, 1941。

杨钟健：《许氏禄丰龙》,《中国古生物志》, 1941, 新丙种第七号。

杨钟健：《禄丰蜥龙群原始哺乳动物之新观察》,《地质评论》, 1941.第6卷第5、6期合期。

杨钟健：《中国兀龙》,《中国地质学会志》, 1941.XX Ⅰ。

杨钟健：《黄氏云南龙》,《中国地质学会志》, 1942.XX Ⅱ。

杨钟健：《尹氏芦沟龙》,《中国地质学会志》, 1948年.XXV Ⅲ。

杨钟健：《三迭中国龙》,《中国地质学会志》, 1948年.XXV Ⅲ。

杨钟健：《禄丰蜥龙动物群》,《中国科学》, 1950。

杨钟健：《禄丰蜥龙动物群》,《中国古生物志》, 1951（134）, 新两种13号。

杨钟健：《禄丰龙是怎样发现与研究的》,《科学大众》, 1952（7）。

卞美年：《云南禄丰三纪恐龙及原始哺乳类动物之发现》,《中国地质学会志》, 1940.20（3~4）。

卞美年：《云南之红色地层》,《中国地质学会志》, 1941.21（2~4）。

禄丰县人民政府：《云南禄丰恐龙——古猿国家地质公园综合考察报告》, 2003年3月。

禄丰县人民政府：《云南禄丰恐龙国家地质公园总体规划文本（修编）》, 2006.2。

禄丰县人民政府：《云南省禄丰恐龙化石保护项目可行性报告》, 2002, 10。

徐余瑄：《云南曲靖渐新世哺乳动物化石》,《古脊椎动物与古人类》, 1961（04）。

董为：《云南开远小龙潭动物群的性质及时代的进一步探讨》，《古脊椎动物学报》，1987.25（2）。

董为、刘建辉、潘悦容：《云南元谋晚中新世真角鹿化石一新种及其古环境探讨》，《科学通报》，2003.48（3）。

韩德芬：《我国首次发现的丘齿鼷鹿》，《古脊椎动物与古人类》，1974.12（3）。

韩德芬：《记云南禄丰发现的 Lophochoerus 一新种》，《人类学学报》，1983.2（1）。

韩德芬：《禄丰古猿化石地点偶蹄目化石初步研究》，《人类学学报》，1985.4（1）。

韩德芬：《禄丰古猿化石地点的鼷鹿化石》，《人类学学报》，1986.5（1）。

吉学平：《元谋地区的象化石及其研究意义》，《云南文物》，1994（34）。

江能人、孙荣、梁其中：《元谋早期猿人（牙化石）的发现及其意义》，《云南地质》，1987.6（2）。

江能人、孙荣、梁其中：《云南元谋晚新生代地层和古生物研究》，《云南地质》，89（增刊）：1989。

姜础：《元谋小河村古猿上颌骨化石的初步研究》，《人类学学报》，1996.15（1）。

姜础、肖林、李建明：《云南元谋雷老发现的古猿牙齿化石》，《人类学学报》，1993.12（2）。

梁其中、尹济云、江能人：《应用古地磁研究云南古猿的生存年代》，《云南地质》，1994.13（3）。

刘后一、汤英俊、尤玉柱：《云南元谋班果盆地剑齿象属一新种》，《古脊椎动物与古人类》，1973.11（2）。

刘建辉、潘悦容：《记云南元谋古猿地点猪科一新属》，《云南地质》，2003.22（2）。

刘武、郑良、高峰等：《中新世古猿研究进展及存在的一些问题》，《科学通报》，2002.47（7）。

刘武、郑良、姜础：《元谋古猿牙齿测量的统计分析及其在分类研究上的意义》，《科学通报》，1999.44（23）。

刘武、郑良、Walker A：《元谋古猿下颌臼齿三维立体特征人类学学报》，2001.20（3）。

陆庆五、赵凌霞：《禄丰古猿下颌恒齿萌出顺序的研究》，《人类学学报》，2000.19（1）。

陆庆五、徐庆华、郑良：《云南西瓦古猿头骨的初步研究》，《古脊椎动物与古人类》，1981.19（2）。

潘悦容：《中国第三纪中一小型猿类化石及其意义》，《人类学学报》，1998.17（4）。

潘悦容、吴汝康：《禄丰古猿地点中国兔猴一新种》，《人类学学报》，1986.5（1）。

祁国琴：《云南禄丰上新世哺乳动物群》，《古脊椎动物与古人类》，1979.17（1）。

祁国琴：《禄丰食肉类化石记述》，《人类学学报》，1983.2（1）。

祁国琴：《Ursauus 在中国的首次发现并记禄丰古猿化石产地的其他熊类标本》，《人类学学报》，1984.3（1）。

祁国琴：《禄丰古猿化石地点食肉目化石的初步整理》，《人类学学报》，1985.4（1）。

祁国琴：《禄丰古猿化石地点地层概述》，《人类学学报》，1985.4（1）。

祁国琴：《云南禄丰古猿化石产地的竹鼠化石》，《人类学学报》，1986.5（1）。

邱铸鼎：《云南禄丰古猿地点晚中新世松鼠类》，《古脊椎动物学报》，2002.40（3）。

邱铸鼎、韩德芬、祁国琴等：《禄丰古猿地点的小哺乳动物化石》，《人类学学报》，1985.4（1）。

汤英俊、尤玉柱、刘后一等：《云南元谋班果盆地上新世的哺乳动物化石及其在地层划分上的意义》，《古脊椎动物与古人类》，1974.12（1）。

吴汝康：《云南开远发现的森林古猿牙齿化石》，《古脊椎动物学报》，1957.1（1）。

吴汝康：《云南开远森林古猿的新材料》，《古脊椎动物学报》，1958.2（1）。

吴汝康：《森林古猿牙齿化石首次在中国的发现及其意义》，《古生物学报》，1958b.6（2）。

吴汝康：《禄丰大猿化石分类的修订》，《人类学学报》，1987.6（4）。

吴汝康、潘悦容：《云南禄丰晚中新世的长臂猿类化石》，《人类学学报》，1984.3（3）。

吴汝康、潘悦容：《禄丰中新世兔猴类一新属》，《人类学学报》，1985.4（1）。

吴汝康、潘悦容：《禄丰粗壮池猿头骨的初步观察——兼论池猿的系统关系》，《人类学学报》，1985b.4（1）。

吴汝康、王令红：《禄丰古猿的两性差别》，《人类学学报》，1987.6（3）。

吴汝康、王令红：《中国兔猴的单一物种及其两性差别》，《人类学学报》，1988.7（1）。

吴汝康、韩德芬、徐庆华等：《世界上首次发现的腊玛古猿头骨》，《科学通报》，1981.26（11）。

吴汝康、韩德芬、徐庆华等：《云南禄丰古猿化石地点再次发现腊玛古猿头骨——1981年发掘报告》，《人类学学报》，1982.1（2）。

吴汝康、陆庆五、徐庆华：《腊玛古猿和西瓦古猿的形态特征及其系统关系——下颌骨的形态与比较》，《人类学学报》，1984.3（1）。

吴汝康、徐庆华、陆庆五：《腊玛古猿和西瓦古猿的形态特征及其系统关系——颅骨的形态与比较》，《人类学学报》，1983.2（1）。

吴汝康、徐庆华、陆庆五：《腊玛古猿和西瓦古猿的形态特征及其系统关系——牙齿的形态与比较》，《人类学学报》，1985.4（3）。

吴汝康、徐庆华、陆庆五：《禄丰西瓦古猿和腊玛古猿的关系及其系统地位》，《人类学学报》，1986（1）。

徐庆华、陆庆五：《云南禄丰发现的腊玛古猿和西瓦古猿的下颌骨》，《古脊椎动物与古人类》，1979（1）。

徐庆华、陆庆五、潘悦容等：《禄丰腊玛古猿的下颌骨化石》，《科学通报》，1978.23（9）。

尹济云、梁其中、江能人：《元谋盆地晚新生代古地磁年代学及其古生物意义》，《云南地质》，1994.13（3）。

尤玉柱、祁国琴：《云南元谋更新世哺乳动物化石新材料》，《古脊椎动物与古人类》，1973.11（1）。

张兴永：《云南禄丰含古猿化石的上新世地层》，《北京自然博物馆研究报告》，1981（10）。

张兴永：《云南元谋竹棚一小河地区的象化石》，《云南文物》，1991（29）。

张兴永、林一璞、姜础等：《云南元谋腊玛古猿属一新种》，《思想战线》，1987（3）。

张兴永、林一璞、姜础等：《云南元谋发现人属一新种》，《思想战线》，1987（3）。

张兴永、郑良、高峰：《中国古猿新属的建立及其人类学意义》，《思想战线》，1990.90（2）。

张兴永、郑良：《滇中高原与人类起源》，《云南社会科学》，1981（3）。

张兴永、郑良、肖明华:《从开远腊玛古猿的形态特征再论滇中高原与人类起源》,《云南社会科学》, 1983 (1)。

张兴永、姜础、林一璞:《从"东方人"和"蝴蝶腊玛古猿"的发现三论滇中高原与人类起源》,《思想战线》, 1987 (3)。

张兴永:《四论滇中高原与人类起源》,《云南社会科学》, 1994 (2)。

张玉萍:《云南开远和山东临朐中新世猪类化石》,《古脊椎动物与古人类》, 1974.12 (2)。

张云翔、邱占祥、郑良等:《云南元谋小河盆地含古猿化石地层的对比》,《沉积学报》, 2001.19 (1)。

张云翔、郑良、吉学平等:《云南元谋古猿动物群化石埋藏学》,《地质学报》, 2002.76 (1)。

张宗祜、刘平贵、钱方等:《元谋盆地晚新生代地质研究的新进展》,《海洋地质与第四纪地质》, 1994.14 (2)。

赵凌霞、欧阳涟、陆庆五:《禄丰古猿牙齿釉质生长线与个体发育问题研究》,《人类学学报》, 1999.18 (2)。

郑良、高峰、刘武:《元谋小河 - 竹棚与雷老地点古猿牙齿特征的对比分析》,《人类学学报》, 2002.21 (3)。

周明镇:《元谋水獭化石的发现和滇东含晚第三纪哺乳类化石层的对比》,《古脊椎动物与古人类》, 1961 (2)。

宗冠福:《元谋盆地的新第三纪地层》,《地层学杂志》, 1996.20 (2)。

宗冠福、姜础:《元谋新第三纪食肉类化石初步观察》,《古脊椎动物与古人类》, 1991.29 (1)。

宗冠福、潘悦容、姜础等:《元谋盆地含古猿化石地层的初步划分》,《人类学学报》, 1991 (02)。

吉学平:《从猿到人过渡时期的发现——我国探索早期人类起源的历程》,《大众考古》, 2017.46 (4)。

陈万勇:《禄丰古猿化石产地沉积环境与埋藏学的初步研究》,《人类学学报》, 1986.5 (1)。

林一璞、王尚尊、郭志慧、张丽黛:《禄丰西瓦古猿桡骨在我国的首次发现》,《地质论评》, 1987.33 (1)。

陆庆五：《禄丰古猿幼年下颌骨的研究》，《人类学学报》，1995.14（2）。

陆庆五、赵凌霞：《禄丰古猿下颌恒齿萌出顺序的研究》，《人类学学报》，2000，19（1）。

邱铸鼎、韩德芬：《禄丰古猿地点的兔形目化石》，《人类学学报》，1986.5（1）。

孙湘君、吴玉书：《根据孢粉推论禄丰腊玛古猿生活时期的自然环境》，《古脊椎动物与古人类》，1980.18（3）。

张兴永：《云南开远新发现的腊玛古猿化石》，《人类学学报》，1987.6（2）。

陆庆五、赵忠义：《禄丰古猿雌性头像的复原》，《人类学学报》，1988.7（1）。

吴汝康、韩德芬、徐庆华、陆庆五、潘悦容、张兴永、郑良、肖明华：《世界首次发现的腊玛古猿头骨化石——云南禄丰古猿化石地点1980年第四季度发掘简报》，《科学通报》，1981.28（18）。

邱铸鼎：《禄丰古猿地点的猪尾鼠类化石》，《古脊椎动物学报》，1989.27（4）。

邱铸鼎：《禄丰古猿地点的树鼩类化石》，《古脊椎动物学报》，1986.24（4）。

郑良：《试论禄丰腊玛古猿和云南西瓦古猿的系统地位》，《史前研究》，1987（2）。

张兴永：《禄丰腊玛古猿在人类起源研究上的地位》，《思想战线》，1980（6）。

张兴永、胡友恒、周国兴、林一璞：《云南禄丰含古猿化石的上新世地层》，《北京自然博物馆研究报告》，1981（10）。

张兴永：《云南禄丰盆地上新世的象类化石》，《古脊椎动物与古人类》，1982.20（4）。

张兴永、郑良、肖明华：《云南禄丰腊玛古猿头骨的初步观察》，《考古与文物》，1981（3）。

孙湘君、吴玉书：《根据孢粉推论禄丰古猿生活时期的自然环境》，《古脊椎动物与古人类》，1980.18（3）。

祁国琴、邱占祥：《云南禄丰晚中新世的大熊猫祖先化石》，《古脊椎动物学报》，1989.27（3）。

周国兴、王正举：《新发现两件古猿颌骨的初步观察》，《北京自然博物馆研究报告》，1981（10）。

侯连海：《云南禄丰晚中新世鸟类》，《人类学学报》，1985.4（2）。

陈万勇、林玉芬、于浅黎：《云南禄丰古猿生活时期的古气候初步研究》，《人类学学报》，1986.5（1）。

陈万勇：《禄丰古猿化石产地沉积环境与埋藏学的初步研究》，《人类学学报》，1986.5（1）。

陈德珍等：《云南西畴人类化石及共生的哺乳动物群》，《古脊椎动物与古人类》，1978.16（1）。

黄培华、R.Grun：《元谋猿人遗址牙化石埋藏年代的初步研究》，《人类学学报》，1998.17（3）。

黄慰文、卫奇、张兴永：《元谋盆地的旧石器》，《史前研究》，1985.（4）。

江能人、孙荣等：《元谋早期猿人（牙齿化石）的发现及其意义》，《云南地质》，1987.6（2）。

刘后一、尤玉柱：《云南元谋云南马化石新材料——兼论云南马的定义及亚洲化石马属的系统关系》，《古脊椎动物与古人类》，1974.12。

刘泽纯、李庆辰：《关于元谋盆地的沉积特征与地层划分》，《海洋地质与第四纪地质》，1988.8（4）。

刘东生、丁梦林：《关于元谋人化石地质时代的讨论》，《人类学学报》，1983.2（1）。

裴文中：《云南元谋更新世初期的哺乳动物化石》，《古脊椎动物与古人类》，1961b.3（1）。

浦庆余、钱方：《对元谋人化石地层——元谋组的再研究》，《地质学报》，1977（1）。

钱方：《关于元谋人的地质时代问题——与刘东生等同志商榷》，《人类学学报》，1985.4（4）。

钱方、马醒华等：《用古地磁方法对云南元谋竹棚人猿超科化石年代的研究》，《中国地质科学院地质力学研究所所刊》，1989（13）。

吴新智：《巫山龙骨坡似人下颌骨属于猿类》，《人类学学报》，2000.19（1）。

尤玉柱、祁国琴：《云南元谋更新世哺乳动物化石新材料》，《古脊椎动物与古人类》，1973.8（1）。

云南省博物馆：《云南丽江人类头骨的初步研究》，《古脊椎动物与古人类》，1972（15）。

张宗祜、刘平贵等：《元谋盆地新生代地质研究的新进展》，《海洋地质与第四纪地质》，1994.14（2）。

周国兴：《对元谋人认识的探讨》，《自然杂志》，1979a（2）。

周国兴:《元谋古猿幼年头骨的再研究——兼对"巫山人"属性的探讨》,《北京自然博物馆研究报告》, 1995（8）。

周国兴:《人类起源研究的新进展与我国的现状》,《史前研究》, 2005。

周明镇:《元谋水獭化石的发现和滇东含晚第三纪哺乳类化石层的对比》,《古脊椎动物与古人类》, 1961（2）。

张兴永、高峰、马波等:《云南江川百万年前旧石器遗存的初步研究》,《思想战线》, 1989（4）。

胡绍锦:《宜良九乡张口洞发现的旧石器》,《人类学学报》, 1995.14（1）.

白子骐:《峨山老龙洞发现的旧石器》,《人类学学报》, 1998.17（3）。

杨正纯:《昆明大板桥史前洞穴遗址试掘报告》,《人类学学报》, 1993.12（4）。

云南古人类研究领导小组办公室编:《云南古人类研究（内刊）》, 第一期, 1989。

云南古人类研究领导小组办公室编:《云南古人类研究（内刊）》, 第二期, 1990。

云南古人类研究领导小组办公室编:《云南古人类研究（内刊）》, 第三期, 1991。

张云翔、郑良、吉学平、张家华:《云南元谋古猿动物群化石埋藏学》,《地质学报》, 2002.76（1）。

沈冠军、李建坤、吉学平:宜良九乡张口洞的年代——中国 40-100ka 间人类活动的证据》,《科学通报》, 2004.49（23）。

张新锋、吉学平、沈冠军:《云南西畴仙人洞动物化石铀系年代》,《人类学学报》, 2004.23（1）。

吉学平、Terry Harrison、Dannis Su、薛顺荣:《云南古猿系统分类的新进展》,《云南地质》, 2004（1）。

高斌、沈冠军、吉学平、程海:《云南呈贡龙潭山 1 号洞堆积物的铀系年龄》,《中国岩溶》2007. 26（4）。

敖秀娟、陈开爽、徐兴兰、吉学平:《莫斯特文化云南富源大河发掘记》,《云南文史》, 2007（1）。

吉学平:《大河洞穴之魅——富源大河旧石器遗址揭秘》,《中华文化遗产》, 2008（6）。

张玉光、吉学平、Jablonski N G、Su D F、王晓斌、杨馨、李志恒、付丽娅:《云南昭通中新世末期鸟类动物群的组成及其时代意义》,《古生物学报》, 2013. 52（3）。

Wei Dong，Xueping Ji，Nina G. JABLONSKI，Denise F. SU，Wenqi Li：*New* materials of the Late Miocene Muntiacus from Zhaotong hominoid site in southern China.《古脊椎动物学报》，2014. 52（3）。

吉学平、吴秀杰、吴沄、刘武：《广西隆林古人类颞骨内耳迷路的 3D 复原及形态特征》，《科学通报》，2014. 59（35）。

卢小康、吉学平、高峰、李刈昆、段梅：《元谋盆地晚中新世古猿动物群元谋无鼻角犀新材料》，《古脊椎动物学报》，2014（04）。

王世骐、付丽娅、张家华、李田广、吉学平、Jaroon Duangkrayom、韩榕韬：《云南元谋小河组脊棱齿象（Stegolophodon）化石新材料》，《第四纪研究》，2015.35（3）。

吉学平：《元谋人从哪里来》，《大众考古》，2015（1）。

Lawrence J. FLYNN、金昌柱、Jay KELLEY、Nina G. JABLONSKI、吉学平、Denise F. SU、邓涛、李强：《云南晚中新世苏门答腊兔（Nesolagus）分离时间的标定》，《古脊椎动物学报》，2019（3）。

赵志军：《中国古代农业的形成过程——浮选出土植物遗存证据》，《第四纪研究》，2014.34（01）。

傅宪国：《论有段石锛和有肩石器》，《考古学报》，1988（01）。

黄展岳、赵学谦：《云南滇池东岸新石器时代遗址调查记》，《考古》，1959（04）。

云南省文物考古工作队：《云南昭通马厂和闸心场遗址调查简报》，《考古》，1962（10）。

闵锐、万娇：《云南大理市海东银梭岛遗址发掘简报》，《考古》，2009（08）。

阚勇：《云南宾川白羊村遗址》，《考古学报》，1981（03）。

刘旭、戴宗品：《3000 年前的穴居生活：耿马石佛洞遗址》，《中国文化遗产》，2008（06）。

王彦俊：《甘肃西和县宁家庄发现彩陶权杖头》，《考古》，1995（02）。

李水城：《赤峰及周边地区考古所见权杖头及潜在意义》，《赤峰学院学报（汉文哲学社会科学版）》，2010。

杨琳、井中伟：《中国古代权杖头渊源与演变研究》，《考古与文物》，2017（03）。

李昆声、肖秋：《试论云南新石器时代文化》，《文物集刊》，第 2 集，1980。

肖明华：《云南考古述略》，《考古》，2001（12）。

戴宗品：《云南永平新光遗址发掘报告》，《考古学报》，2002（02）。

蒋志龙、朱之勇、吴敬、王春雪：《云南永胜县枣子坪遗址发掘报告》，《边疆考古研究》，2014（02）。

阚勇：《元谋大墩子新石器时代遗址》，《考古学报》，1977（01）。

闵锐：《云南剑川县海门口遗址第三次发掘》，《考古》，2009（08）。

戴宗品、周志清、古方、赵志军：《云南永仁菜园子、磨盘地遗址 2001 年发掘报告》，《考古学报》，2003（02）。

朱忠华：《热点跟踪——兴义遗址田野考古发掘工作结束》，云南考古微信公众号，2016 年。

赵东月、朱泓、闵锐：《云南宾川白羊村新石器时代遗址人骨研究》，《南方文物》，2016（01）。

万杨：《腊甸遗址考古发掘获得新成果——新类型石板墓属云南首次发现》，云南考古微信公众号，2019 年 7 月 22 日。

向安强、张文绪、李晓岑、王黎锐：《云南保山昌宁达丙营盘山新石器遗址出土古稻研究》，《华夏考古》，2015（01）。

阚勇：《云南耿马石佛洞遗址出土炭化古稻》，《农业考古》，1983（02）。

黎海明、左昕昕、康利宏、任乐乐、刘峰文、刘鸿高、张乃梦、闵锐、刘旭、董广辉：《植物大化石和微体化石分析揭示的云贵高原新石器—青铜时代农业发展历程》，《中国科学：地球科学》，2016.46（07）。

金和天、刘旭、闵锐、李小瑞、吴小红：《云南元谋大墩子遗址浮选结果及分析》，《江汉考古》，2014（03）。

张兴永：《云南新石器时代的家畜》，《农业考古》，1987（01）。

云南省博物馆文物工作队：《云南云县忙怀新石器时代遗址调查》，《考古》，1977（03）。

葛季芳：《云南发现的有段石锛》，《考古》，1978（01）。

崔玉珍：《鲁甸马厂遗址的调查》，《贵州社会科学》，1980（01）。

云南省文物考古研究所等：《通海海东贝丘遗址发掘报告》，《云南文物》，1999（2）。

云南省博物馆文物工作队：《南碧桥新石器时代洞穴遗址》，《云南文物》，1984（16）。

云南省文物工作队：《云南昭通马厂和闸心场遗址调查简报》，《考古》，1962（10）。

耿德铭：《施甸陶祖和古代男性崇拜》，《四川文物》，1990（03）。

葛季芳、苏迎堂：《印纹禽尊的踪迹》，《文物》，1981（11）。

李昆声：《论云南与黄河流域新石器时代文化的关系》，《史前研究》，1985（01）。

童恩正：《试谈古代四川与东南亚文明的关系》，《文物》，1983（09）。

吴春明：《菲律宾史前文化与华南的关系》，《考古》，2008（09）。

林惠祥：《中国东南区新石器文化特征之一：有段石锛》，《考古学报》，1958（03）。

李昆声、闵锐：《云南早期青铜时代研究》，《思想战线》，2011.37（04）。

杨帆、万杨：《云南省龙陵县大花石遗址发掘简报》，《四川文物》，2011（02）。

王蓓蓓：《云南文明起源的考古学观察》，《四川文物》，2010（06）。

李小瑞：《云南植物考古现状》，《南方文物》，2016（01）。

陈文华：《中国农业考古资料索引（三十一）第五编　家禽、家畜（续 1998 年 3 期）》，《农业考古》，2005（01）。

易光文：《最早的房屋》，《建筑工人》，2001（01）。

袁国友：《论云南地区的原始农业》，《学术探索》，2016（05）。

李伟卿：《云南新石器时代的工艺美术》，《云南民族大学学报》（哲学社会科学版），2001（01）。

李昆声：《1949 年以来云南人类起源与史前考古的主要成就》，《云南社会科学》，2004（02）。

闵锐、万娇、昂文亮、苏逸娟：《2006—2008 年洱海周边考古调查报告》，《南方文物》，2016（01）。

和力民：《金沙江流域夯桑柯岩画的考察与研究》，《云南民族大学学报》，1996（4）。

和品正：《洛吉河日记》，《华夏地理》，1998（6）。

鲍江、和品正：《金沙江流域中甸县洛吉河岩画》，《云南民族大学学报》，1999（1）。

陈树珍：《追寻原始艺术的足迹——迪庆金沙江流域调查手记》，《今日民族》，2006（8）。

乔华等：《云南迪庆藏族自治州金沙江岩画》，《岩画研究》，2005（3）。

和力民：《金沙江流域敦自昂补考岩画考察与研究》，《岩画研究》，2005（3）。

杨德文：《漾濞苍山岩画调查》，《民族学报》，2008（6）。

和力民：《探寻金沙江岩画》，《山茶·人文地理杂志》，1998（6）。

文山州文物管理所、麻栗坡县文化馆：《麻栗坡崖腊山岩画调查》，《云南文物》，1987（22）。

和力民：《金沙江岩画之行》，《岩画研究》，2002（2）。

邓启耀：《云南岩画的感性图式——云南岩画研究系列之一》，《民族艺术》，2001（3）。

邓启耀：《云南岩画的知性时空——云南岩画研究系列之二》，《民族艺术》，2001（4）。

邓启耀：《云南岩画的叙事原型——云南岩画研究系列之三》，《民族艺术》，2002（1）。

李钢：《金沙江岩画的考察与保护初探》，《中华文化论坛》，2007（1）。

李钢：《探寻滇西北史前先民的岩壁史迹——金沙江岩画的考察及其保护思考》，《岩画研究》，2006（4）。

吴沄：《金沙江岩画洛吉岩画点调查记录及初步研究》，《云南地理环境研究》，2012（4）。

何耀华、和力民：《金沙江崖壁画新识》，《云南社会科学》，1995（5）。

李伟卿：《云南岩画的艺术特征》，《云南文物》，2003（3）。

李伟卿：《云南岩画的艺术》，《美术研究》，1985（2）。

黄光成：《云南岩画：珍贵的历史和民族文化资源》，《思想战线》，1998（8）。

云南省博物馆：《云南丽江人类头骨的初步研究》，《古脊椎动物与古人类》，1977，12（2）。

邱钟仑、李前荣等：《花山岩画颜料和黏合剂初探》，《文物》，1990（1）。

邱钟仑：《也谈沧源岩画的年代和族属》，《云南民族大学学报》，1995（1）。

汤惠生：《青海史前彩陶纹饰的文化解读》，《民族艺术》，2002（2）。

黄雅琪：《中国西部的岩画研究方法探讨——以西南、青藏高原岩画研究为例》，《三峡大学学报（人文社会科学版）》，2011（4）。

杨天佑：《云南元江它克岩画》，《文物》，1986（7）。

刘光曙：《漾濞县苍山岩画调查与探讨》，《云南文物》，2003（3）。

吴学明：《石佛洞新石器文化与沧源岩画关系探讨》，《云南文物》，1989（25）。

田小军：《从岩画看我国原始宗教乐舞》，《西北民族大学学报》，2005（4）。

李福顺：《中国岩画功能概说》，《广西民族研究》，1986（2）。

丁立平：《从岩画看少数民族审美艺术的显现》，《云南民族大学学报》，2006.23（5）。

汤惠生、田旭东：《原始文化中的二元逻辑与史前考古艺术形象》，《考古》，2001（5）。

汪宁生：《从原始记事到文字发明》，《考古学报》，1981（1）。

戴春阳：《试谈原始舞蹈》，《考古与文物》，1990（2）。

汤惠生：《中国岩画及其研究》，《美术》，1992（1）。

汤惠生：《青海动物岩画和吐蕃苯教崇拜及仪轨》，《文艺理论研究》，1989（1）。

汤惠生：《图腾制理论之检讨》，《青海文物》，1994（8）。

曲枫：《图腾理论及其在中国考古学上应用之检讨》，《辽宁省博物馆馆刊》，2008（3）。

汤惠生：《试论青海岩画中的几种动物形象》，《西藏考古》，1994（1）。

俞伟超、汤惠生：《图腾制与人类历史的起点》，《中国历史博物馆馆刊》，1995（1）。

汤惠生：《北方游牧民族萨满教中的火、火神、太阳及光明崇拜》，《青海社会科学》，1995（2）。

汤惠生：《青藏高原的岩画与苯教》，《中国藏学》，1996（2）。

汤惠生：《萨满教与岩画的比较研究》，《泾渭稽古》，1996（4）。

汤惠生：《原始艺术中的"蹲踞式人形"考》，《中国历史博物馆刊》，1996（1）。

汤惠生：《寻找中国最早的美术——旧石器时代岩画的确认与重估》，《美术》，2004（9）。

埃尔迪·米克洛什·兹：《遍及欧亚中部的匈奴鍑及其岩画形象》，《新疆师范大学学报（哲学社会科学版）》，1995（4）。

苏胜：《今天的岩画》，《中国文化遗产》，2007（6）。

陈兆复：《岩画引发的思考》，《中国文化遗产》，2007（6）。

池宝嘉：《从天山岩画景观开发看旅游文化个性》，《新疆艺术》，1994（1）。

郭宏、赵静：《岩画断代研究——科技考古学领域中一个亟待解决的问题》，《文物保护与考古科学》，2005（2）。

黄晓娟：《花山岩画艺术人类学探析》，《民俗学博客》，2009.8.13。

李海燕：《贺兰口岩画开发利用的对策研究》，《云南地理环境研究》，2008（20）。

冯军胜：《从北方岩画看游牧民族的科学观》，《内蒙古大学艺术学院学报》，2011（1）。

李智君：《岩画的环境学阐释》，《人文地理》，1996（1）。

黄槐武、唐剑玲、郭宏：《广西左江岩画及其保护研究》，《文博》，2009（6）。

李华明：《中国岩画与世界遗产法律保护》，《广西民族学院学报》，2004（6）。

张文华：《中国岩画研究理论和方法论刍议》，《中国古代美术》，1993（4）。

龚鹏：《北方草原岩画的文化人类学解读》，《大连大学学报》，2009（2）。

涂朝娟：《原始涂绘岩画材料与现代岩彩画材料之比较》，《宜宾学院学报》，2009（2）。

杜玉冰：《原始宗教与岩画分期》，《宁夏大学学报》，1993（3）。

陈兆复：《符号岩画引论》，《三峡论坛》，2010（2）。

盖山林：《探索之路——我对岩画的考察研究》，《河北学刊》，1988（2）。

许成：《贺兰山岩画的发现保护及学术地位》，《宁夏社会科学》，2000（6）。

楚雄州博物馆岩画调查小组：《云南岩画考察综述》，《楚雄文博》，2013（1）。

林声：《沧源岩画调查续记》，《文物》，1983（2）。

杨天佑：《云南省路南石林发现古代岩画》，《文物天地》，1982（5）。

木玉章、高志登：《怒族崖壁画》，《民族文化》，1981（1）。

云南省历史研究所调查组：《云南沧源岩画》，《文物》，1966（2）。

杨天佑：《耿马大芒光岩画》，《云南文物》，第16期。

李加能：《麻栗坡岩腊山岩画调查》，《云南文物》，第22期。

吴学明：《云南永德岩画》，《云南文物》，第33期。

李伟卿：《云南岩画的研究方法浅谈》，《云南文物》，第18期。

李家瑞、李跃平：《20世纪50年代云南西盟阿佤山佤族原始生活老照片——一个历史学家的田野调查》，《民族学刊》，2011年5月。

吴沄：《写实与抽象：金沙江岩画考古认知》，《大众考古》，2015（2）。

（三）报刊

和力民：《虎跳峡发现大面积古岩画》，《云南日报》，1991-11-20（1）。

和力民：《丽江发现花衣古岩画》，《丽江报》，1992-9-20。

和力民：《长江第一湾发现重要古岩画》，《云南日报》，1992-9-22。

和力民：《金沙江古岩画又有新发现》，《丽江报》，1992-1-25。

和力民：《宁蒗县又发现古岩画群》，《云南日报》，1994-5-29。

肖亮中：《车轴岩画考察记》，《云南日报》，2001-4-6 高原周末（1）。

邓启耀：《云南岩画：中国岩画的缩影》，《中国社会科学报》，2012-3-26（5）。

汤惠生：《太阳崇拜与萨满教宇宙观》，《中国文物报》，2005-8-10（8）。

汤惠生：《中国岩画的保护》，《中国教育报》，2010-2-26。

闵锐：《云南剑川海门口遗址》，《中国文物信息网》，2009-2-17。

（四）网络报道

http：//www.kunming.cn 2012-05-24 09：41：19 昆明信息港。

http：//www.ccrnews.com.cn/index.html 2009-02-17 中国文物信息网。

"云南考古"微信平台。

（五）学位论文

吴沄：《云南金沙江岩画初步研究》，昆明：云南大学，2014.5。

殷会利：《云南少数民族传统图形中审美意象的延续与变迁》，北京：中央民族大学，2005。

黄亚琪：《左江蹲踞式人形岩画研究》，北京：中央民族大学，2012.3。

王敏：《中国西南岩画研究》，昆明：云南大学，2008.5。

于桂兰：《西藏图绘岩画的初步研究》，成都：四川大学，2006.5。

二、外文文献

Chen Junyuan, Dzik J., et al.：*A possible Early Cambrian chordate*［J］，*Nature*，1995.

Cong Peiyun, Hou Xianguang, et al.：*New data on the palaeobiology of the enigmatic yunnanozoans from the Chengjiang Biota, Lower Cambrian, China*［J］，*Palaeontology*，

2014.

Hou Xianguang，David J. Siveter. et al. : *The Cambrian Fossils of Chengjiang，China-The Flowering of Early Animal Life*［J］，*Blackwell Science Ltd*，2017.

Shu Degan，Luo Huilin，et al. : *Lower Cambrian vertebrates from south China*［J］. *Nature*，1999.

Brazeau MD，Friedman M : *The origin and early phylogenetic history of jawed vertebrates*［J］，*Nature*，2015.

Coates MI : *Beyond the age of fishes*［J］，*Nature*，2009.

Friedman M，Brazeau MD : *A jaw-dropping fossil fish*［J］，*Nature*，2013.

Gee H : *Fossil fishes and fashion*［J］，*Nature*，1990.

Halstead LB，Liu Y-H，P'an K : *Agnathans from the Devonian of China*［J］，*Nature*，1979.

Janvier P : *Wandering nostrils*［J］，*Nature*，2004.

Long JA : *The first jaws*［J］，*Science*，2016.

Qu Q，Haitina T，Zhu M，Ahlberg PE : *New genomic and fossil data illuminate the origin of enamel*［J］，*Nature*，2015.

Zhu M，Ahlberg PE : *The origin of the internal nostril of tetrapods*［J］，*Nature*，2004.

Zhu M，Ahlberg PE，Pan Z，Zhu Y，Qiao T，Zhao W，Jia L，Lu J : *A Silurian maxillate placoderm illuminates jaw evolution*［J］，*Science*，2016.

Zhu M，Yu X-B : *A primitive fish close to the common ancestor of tetrapods and lungfish*［J］，*Nature*，2002.

Zhu M，Yu X-B，Ahlberg PE : *A primitive sarcopterygian fish with an eyestalk*［J］，*Nature*，2001.

Zhu M，Yu X-B，Janvier P : *A primitive fossil fish sheds light on the origin of bony fishes*［J］，*Nature*，1999.

Zhu M，Yu X-B，Wang W，Zhao W-J，Jia L-T : *A primitive fish provides key characters bearing on deep osteichthyan phylogeny*［J］，*Nature*，2006.

Zhu M，Yu X，Ahlberg PE，Choo B，Lu J，Qiao T，Qu Q，Zhao W，Jia L，Blom H，Zhu Ya : *A Silurian placoderm with osteichthyan-like marginal jaw bones*［J］，

Nature，2013.

Zhu M，Zhao W-J，Jia L-T，Lu J，Qiao T，Qu Q-M：*The oldest articulated osteichthyan reveals mosaic gnathostome characters* ［J］，*Nature*，2009.

Xijun Ni，Qiang Li，Lüzhou Li，K. Christopher Beard：*Oligocene primates from China reveal divergence between African and Asian primate evolution* ［J］，*Nature*.

Xiaoming Wang，Lawence J. Flynn，Mikael Fortelius（eds.）：*Fossil Mammals of Asia-Neogene Biostratigraphy and Chronology*，New York：Columbia University Press，2013.

R.X. Zhu，R. Potts，Y.X. Pan，L.Q.Lü，H.T.Yao，C.L.Deng，H.F.Qin：*Paleomagnetism of the Yuanmou Basin near the southeastern margin of the TibetanPlateau and its constraints on late Neogene sedimentation and tectonic rotation* ［J］，*Earth and Planetary Science Letters*，2008.

Masayuki Hyodo，Hideo Nakaya，Atsushi Urabe，Haruo Saegusa，Xue Shunrong，Yin Jiyun，Ji Xueping：*Paleomagnetic dates of hominid remains from Yuanmou，China，and other Asian sites* ［J］，*Journal of Human Evolution*，（2002）43.

Terry Harrison，Ji Xueping，Denise Su：*On the systematic status of the late Neogene hominoids from Yunnan Province，China* ［J］，*Journal of Human Evolution*，（2002）43.

Nina G. Jablonski，Ji Xueping，George Chaplin，Wang Lirui，Yang Shengyi，Li Guihua，Li Zhicai：*A Preliminary Report on New and Previously Known Vertebrate Paleontological Sites in Baoshan Prefecture，Yunnan Province，China* ［J］，*Proceedings of the California Academy of Sciences*，2003.Vol.54，No.11.

Jablonski N G，Su D，Kelly J.，Flynn L J.，Xueping J.：*The Mio-Pliocene colobine monkey，Mesopithecus，in China* ［J］，*Am. J. Phys. Anthropol*，144（S52），174.2011.

Jennie J.H. Jin，Nina G. Jablonski，Lawrence J. Flynn，George Chaplin，Ji Xueping，Li Zhicai，Shi Xiaoxue，Li Guihua：*Micromammals from an early Holocene archaeological site in southwest China：Paleoenvironmental and taphonomic perspectives* ［J］，*Quaternary International* 281（2012）58-65. doi：10.1016/j.quaint.2012.04.012.

Nina G. Jablonski，Ji Xueping，Liu Hong，Li Zheng，Lawrence J. Flynn and Li Zhicai：*Remains of Holocene giant pandas from Jiangdong Mountain（Yunnan，China）and their relevance to the evolution of quaternary environments in south-western China* ［J］，*Historical Biology* Vol. 24，No. 5，October 2012.

Darren Curnoe, Ji Xueping, Andy I.R. Herries, Bai Kanning, Paul S.C. Taçon, Bao Zhende, David Fink, Zhu Yunsheng, John Helstrom, Luo Yun, Stephen Wroe, Su Bing, William C.H. Parr, Hong Shi, Gerasimos Cassis, Huang Shengmin and Natalie Rogers : *Human remains from the Pleistocene-Holocene transition of southwest China suggest a complex evolutionary history for East Asians* [J], *PLoS ONE* 7（3）: e31918. doi : 10.1371/journal.pone.0031918. Published : 14. Mar.2012.

JI XuePing, CURNOE Darren, BAO ZhenDe, HERRIES Andy I R, FINK David, ZHU YunSheng, HELLSTROM John, LUO Yun and TACON Paul S C. : *Further geological and palaeoanthropological investigations at the Maludong hominin site, Yunnan Province, Southwest China* [J], *Chinese Science Bulletin*. 2013, 58, doi : 10.1007/s11434-013-6026-5.

JI XuePing, JABLONSKI Nina G, SU Denise F, DENG ChengLong, FLYNN Lawrence J, YOU YouShan and KELLEY Jay : *Juvenile hominoid cranium from the terminal Miocene of Yunnan, China, Chinese Science Bulletin*, 2013, doi : 10.1007/s11434-013-6021-x.

Nina G. Jablonski, Denise F. Su, Lawrence J. Flynn, Xueping Ji, Chenglong Deng, Jay Kelley, Yuguang Zhang, Jiyun Yin, Youshan You and Xin Yang : *2014. The site of Shuitangba（Yunnan, China）preserves a unique, terminal Miocene fauna* [J], *Journal of Vertebrate Paleontology*, 34 : 5, 1251-1257, DOI : 10.1080/02724634.2014.843540.

Yuguang Zhang, Xueping Ji, Zhiheng Li, Liya Fu, Jiyun Yin, Di Liu : *The Characteristics of the Biostratigraphic Chemical Elemental Combinations and Taphonomic Environmental Analyses of the Latest Miocene Deposits in Zhaotong, Yunnan, Advances in GeoSciences*, 2014.

Ji Xueping : *Yuanmou, Encyclopedia of World Archaeology C. Smith*（ed.）, DOI 10.1007/978-1-4419-0465-2, New York : Springer *Science*+Business Media 2014.

Shihu Li, Chenglng Deng, Wei Dong, Lu Sun, Suzhen Liu, Huafeng Qin, Jiyun Yin, Xueping Ji, Rixiang Zhu : *Magnetostratigraphy of the Xiaolongtan Formation bearing Lufengpithecus keiyuanensis in Yunnan, southwestern China : Constraint on the initiation time of the southern segment of the Xianshuihe-Xiaojiang fault* [J], *Tectonophysics* 655（2015）.

Darren Curnoe, Xueping Ji, Paul S. C. Taçon and Ge Yaozheng : *Possible Signatures of Hominin Hybridization from the Early Holocene of Southwest China* [J], *Scientific Reports*, 5 : 12408, Published : 23 Jul 2015;doi : 10.1038/srep12408.

Darren Curnoe, Xueping Ji, Wu Liu, Zhende Bao, Paul S. C. Taçon, Liang Ren : *A Hominin Femur with Archaic Affinities from the Late Pleistocene of Southwest China* [J], *PLoS ONE* 10 (12) : e0143332. doi : 10.1371/journal. Published : 17, Dec., 2015.

Lin Chang, Zhengtang Guo, Chenglong Deng, Haibin Wu, Xueping Ji, Yan Zhao, Chunxia Zhang, Junyi Ge, Bailing Wu, Lu Sun, Rixiang Zhu : *Pollen evidence of the palaeoenvironments of Lufengpithecus lufengensis in the Zhaotong Basin, southeastern margin of the Tibetan Plateau* [J], *Palaeogeography, Palaeoclimatology, Palaeoecology*, 2015.

Yongjiang Huang, Xueping Ji, Tao Su, Li Wang, Chenglong Deng, Wenqi Li, Hongfen Luo, Zhenkun Zhou : *Fossil seeds of Euryale (Nymphaeaceae) indicate a lake or swamp environment in the late Miocene Zhaotong Basin of southwestern China* [J], *Science Bulletin*, Published: 25, Aug.2015, doi : 10.1007/s11434-015-0870-4.

Darren Curnoe, Ji Xueping : *Discovery of Archaic Humans from the Pleistocene-Holocene Transition of Southwest China* [J], *Bulletin of the Shanghai Archaeology Forum, Volume I. Edited by Institute of Archaeology at the Chinese Academy of Social Sciences and Shanghai Municipal Administration of Cultural Heritage*. Published : Nov. 2015.

JI Xue-Ping, Nina G. JABLONSKI, TONG Hao-Wen, Denise F. SU, Jan Ove R. EBBESTAD, LIU Cheng-Wu, YU Teng-Song : *Tapirus yunnanensis from Shuitangba, a terminal Miocene hominoid site in Zhaotong, Yunnan Province of China* [J], *Journal of Vertebrate Paleontology*, 53 (3), 2015.

Xueping Ji, Chenglong Deng, Tengsong Yu : *A new juvenile cranium from Zhaotong city southwest China indicates complexity of hominoid evolution in eastern Asia* [J], *New discoveries and Perspectives in Human Evolution. 2015. Papers arising from "Exploring Human Origins : Exciting Discoveries at Start of the 21st Century" Manchester*, 2013. Oxford, Archaeopress. 7-10.

Xueping Ji, Darren Curnoe, Paul S.C. Taçon, Bao Zhende, Liang Ren, Raynold Mendoza, Haowen Tong, Junyi Ge, Chenglong Deng, Lewis Adler, Andy Baker, Bin

Du : *Cave use and palaeoecology at Maludong (Red Deer Cave), Yunnan, Chin*a [J], *Journal of Archaeological Science* : Reports 8, 2016.

Darren Curnoe, Xueping Ji, Hu Shaojin, Paul S.C. Taçon, Yanmei Li : *Dental remains from Longtanshan cave 1 (Yunnan, China), and the initial presence of anatomically modern humans in East Asia* [J], *Quaternary International*, 400 (2016) .

Hai Zhu, Yong-Jiang Huang, Xue-Ping Ji, Tao Su, Zhe-Kun Zhou : *Continuous existence of Zanthoxylum (Rutaceae) in Southwest China since the Miocene* [J], *Quaternary International*, 392 (2016) .

Shi-Qi Wang, Xue-Ping Ji, Nina G. Jablonski, Denise F. Su, Jun-Yi Ge, Chang-Fen Ding, Teng-Song Yu, Wen-Qi Li, Jaroon Duangkrayom : *The Oldest Cranium of Sinomastodon (Proboscidea, Gomphotheriidae), Discovered in the Uppermost Miocene of Southwestern China : Implications for the Origin and Migration of This Taxon* [J], *Journal of Mammalian Evolution*, (2016) 23 (2) : 155–173. doi : 10.1007/s10914-015-9311-z.

Xueping Ji, Kathleen Kuman, R. J. Clarke, Hubert Forestier, Yinghua Li, Juan Ma, Kaiwei Qiu, Hao Li, Yun Wu : *The oldest Hoabinhian technocomplex in Asia (43.5 ka) at Xiaodong rockshelter, Yunnan Province, southwest China* [J], *Quaternary International*, 400 (2016) .

Chunxia Zhang, Zhengtang Guo, Chenglong Deng, Xueping Ji, Haibin Wu, Greig A.Paterson, Lin Chang, Qin Li, Bailing Wu and Rixiang Zhu : *Clay mineralogy indicates a mildly warm and humid living environment for the Miocene hominoid from the Zhaotong Basin, Yunnan, China* [J], *Scientific Reports*, 6 : 20012 ; Published : 01 Feb 2016, doi : 10.1038/srep20012.

Xiaokang Lu, Xueping Ji, Sukuan Hou, Shiqi Wang, Qinqin Shi, Shaokun Chen, Boyang Sun, Yikun Li, Yu Li, Tengsong Yu and Wenqi Li : *Palaeoenvironment examination of the terminal Miocene hominoid locality of the Zhaotong Basin, southwestern China, based on the rhinocerotid remains* [J], *Historical Biology*, Published online : 10 Aug 2017. doi : 10.1080/08912963.2017.1360294.

Yong-Jiang Huang, Xue-Ping Ji, Tao Su, Cheng-Long Deng, David K. Ferguson, Teng-Song Yu, Xing Yang, Hang Sun, Zhe-Kun Zhou : *Habitat, climate and potential plant food resources for the late Miocene Shuitangba hominoid in Southwest China : Insights from carpological remains* [J], *Palaeogeography*, *Palaeoclimatology*, *Palaeoecology*, 470 (2017).

Xiaoming Wang, Camille Grohé, Denise F. Su, Stuart C. White, Xueping Ji, Jay Kelley, Nina G. Jablonski, Tao Deng, Youshan You and Xin Yang : *A new otter of giant size*, *Siamogale melilutra sp. nov.* (*Lutrinae : Mustelidae : Carnivora*), *from the latest Miocene Shuitangba site in northeastern Yunnan*, *south-western China*, *and a total evidence phylogeny of lutrines*, *Journal of Systematic Palaeontology*, Published online : 22 Jan 2017. doi : 10.1080/14772019.2016.1267666.

Z. Jack Tseng, Denise F. Su, Xiaoming Wang, Stuart C. White and Xueping Ji : *Feeding capability in the extinct giant Siamogale melilutra and comparative mandibular biomechanics of living Lutrinae* [J], *Scientific Reports*, 7 : 15225 ; Published : 09 Nov 2017, doi : 10.1038/s41598-017-15391-9.

Pe Li, Chunxia Zhang, Zhengtang Guo, Chenglong Deng, Xueping Ji, Nina G. Jablonski, Rixiang Zhu : *Clay mineral assemblages in the Southwestern China : implications for the South Asian monsoon evolution during the late Miocene through the Pliocene*, LIA MONOCL 18-20 Sep 2017.

Sukuan Hou, Denise F. Su, Jay Kelley, Tao Deng, Nina G. Jablonski, Lawrence J. Flynn, Xueping Ji, Jiayong Cao, Xin Yang : *New Fossil Suid Specimens from the Terminal Miocene Hominoid Locality of Shuitangba*, *Zhaotong*, *Yunnan Province*, *China* [J], Journal of Mammalian Evolution, Published online : 14 March 2018 ; doi : 10.1007/ s10914-018-9431-3.

Pei Li, Chunxia Zhang, Zhengtang Guo, Chenglong Deng, Xueping Ji, Nina G. Jablonski, Haibin Wu, Rixiang Zhu : *Clay mineral assemblages in the Zhaotong Basin of southwestern China : Implications for the late Miocene and Pliocene evolution of the South Asian monsoon* [J], *Palaeogeography*, *Palaeoclimatology*, *Palaeoecology*, 516(2019).

Shi-Qi Wang, Xue-Ping Ji, Tao Deng, Li-Ya Fu, Jia-Hua Zhang, Chun-Xiao Li, Zi-Ling He : *Yunnan*, *a refuge for trilophodont proboscideans during the late Miocene aridification of East Asia* [J], *Palaeogeography*, *Palaeoclimatology*, *Palaeoecology*, 515(2019).

Clément Zanolli, Ottmar Kullmer, Jay Kelley, Anne-Marie Bacon, Fabrice Demeter, Jean Dumoncel, Luca Fiorenza, Frederick E. Grine, Jean-Jacques Hublin,

Nguyen Anh Tuan, Nguyen Thi Mai Huong, Lei Pan, Burkhard Schillinger, Friedemann Schrenk, Matthew M. Skinner, Xueping Ji, and Roberto Macchiarelli : *Evidence for increased hominid diversity in the Early-Middle Pleistocene of Indonesia* [J], *Nature Ecology&Evolution*, Doi : 10.1038/s1559-019-0860-z online 201904XX.

Lan Luo, Darryl E. Granger, Hua Tu, Zhongping Lai, Guanjun Shen, Christopher J. Bae, Xueping Ji, Jianhui Liu : *The first radiometric age by isochron 26Al/10Be burial dating for the Early Pleistocene Yuanmou hominin site, southern China* [J], *Quaternary Geochronology*, 55（2020）101022.

Yuduan Zhou, Xueping Ji, Yinghua Lia, Hubert Forestier, Nina G. Jablonski, Shan Ding, Jiamei Zhao, Peng Chen, Liwei Wang, Tingtin Liang, Chengpo He : *Tangzigou open-air site──A unique lithic assemblage during the Early Holocene in Yunnan Province, Southwest China* [J], *Quaternary International*. https://doi.org/10.1016/j.quaint.2019.11.011.

Denham Timothy, Vrydaghs Luc, Iriarte Jose. Eds : *Rethinking Agriculture : Archaeological and Ethnoarchaeological Perspectives*, Walnut Creek, Ca : Left Coast, 2007.

Rita Dal Martello, Rui Min, Chris Stevens, Charles Higham, Thomas Higham, Ling Qin, Dorian Q. Fuller : *Early agriculture at the crossroads of China and Southeast Asia : Archaeobotanical evidence and radiocarbon dates from Baiyangcun, Yunnan* [J], *Journal of Archaeological Science* : Reports, 2018（20）.

Bökönyi, Sandor : Definitions of Animal Domestication. In The Walking Larder : *Patterns of Domestication, Pastoralism, and Predation. J. Clutton Brock*, ed. London : Unwin Hyman. 1989,

Paul S. C. Taçon, Maxime Aubert, Li Gang, Yang Decong, Liu Hong, Sally K. May, Stewart, Ji Xueping, Darren Curnoe, Andy I. R. Herries : *Naturalism, Nature and Questions of Style in Jinsha River Rock Art, Northwest Yunnan, China* [J], *Cambridge Archaeological Journal*, 2010, 20 : 1.

Paul S. C.Taçon, Maxime Aubert, Li Gang, Yang Decong, Liu Hong, Sally K. May, Stewart Fallon, Ji Xueping, Darren Curnoe, Andy I. R. Herries : *Uranium-series age estimates for rock art in southwest China* [J], *Journal of Archaeological Science* 2011（39）

.

Sally K May, Paul S.C. Taçon : *Illustrating the past The rock art of Southeast Asia* [J], *Current world Archaeology*, 2016 (29) .

Paul S.C. Taçon, Nicole boivin, Jamie Hampson, James Blinkhorn, Ravi Korisettar&Michael Petraglia : *New rock art discoveries in the Kurnool District, Andhra Pradesh, India* [J], *Antiquity*, 2010 (84) .

Tang Huisheng : *Opposition and unity—— A study of Shamanistic dualism in prehistoric art* [J], *Bollettino del Centro Camuno di Studi Preistorici*, 2001—2002 (33) .

Tang Huisheng : *Shamanistic dualism in Tibetan and Chinese pre-historic art* [J], *Rock Art Research*, 2006 : 2 (23) .

Tang Huisheng : *Dualistic cultural Concepts in Primitive Art* [J], *International Newsletter on Rock Art*, 1997 (18) .

Tang Huisheng : *Opposite Dualistic Thought in Rock Art* [J], *Bollettino del Centro Camuno di Studi Preistorici*, 1996 (29) .

Grant S. McCall : *Add shamans and stir ? A critical review of the shamanism model of forager rock art production* [J], *Journal of Anthropological Archaeology*, 2007 (26) .

Michael Winkelman : *Shamanism and Cognitive Evolution* [J], *Cambridge Archaeological Journal*, 2002, 12 : 1.

Xueping Ji : *Juan Ma and Yun Wu (China), New Findings and Investigation of the Cangyuan Rock Art Complex of Lixin Cave in Yunnan Province. India* [J], *China Rock Art* 2016.

Paul S.C. Tacon, Noel Hidalgo Tan, Sue O'Connor, Ji Xueping, Li Gang, Darren Curnoe, David Bulbeck, Budianto Hakim, Iwan Sumantri, Heng Than, Im Sokrithy, Stephen Chia, Khuon Khun-Neay and Soeung Kong : *The global implications of the early surviving rock art of greater Southeast Asia* [J], *ANTIQUITY* 88 (2014) .

Hong Liu, Paul S. C. TaÇon, Xueping Ji, Guan Li : *The pilot study of two caves, rock shelters and rock art along the Jinsha river (Upstream of the Yangtze)* [J], *South China Karst II*, Editors : Martin Knez, Hong Liu, Tadej Slabe. LJUBLJANA-POSTOJNA 2011.

Paul S.C.Taçon and C.Chippindale : *The Archaeology of rock art*, London : Cambridge University Press, 1998.

Geoffrey Blundell : *Origins，Cape Town—Double Storey Books，a division of Juta & Co.Ltd*，2006

David S.Whitley : *Hand Book of Rock Art Research*，California : Altamira Press，2001.

Henri-Paul francfort，Robert N.Hamayon，Paul G.Bahn : *The concept of Shamanism uses and abuses*，Capital of Hungary : Akadémiai Kiadó，2001.

后 记

　　数年前承蒙蒋志龙先生的推荐和范建华先生的器重，我欣然接受了本书的编写任务。一方面是云南作为我国探索早期人类起源和人类进化的主战场，长期受到国内外关注，直到最近仍然重大发现不断。另一方面是至今还没有一本专门的云南史前文化史专著，我们有责任梳理各阶段的最新成果和资料，以飨读者。但接受任务以后，由于资料的不足，我深感困惑。过去的响亮成果大多集中在云南的古猿和元谋人阶段，其他时段有一些发现，但研究都不够深入，而且争议颇多，很多又仅限于发掘后的初步研究报道。近年来，我们加强了旧石器时代中、晚期遗址和云南岩画遗存的调查和研究，力求为本书贡献更多的原创性成果。遗憾的是，很多工作都还在进行之中，未能纳入本书。

　　如果无限追溯远古的人类祖先，我们在云南可以找到多项具有全球意义的从脊椎动物到人的"缺环"，譬如澄江动物群中最早的鱼，没有最早的鱼类的出现，就不会有今天的人类。因此，我们在第一章撰写了具有全球意义的云南重大生物事件。由于云南的古猿是在人类完全直立的南方古猿之前从猿到人过渡时期的代表，近年来的几项重要国际国内合作研究成果都强调了它们是人猿共同祖先基干部位置的代表。尽管我们还没有发现距今600万~200万年前的人类或古猿化石，但我们仍然将云南的古猿放在第二章来叙述。从170万年到距今8 000年左右的云南旧石器时代，做过发掘和有详细资料报道的只有十来处，云南史前史的链条还存在大量的"缺环"，很难从这些支离破碎的信息中梳理出系统的较为完整清晰的文化史信息。因此，旧石器时代部分我们采用叙述发现和研究及文化特征的方式来写，专门写一节总结云南旧石器时代人类及文化发展的脉络以及与其他地区的联系。云南至今没有发现新石器时代早期的遗址，新石器时代中、晚期，文化分化十分明显，晚期出现了青铜文化，云南进入真正文明的"古国"时代，这足以让我们可以按照文化史的方式来叙述。云南岩画艺术是真正的云南史前文化的奇葩，同出土文物一样是云南珍贵历史的记录，且区域分化特别明显，年代大多被认为是新石器时代的，部分金沙江岩画点可能早到旧石器时代。因此，我们单列一章叙述。

本书绪论由吉学平撰写，第一章由吉学平、陈爱林、王涛撰写，第二章、第三章由吉学平撰写，第四章由宋鸽撰写，第五章由吴沄撰写。由吉学平完成统稿。卢小康、敖秀娟帮助资料的整理和校对，硕士研究生杜淼协助查阅收集各种资料。中科院古脊椎与古人类研究所朱敏研究员、成都地质调查所的胡世学和文芠，以及邢毅、胡绍锦、万扬、朱忠华、李钢、和四奇、杨志坚、陈德珍、王涛、杨正纯、李秉涛、杨馨、吉裕、王溢、李晓帆、谢云贵等提供资料和图片，极少部分引自出版物的照片，都注明了出处。丛书的主编范建华、李春先生在写作过程中给予关照、鼓励和谅解。云南省文物考古研究所刘旭、戴宗品研究员对本书的修改提出宝贵意见。作者在此表示诚挚的谢意！

吉学平

2020 年 3 月 22 日